CW01549993

Gaito Gasdanow

Nächtliche Wege

Roman

Deutsch und
mit einem Nachwort von
Christiane Körner

Carl Hanser Verlag

Die russische Originalausgabe erschien erstmals 1952
unter dem Titel Ночные дороги im Tschechow Verlag in New York.

Das vorliegende Buch erscheint im Rahmen des
TRANSCRIPT-Programms zur Förderung
der Übersetzung russischsprachiger Literatur
der Mikhail Prokhorov Foundation.

1. Auflage 2018

ISBN 978-3-446-25811-2

© Editions Viviane Hamy, 1991,
for world rights (except Poland)
Alle Rechte der deutschen Ausgabe
© Carl Hanser Verlag München 2018

Einbandgestaltung: Peter-Andreas Hassiepen, München
Motiv: © akg-images/Paul Almasy
Satz: Gaby Michel, Hamburg
Druck und Bindung: CPI books GmbH, Leck
Printed in Germany

MIX
Papier aus verantwortungs-
vollen Quellen
FSC® C083411
FSC
www.fsc.org

Nächtliche Wege

Meiner Frau gewidmet

Vor einigen Tagen erblickte ich während der Arbeit, tief in der Nacht, auf der zu dieser Stunde völlig menschenleeren Place Saint-Augustin einen kleinen Karren von dem Typ, wie ihn gewöhnlich Invaliden benutzen. Es war ein dreirädriger Karren, konstruiert wie ein beweglicher Stuhl; vorne ragte eine Art Lenkstange empor, die vor und zurück bewegt werden musste, um eine mit den Hinterrädern verbundene Kette anzutreiben. Der Karren bewegte sich unglaublich langsam, wie im Traum, umfuhr den Kreis vieleckiger Leuchten und begann, den Boulevard Haussmann hinaufzurollen. Ich näherte mich, um ihn mir genauer anzusehen; eine vermummte, winzig kleine Greisin saß darin; man sah nur ihr verschrumpeltes dunkles Gesicht, fast nicht mehr menschlich, und eine magere Hand von derselben Farbe, die mühsam die Stange bewegte. Ich hatte schon mehrmals Leute wie sie gesehen, doch nur tagsüber. Wohin mochte diese Greisin nachts fahren, wie war sie hierher geraten, was konnte der Grund für ihre nächtliche Fahrt sein, wer mochte sie an welchem Ort erwarten?

Ich schaute ihr nach, geradezu nach Atem ringend vor Mitgefühl, dem Bewusstsein absoluter Unwiderruflichkeit und einer brennenden Neugier, die physischem Durst ähnelte. Natürlich erfuhr ich nicht das Geringste von ihr. Doch der Anblick des sich entfernenden Invalidenkarrens und sein langsames Knarren, deutlich hörbar in der unbeweglichen und kalten Luft dieser Nacht, fachte in mir jäh einen unersättlichen Wunsch an, der mich in den letzten

Jahren kaum je verlassen hatte – viele fremde Leben kennenzulernen und zu versuchen, sie zu verstehen. Er war stets fruchtlos, denn ich hatte keine Zeit, mich ihm zu widmen. Doch das Bedauern, das ich im Bewusstsein dieser Unmöglichkeit verspürte, zog sich durch mein ganzes Leben. Wenn ich später darüber nachdachte, schien mir diese Neugier im Grunde unbegreiflich, weil sie auf fast unüberwindliche Hindernisse stieß, die gleichermaßen von meiner materiellen Lage wie von den natürlichen Unzulänglichkeiten meines Verstandes herrührten und außerdem daher, dass jede irgendwie abstrakte Erkenntnis meinerseits wiederum von meinem eigenen sinnlichen und ungestümen Daseinsgefühl behindert wurde. Außerdem war ich notorisch unfähig, Leidenschaften oder Interessen zu verstehen, die mir persönlich fremd waren; zum Beispiel musste ich mir jedes Mal regelrecht Zwang antun, um einen Menschen, der in hilfloser und blinder Leidenschaft sein ganzes Geld verspielte oder vertrank, nicht für einen Idioten zu halten, der weder Mitgefühl noch Mitleid verdiente – weil ich zufälligerweise keinen Alkohol vertrug und mich beim Kartenspiel tödlich langweilte. Ebenso wenig verstand ich Schürzenjäger, die ihr Leben lang von einer Umarmung zur nächsten eilten – doch hier lag ein anderer Grund vor, von dem ich lange nichts ahnte, bis ich den Mut hatte, das Ganze zu Ende zu denken, und begriff, dass es Neid war, eine umso erstaunlichere Einsicht, als ich in allem Übrigen völlig frei von diesem Gefühl war. Womöglich hätte auch in anderen Fällen eine kaum merkliche Veränderung bewirken können, dass die Leidenschaften, die ich nicht verstand, mich dann doch angezogen hätten, dass ich ihrer zerstörerischen Wirkung anheimgefallen wäre wie andere auch und mich Leute, denen diese Leidenschaften fremd waren, ihrerseits mitleidig betrachtet hätten. Und dass ich sie nicht verspürte, war vielleicht bloß ein Anzeichen dafür, dass mein Selbsterhaltungstrieb stärker ausgeprägt war als der meiner Bekannten, die ihren mageren Verdienst auf der Rennbahn verspielten oder in unzähligen Cafés vertranken.

Doch meine unparteiische Neugier auf alles, was mich umgab und was ich mit barbarischer Beharrlichkeit ganz und gar verstehen wollte, wurde darüber hinaus von Zeitmangel behindert, der wiederum daher rührte, dass ich ständig in bitterer Armut lebte und die Sorge um meinen Lebensunterhalt meine ganze Geistesgegenwart beanspruchte. Freilich schenkte mir derselbe Umstand einen gewissen Reichtum oberflächlicher Eindrücke, die ich nicht gewonnen hätte, wenn mein Leben in anderen Bahnen verlaufen wäre. Ich hatte keine vorgefasste Meinung über das, was ich sah, ich bemühte mich, Verallgemeinerungen und Folgerungen zu vermeiden: Doch gegen meinen Wunsch war es so, dass mich vor allem zwei Gefühle überkamen, wenn ich darüber nachdachte – Verachtung und Mitleid. Wenn ich mich heute dieser traurigen Erfahrung entsinne, glaube ich, dass ich mich vielleicht getäuscht habe und diese Gefühle unbegründet waren. Gegen ihr Aufkommen ließ sich jedoch jahrelang auf keine Weise angehen, und jetzt waren sie ebenso unwiderruflich, wie der Tod unwiderruflich ist, und ich wäre nicht imstande, sie aufzugeben; das wäre dieselbe seelische Feigheit, wie wenn ich die Erkenntnis aufgäbe, tief in mir lebe ein unstrittiger und unerklärlicher Drang zu töten, die restlose Verachtung fremden Eigentums und die Bereitschaft zu Betrug und Laster. Und die Gewohnheit, mit fiktiven, offenbar nur dank einer Vielzahl von Zufällen nie geschehenen Dingen umzugehen, machte diese Erfindungen für mich realer, als wenn sie tatsächlich

11

geschehen wären; und sie alle hatten etwas besonders Verlockendes an sich, das anderen Dingen nicht eigen war. Nicht selten malte ich mir, wenn ich von der Nachtarbeit durch die toten Pariser Straßen nach Hause zurückkehrte, in allen Einzelheiten einen Mord aus, alles, was ihm vorausging, alle Gespräche, die Zwischentöne der Repliken, den Ausdruck der Augen – und als handelnde Personen dieser erfundenen Dialoge konnten Zufallsbekanntschaften auftreten oder Passanten, die mir aus irgendeinem Grund im Gedächtnis geblieben waren, oder schließlich ich selbst in der Rolle des Mörders. Am Ende eines solchen Gedankenspiels kam ich meistens zu demselben Fazit, das zur Hälfte ein Gefühl war – eine Mischung aus Ärger und Bedauern darüber, dass mir eine solch unerfreuliche und unnötige Erfahrung zufiel; und dass ich dank eines absurden Zufalls Taxichauffeur hatte werden müssen. Alles oder fast alles, was es an Schönem auf der Welt gab, war mir gleichsam fest verschlossen – und ich blieb allein, mit dem hartnäckigen Wunsch, trotz allem nicht von der endlosen und trostlosen menschlichen Abscheulichkeit überflutet zu werden, mit der meine Arbeit mich täglich in Berührung brachte. Sie war fast flächendeckend, selten gab es darin Platz für etwas Positives, und kein Bürgerkrieg ließ sich bezüglich Widerwärtigkeit und Fehlen von irgendetwas Gutem mit diesem schlussendlich doch friedlichen Dasein vergleichen. Natürlich lag das auch daran, dass die Pariser Bevölkerung bei Nacht sich stark von derjenigen bei Tag unterschied und aus ein paar Kategorien von Leuten bestand, die meistens ihrer Natur und ihrem Beruf nach schon im Voraus dem Untergang geweiht waren. Doch außerdem fühlten sich diese Leute generell nicht veranlasst, ihr Verhalten einem Chauffeur gegenüber zu mäßigen: ›Ist es nicht egal, was ein

Mensch von mir denkt, den ich nie wiedersehe und der keinem meiner Bekannten etwas erzählen kann?‹ Auf diese Weise sah ich meine zufälligen Kunden so, wie sie tatsächlich waren, und nicht, wie sie nach außen wirken wollten – und diese Art Kontakt zeigte sie fast jedes Mal in einem schlechten Licht. Auch wenn ich noch so unvoreingenommen war, ich konnte nicht umhin zu bemerken, dass sie im Prinzip nur wenig voneinander trennte, und nach dieser kränkenden Gleichsetzung unterschied sich die Dame in Balltoilette, die auf der Avenue Henri-Martin wohnte, nicht wesentlich von ihrer weniger glücklichen Schwester, die wie ein Wachtposten, von einer Ecke zur anderen, das Trottoir ablief; und respektabel wirkende Leute, dem Aussehen nach aus Passy oder Auteuil, feilschten genauso erniedrigend mit dem Chauffeur wie der betrunkene Arbeiter von der Rue de Belleville; und trauen konnte man keinem von ihnen, davon musste ich mich mehr als einmal überzeugen.

Ich erinnere mich, wie ich am Anfang meiner Chauffeurstätigkeit einmal am Trottoir bremste, aufmerksam geworden durch das Stöhnen einer recht anständigen Dame von vielleicht fünfunddreißig Jahren mit geschwollenem Gesicht, sie lehnte an einem Prellpfosten, stöhnte und machte mir Zeichen; als ich herangefahren war, bat sie mich stockend, sie ins Hospital zu bringen; sie habe das Bein gebrochen. Ich hob sie hoch und legte sie ins Automobil; doch als wir angekommen waren, weigerte sie sich zu zahlen und erklärte dem Mann im weißen Kittel, der herausgekommen war, ich hätte sie mit dem Auto angefahren, und sie habe sich das Bein gebrochen, als sie daraufhin gestürzt sei. Und ich büßte nicht nur mein Geld ein, sondern riskierte auch noch, der so genannten unvollendeten fahrlässigen Tötung beschuldigt zu werden. Zum Glück begegnete der Mann im weißen Kittel ihren Worten mit Skepsis, und ich machte mich aus dem Staub. Und wenn mir späterhin Leute Zeichen machten, die neben einem auf dem Trottoir ausgetreckten Körper standen, trat ich nur stärker aufs Gas, fuhr weiter und dachte nicht daran anzuhalten. Der Herr im hocheleganten Anzug, der aus dem Hotel Claridge kam und den ich zur Gare de Lyon fuhr, gab mir hundert Franc, ich hatte kein Wechselgeld; er sagte, er werde den Schein drinnen wechseln, ging fort – und kam nicht wieder; es war ein respektabler, grauhaariger Herr mit einer guten Zigarre, der an einen Bankdirektor erinnerte; durchaus möglich, dass er wirklich einer war.

Einmal, ich hatte gerade eine Kundin gefahren, es war zwei Uhr nachts, machte ich das Licht im Automobil an und sah auf dem Rücksitz einen Damenkamm mit eingefassten Brillanten liegen, vermutlich künstliche, aber er sah jedenfalls wertvoll aus; ich war zu faul, auszusteigen, und beschloss, den Kamm später in Verwahrung zu nehmen. Unterdessen hielt mich eine Dame an – auf einer Avenue in der Nähe des Champ de Mars –, die eine *sortie de bal* aus Zobel trug, sie ließ sich zur Avenue Foch fahren; als sie ausgestiegen war, fiel mir der Kamm wieder ein, und ich sah über die Schulter. Der Kamm war fort, die Dame in der *sortie de bal* hatte ihn gestohlen, wie das ein Hausmädchen oder eine Prostituierte getan hätte.

Darüber und über viele andere Dinge dachte ich fast immer in denselben Morgenstunden nach. Im Winter war es noch dunkel, im Sommer wurde es um diese Zeit hell, und es war niemand mehr auf der Straße; sehr selten begegnete man Arbeitern – stummen Gestalten, die vorübergingen und verschwanden. Ich sah sie fast gar nicht an, weil ich ihre äußere Erscheinung auswendig kannte, wie ich die Viertel kannte, in denen sie wohnten, und die anderen, in denen sie nie waren. Paris ist in mehrere feste Zonen aufgeteilt; ich weiß noch, wie ein alter Arbeiter – ich war mit ihm zusammen in der Papierfabrik in der Nähe vom Boulevard de la Gare – mir sagte, er sei in den vierzig Jahren seines Pariser Lebens noch nie auf den Champs-Élysées gewesen, weil er, wie er erklärte, nie dort gearbeitet habe. In dieser Stadt – in den Armenvierteln – war noch eine Psychologie aus ferner Vergangenheit lebendig, geradezu aus dem 14. Jahrhundert, die neben der Gegenwart existierte, sich aber nicht mit ihr vermischte und kaum einmal mit ihr zusammentraf. Und ich dachte bisweilen, wenn ich beim Umherfahren an derartige Orte geriet, von deren Existenz ich früher nichts geahnt hatte, dass sich dort bis heute ein langsames Absterben des Mittelalters beobachten lasse. Es gelang mir aber selten, mich mehr oder weniger fortlaufend auf einen Gedanken zu konzentrieren, und mit der nächsten Drehung am Steuerrad war die schmale Straße wieder verschwunden, und vor mir erstreckte sich eine breite Avenue, gesäumt von Häusern mit Glastüren und Lift. Diese Flüchtigkeit der Eindrücke ermüdete die Aufmerksamkeit, und ich verschloss lieber die Augen vor allem und dachte an nichts. Bei dieser Arbeit konnte kein Eindruck, kein Reiz von Dauer sein – und so versuchte ich erst im Nachhinein, Details in meinem Gedächtnis aufzurufen und zu ergründen, die ich während meiner letzten Nachtfahrt gesehen hatte und die typisch für die spezifische Welt des nächtlichen Paris waren. Immer, jede Nacht traf ich mehrere Verrückte – meistens Leute kurz vor der Einlieferung in die Irrenanstalt oder das Krankenhaus, Alkoholiker und Clochards. In Paris gibt es Tausende solcher Leute. Ich wusste im Voraus, dass ein bestimmter Verrückter durch eine bestimmte Straße laufen würde und ein anderer durch ein anderes Viertel. Es war extrem schwierig, etwas über sie in Erfahrung zu bringen, denn was sie sagten, war meist völlig zusammenhanglos. Manchmal gelang es allerdings.

Ich erinnere mich, wie eine Zeitlang ein kleiner, unscheinbarer Mann mit schütterem Schnurrbart mein Interesse weckte, er war recht sauber gekleidet, vermutlich ein Arbeiter; ich sah ihn etwa einmal in der Woche oder alle zwei Wochen gegen zwei Uhr nachts immer an derselben Stelle auf der Avenue de Versailles, an der Ecke gegenüber vom Pont de Grenelle. Er stand meistens auf dem Fahrdamm, dicht am Trottoir, drohte mit der Faust und murmelte kaum hörbar Beschimpfungen. Verstehen konnte ich nur, wie er raunte: Bastard! … Bastard! Er war jahrelang ein vertrauter Anblick für mich – immer zur selben Stunde, immer am selben Fleck. Schließlich sprach ich ihn an, und nach langen Befragungen bekam ich seine Geschichte heraus. Er war Zimmermann, wohnte in der Nähe von Versailles, zwölf Kilometer von Paris entfernt, und konnte deshalb nur einmal in der Woche herkommen, am Samstag. Vor sechs Jahren war er eines Abends mit dem Besitzer des Cafés, das auf der anderen Straßenseite lag, aneinandergeraten, und der hatte ihm ins Gesicht geschlagen. Er war fortgegangen und hegte seitdem einen tödlichen Hass. Jeden Samstagabend fuhr er nach Paris; und weil er sich sehr vor dem Mann fürchtete, der ihn geschlagen hatte, wartete er, bis das Café zumachte, trank, um sich Mut zu machen, in den Bistros der Nachbarschaft ein Glas nach dem anderen, und wenn sein Feind schließlich das Lokal schloss, ging er dorthin, drohte dem unsichtbaren Besitzer mit der Faust und murmelte flüsternd Beschimpfungen; er war so verängstigt, dass er es niemals wagte, mit erhobener Stimme zu sprechen. Die ganze Woche über, wenn er in Versailles arbeitete, wartete er ungeduldig auf den Samstag, dann zog er seine Feiertagskleidung an und fuhr nach Paris, um nachts, auf der menschenleeren Straße, seine kaum hörbaren Beleidigungen auszustoßen und zum Café hin zu drohen. Er blieb stets bis zum Morgengrauen in der Avenue de Versailles – und dann lief er in Richtung Porte de Saint-Cloud, hielt von Zeit zu Zeit inne, wandte sich um und schüttelte seine kleine, dürre Faust. Ich suchte später das Café seines Beleidigers auf und traf hinter der Theke eine üppige Rothaarige an, die über das Geschäft klagte, wie es alle taten. Ich fragte, ob sie das Café schon lange führe, wie sich herausstellte, waren es drei Jahre, sie hatte es nach dem Tod des früheren Eigentümers übernommen, der an einem Schlaganfall gestorben war.

Gegen vier Uhr morgens fuhr ich, um ein Glas Milch zu trinken, gewöhnlich zu einem großen Café gegenüber von einem der Bahnhöfe, wo ich wirklich jeden kannte, angefangen von der Besitzerin, einer alten Dame, die mit ihrem künstlichen Gebiss mühsam Sandwichs kaute, bis zu einer kleinen älteren Frau in Schwarz, die sich nie von ihrer großen Einkaufstasche aus Wachstuch trennte, sie schleppte sie immer mit sich herum; ich schätzte sie auf etwa fünfzig. Meistens saß sie still in der Ecke, und ich konnte mir keinen Reim darauf machen, was sie um diese Zeit hier tat: Sie war immer allein. Ich fragte die Besitzerin; die Besitzerin antwortete, die Frau arbeite wie die anderen auch. Anfangs wunderten mich solche Dinge, doch dann erfuhr ich, dass auch ältere und ungepflegte Frauen ihre Kundschaft hatten und häufig nicht schlechter verdienten als die anderen. Um dieselbe Uhrzeit tauchte regelmäßig eine sturzbetrunkene magere Alte mit zahnlosem Mund auf, die beim Betreten des Cafés schrie: »Kein Stück!«, und wenn sie später das Glas Weißwein bezahlen sollte, das sie getrunken hatte, wunderte sie sich jedes Mal und sagte zum Garçon: »Also wirklich, du übertreibst.« Ich bekam den Eindruck, dass sie gar keine anderen Wörter kannte, jedenfalls sprach sie keine anderen aus. Wenn sie auf das Café zukam, sagte irgendjemand nach einem Blick über die Schulter unweigerlich: »Da kommt Keinstück.« Doch eines Tages traf ich sie im Gespräch mit einem stockbetrunkenen zerlumpten Mann an, der sich mit beiden Händen an der Theke festhielt und hin und her schwankte. Sie richtete folgende – aus ihrem Munde sehr überraschende – Worte an ihn: »Ich schwöre dir, Roger, das ist die Wahrheit. Ich habe dich geliebt. Aber wenn du in so einem Zustand bist …« Und dann unterbrach sie ihren Monolog und schrie von neuem: »Kein Stück!« Schließlich verschwand sie eines schönen Tages, nachdem sie ein letztes Mal »Kein Stück!« geschrien hatte, und tauchte nicht mehr auf; als ich mich ein paar Monate später nach ihr erkundigte, erfuhr ich, das sie gestorben war.

Zwei Mal in der Woche erschien ein Mann mit Baskenmütze und Pfeife in dem Café, der M. Martini genannt wurde, weil er stets Martini bestellte, er kam meistens zwischen zehn und elf Uhr abends. Schon um zwei Uhr nachts war er völlig betrunken, gab jedem, der wollte, ein Getränk aus, und um drei Uhr, wenn er sein Geld verbraucht hatte – in der Regel etwa zweihundert Franc –, bettelte er die Besitzerin an, ihm noch einen Martini auf Pump zu geben. Dann führte man ihn meist aus dem Café. Er kam zurück, man führte ihn wieder heraus, und dann ließen ihn die Garçons einfach nicht mehr herein. Er empörte sich, zuckte die abfallenden Schultern und sagte:

»Ich finde, das ist ein Witz. Ein Witz. Ein Witz. Das ist alles, was ich dazu sagen kann.«

Er war Lehrer für Griechisch, Latein, Deutsch, Spanisch und Englisch, lebte draußen vor der Stadt, hatte eine Frau und nicht weniger als sechs Kinder. Um zwei Uhr nachts trug er seinen Zuhörern, gewöhnlich Zuhälter oder Clochards, philosophische Theorien vor und stritt erbittert mit ihnen; sie lachten ihn aus, ich weiß noch, wie sie grölten, als er ihnen Schillers *Handschuh* auf Deutsch rezitierte, sie amüsierten sich natürlich nicht über den Inhalt, von dem sie keine Ahnung hatten, sondern darüber, wie lächerlich die deutsche Sprache klang. Ich nahm ihn einige Male beiseite und riet ihm, heimzufahren, aber er weigerte sich stets, und alle meine Argumente bewirkten nichts; er war im Grunde zufrieden mit sich und zu meiner Überraschung sehr stolz darauf, ganze sechs Kinder zu haben. Einmal unterhielten wir uns, als er noch halbwegs nüchtern war; er warf mir vor, eine bürgerliche Moral zu haben, und ich wurde wütend und schrie ihn an:

»Hol's der Teufel, begreifen Sie denn nicht, dass Sie im Hospital und im Delirium enden und nichts Sie davor retten kann?«

»Sie haben das Wesen der gallischen Philosophie nicht erfasst«, antwortete er.

»Was?«, fragte ich irritiert.

»Ja«, bekräftigte er, während er die Pfeife stopfte, »das Leben wird uns zum Vergnügen geschenkt.«

Erst da bemerkte ich, dass er betrunkener war, als ich anfangs angenommen hatte; wie sich herausstellte, war er an dem Tag eine Stunde früher erschienen als sonst, womit ich nicht gerechnet hatte.

Mit den Jahren schwand seine Widerstandskraft gegen

den Alkohol ebenso wie seine Mittel, man ließ ihn überhaupt nicht mehr ins Café; und als ich ihn das letzte Mal sah, hetzten Garçons und Zuhälter ihn und einen Clochard aufeinander und versuchten, sie zu einem Kampf anzustacheln, dann stieß man sie beide zu Boden, und M. Martini rollte übers Trottoir und von dort auf den Fahrdamm, wo er eine Zeitlang liegenblieb – im Winterregen, im eiskalten nassen Schlamm.

»Das nennen Sie also, wenn mich meine Erinnerung nicht täuscht, gallische Philosophie«, sagte ich, während ich ihm aufhalf.

»Ein Witz. Ein Witz. Ein guter Witz – das ist alles, was ich dazu sagen kann«, plapperte er wie ein Papagei.

Ich setzte ihn an einen Tisch.

»Er hat kein Geld«, sagte ein Garçon zu mir.

»Wenn's nur das wäre!«, antwortete ich.

M. Martini wurde plötzlich nüchtern.

»Jeder Fall von Alkoholismus hat seinen Hintergrund«, sagte er unerwartet.

»Das mag ja sein«, antwortete ich zerstreut. »Aber Sie zum Beispiel, warum trinken Sie?«

»Vor Kummer«, sagte er. »Meine Frau verachtet mich, sie hat meinen Kindern beigebracht, mich zu verachten, und der einzige Zweck meines Daseins besteht für sie darin, dass ich ihnen Geld gebe. Ich ertrage das nicht und gehe deshalb abends aus dem Haus. Ich weiß, dass alles vor die Hunde geht.«

Ich betrachtete seinen schmutzstarrenden Anzug, die Abschürfungen im Gesicht, die kleinen Waisenaugen unter der Baskenmütze.

»Ich glaube, da ist nichts mehr zu machen«, sagte ich.

Die Frauen im Café kannte ich alle, denn sie hielten sich

dort stundenlang auf. Es waren ganz unterschiedliche Typen darunter, doch ihre Individualität behielten sie nur am Anfang ihrer Laufbahn, später, nach einigen Monaten, wenn sie den Beruf erlernt hatten, glichen sie den anderen aufs Haar. Die meisten waren Hausmädchen gewesen, doch es gab Ausnahmen – Verkäuferinnen, Stenographistinnen, ziemlich selten Köchinnen, und sogar die ehemalige Besitzerin eines kleinen Delikatessengeschäfts, deren Geschichte alle kannten: Sie hatte es mit einer hohen Summe versichert und dann in Brand gesteckt, und zwar so ungeschickt, dass die Versicherungsgesellschaft sich weigerte zu zahlen; am Ende lag das Geschäft in Schutt und Asche, aber Geld bekam sie nicht. Und da beschlossen sie und ihr Mann, sie solle zunächst einmal auf diese Weise arbeiten, und zu einem späteren Zeitpunkt würden sie wieder ein Geschäft eröffnen. Sie war eine recht attraktive Frau um die dreißig; doch das Gewerbe nahm sie so gefangen, dass bereits nach einem Jahr nicht mehr die Rede davon war, wieder ein Geschäft zu eröffnen, umso weniger, als sie einen ständigen Freier fand, einen respektablen und wohlhabenden Mann, der ihr Geschenke machte und sie als seine zweite Ehefrau ansah; er ging samstags und mittwochs abends mit ihr aus, zweimal pro Woche, und an diesen Tagen arbeitete sie also nicht. Meine ständige Nachbarin an der Theke war Suzanne, eine kleine, stark geschminkte Blondine mit einer großen Vorliebe für besonders prächtige Kleider, Armbänder und Ringe; einen Schneidezahn im Oberkiefer hatte sie vergolden lassen, und das gefiel ihr so, dass sie sich alle paar Minuten in ihrem kleinen Spiegelchen betrachtete, nach Hundeart die Oberlippe hochgezogen.

»Ist doch wirklich schön«, sagte sie eines Tages an mich gewandt, »oder?«

»Ich kann mir nichts Alberneres vorstellen«, sagte ich.

Seitdem hegte sie mir gegenüber eine gewisse Feindseligkeit, und gelegentlich wurde sie ausfallend. Besonders verächtlich reagierte sie darauf, dass ich immer Milch trank.

»Immer bloß Milch«, sagte sie drei Tage später zu mir, »willst du vielleicht meine?«

Sie war sehr für Veränderungen, manchmal verschwand sie für ein paar Nächte – das bedeutete, dass sie in einem anderen Viertel arbeitete, dann wieder tauchte sie einen ganzen Monat nicht auf, und als ich den Garçon fragte, ob er nicht wisse, was mit ihr sei, antwortete er, sie habe eine feste Stelle angenommen. Er sagte es anders, nämlich, sie habe jetzt eine feste Adresse – und es stellte sich heraus, dass sie im größten Bordell von Montparnasse arbeitete. Doch auch dort hielt es sie nicht, sie blieb nie lange an einem Ort. Sie war noch sehr jung, zweiundzwanzig oder dreiundzwanzig Jahre alt.

Jede Nacht, von acht Uhr abends bis sechs Uhr morgens, saß die Besitzerin des Cafés, das mehrere Millionen wert war, in eigener Person an der Kasse. Dreißig Jahre lang schlief sie tagsüber und arbeitete nachts; tagsüber vertrat sie ihr Mann, ein ehrbarer Alter in gutem Anzug. Sie hatten keine Kinder, anscheinend nicht einmal nahe Verwandte, und widmeten ihr ganzes Leben dem Café, wie andere ihr Leben der Wohltätigkeit, dem Dienst an Gott oder einer Beamtenlaufbahn widmen; sie fuhren nie weg, machten nie Urlaub. Einmal kam die Besitzerin allerdings zwei Monate lang nicht zur Arbeit – sie litt an einem Magengeschwür und lag die ganze Zeit im Bett. Sie besaß schon längst ein riesiges Vermögen, konnte jedoch das Arbeiten nicht lassen. Äußerlich glich sie einer liebenswerten Hexe. Ich unterhielt mich mehrere Male mit ihr, und einmal wurde sie zornig auf mich, weil ich sagte, ihr Leben sei im Grunde ebenso vergeudet wie das von M. Martini. »Wie können Sie mich mit diesem Alkoholiker vergleichen?«, und mir fiel mit einiger Verspätung ein, dass nur die allerwenigsten Menschen – vielleicht einer von hundert – imstande sind, ein halbwegs unparteiisches Werturteil anzuerkennen, vor allem, wenn es sie persönlich betrifft. Madame Duval selbst betrachtete ihr Leben als abgeschlossen und von einem bestimmten Sinn erfüllt – und in gewisser Hinsicht hatte sie recht, es war wirklich abgeschlossen und in seiner kompletten Zwecklosigkeit sogar vollendet. Was immer man hätte unternehmen können, jetzt war es zu spät. Doch das hätte sie nie eingesehen. »Wenn Sie sterben, Madame ...«, wollte ich sagen, hielt mich aber zurück, weil die im Grunde abstrakte Frage es in meinen Augen nicht wert war, unser gutes Verhältnis aufs Spiel zu setzen. Und ich sagte, vielleicht sei ich im Irrtum und mein Eindruck komme daher, dass ich mich zu einer solchen Leistung über dreißig Jahre hinweg nicht fähig fühlte. Das besänftigte sie, und sie antwortete, natürlich könne das bei weitem nicht jeder schaffen, aber dafür sei sie heute einer Sache sicher: Ihren Lebensabend würde sie einmal in Ruhe verbringen – als stünde sie in ihrem jetzigen Alter, mit ihren dreiundsechzig Jahren nicht am Ende ihres Lebens, sondern am Anfang. Auch darauf hätte ich viel erwidern können, doch ich schwieg.

Später wurde mir klar, dass sie keineswegs eine Ausnahme war, ihr Fall war ausgesprochen typisch; ich kannte Millionäre mit schmutzigen Händen, die sechzehn Stunden am Tag arbeiteten, alte Chauffeure, die rentable Häuser und Grundstücke besaßen und trotz Kurzatmigkeit, Sodbrennen, Hämorrhoiden und eines insgesamt katastrophalen Gesundheitszustands für dreißig Franc am Tag weiterarbeiteten; bekämen sie unterm Strich nur noch zwei Franc am Tag heraus, würden sie trotzdem arbeiten, bis sie eines schönen Tages nicht mehr aus dem Bett hochkämen, und das wäre dann ihr kurz bemessener Urlaub vor dem Tod. Denkwürdig war auch ein Garçon in diesem Café: Er war ein glücklicher Mensch. Das erfuhr ich eines Tages während einer kurzen philosophischen Unterhaltung, die ein älterer Mann unbestimmten Aussehens begonnen hatte, vermutlich ein ehemaliger Chauffeur. Er redete über die Lotterie und sagte, sie ähnele der Sonne; wie sich die Sonne um die Erde drehe, so rotiere auch das Lotterierad.

»Die Sonne dreht sich nicht um die Erde«, sagte ich zu ihm, »das ist falsch; und die Lotterie ähnelt der Sonne nicht.«

»Die Sonne dreht sich nicht um die Erde?«, fragte er ironisch. »Wer hat dir das gesagt?«

Er sprach völlig im Ernst; da fragte ich ihn, ob er überhaupt lesen könne, er war gekränkt und beharrte darauf zu erfahren, wie ich denn über die Himmelsmechanik besser informiert sein könne als er. Die Autorität von Wissenschaftlern erkannte er nicht an, er versicherte, sie wüssten nicht mehr als wir. Hier mischte sich der Garçon ins Gespräch und sagte, das spiele alles keine Rolle, eine Rolle spiele nur, ob der Mensch glücklich sei.

»So einen habe ich noch nie gesehen«, sagte ich.

Und da antwortete er mit einer gewissen Feierlichkeit, dass sich mir endlich die Gelegenheit biete, denn in diesem Augenblick sähe ich einen glücklichen Menschen.

»Was?«, fragte ich verblüfft. »Sie halten sich für einen vollkommen glücklichen Menschen?«

Er erklärte mir, das sei so. Offenbar hatte er immer einen Traum gehabt – zu arbeiten und seinen Lebensunterhalt zu verdienen –, und dieser Traum hatte sich erfüllt: Er war vollkommen glücklich. Ich betrachtete ihn aufmerksam: Er stand mit seiner blauen Schürze, die Ärmel hochgekrempelt, hinter der feuchten Zinktheke; seitwärts erklang Martinis Stimme:»Ein Witz, ein Witz, ein Witz«, rechts wiederholte jemand heiser:»Ich sag dir, das ist mein Bruder, kapiert?« Neben meinem Gesprächspartner, der überzeugt davon war, dass die Sonne sich um die Erde drehte, erklärte eine dicke Frau – das Weiß ihrer Augen überzogen von einem dichten roten Adernetz – ihrem Beschützer, in diesem Viertel könne sie nicht arbeiten:»Was ich auch anstelle, ich finde keinen.« Mitten drin stand der Garçon Michel; und sein gelbes Gesicht war tatsächlich glücklich.»Na, ich gratuliere, mein Lieber«, sagte ich zu ihm.

Und auch als ich wieder im Auto saß, gingen mir unablässig seine Worte durch den Kopf:»Ich hatte nur einen Traum, immer nur einen: meinen Lebensunterhalt zu verdienen.« Das war am Ende noch trauriger als Martini oder Madame Duval oder die dicke Marcelle, die in Montparnasse keine Freier fand; und ihre Geschäfte gingen tatsächlich schlecht, bis ein gescheiter Mensch ihr sagte, ohne Zweifel werde in einem anderen Viertel, nämlich im Quartier des Halles, eine weniger raffinierte Kundschaft ihre Schönheit zu schätzen wissen; und sie begann tatsächlich dort zu arbeiten; ein halbes Jahr später traf ich sie in einem Café am Boulevard de Sébastopol, sie hatte noch mehr Fett angesetzt und war viel besser gekleidet. Von dem glücklichen Garçon erzählte ich einem meiner ständig alkoholisierten Gesprächspartner, der Platon genannt wurde – wegen seiner Neigung zur Philosophie; der Mann, noch nicht alt, verbrachte jede Nacht in dem Café, an seinem Platz an der Theke, stets mit einem Glas Weißwein vor sich. Er hatte wie Martini an der Universität studiert, eine Zeitlang in England gelebt, war mit einer bildhübschen Frau verheiratet, Vater eines prächtigen Jungen und materiell gut gestellt; ich weiß nicht, wie und warum das alles sehr rasch zur Vergangenheit wurde, doch er verließ seine Familie, seine Verwandten brachen den Kontakt ab, und er war allein. Er hatte eine freundliche und höfliche Art, war ziemlich gebildet, beherrschte zwei Fremdsprachen, hatte viel gelesen und seinerzeit sogar eine philosophische Dissertation verfasst, ich weiß nicht mehr, worüber, womöglich gar über Böhme; und erst in letzter Zeit ließ sein Gedächtnis nach, und man merkte ihm die verheerenden Folgen des Alkohols deutlich an – anders als in den ersten Jahren unserer Bekanntschaft. Er lebte von einer winzigen Summe, die seine Mutter ihm heimlich gab – sie reichte nur für ein Sandwich pro Tag und den Weißwein.

»Und Ihre Wohnung?«, fragte ich einmal.

Er zuckte die Achseln und antwortete, dass er dafür überhaupt nichts zahle, und als der Hausbesitzer ihm mit Repressalien gedroht habe, habe er, Platon, geantwortet, er werde, wenn der andere etwas gegen ihn unternehme, die Zündschnur einer Dynamitpatrone anstecken und das Haus in die Luft sprengen und damit in gewisser Weise den Forderungen des Hausbesitzers – der ebenfalls dort lebte – entgegenkommen, denn der müsse sich dann über keinerlei Zahlungen von keinerlei Mietern je wieder den Kopf zerbrechen. Platon redete leise, absolut ruhig, doch mit solch unbeirrbarer Aufrichtigkeit und Überzeugung, dass ich keinen Moment an seiner Entschlossenheit zweifelte, das Gesagte in die Tat umzusetzen. Am merkwürdigsten fand ich indessen, dass Platon antiquierte, aber felsenfeste Ansichten vom Aufbau des Staates hatte, der sich nach seinen Worten auf drei Prinzipien stützen sollte: Religion, Familie, König. »Und der Alkohol?«, rutschte es mir heraus. Er antwortete völlig ruhig, das sei ein zweitrangiger, ja nicht einmal notwendiger Faktor. »Sie zum Beispiel trinken nicht«, sagte er, »doch das hindert mich nicht daran, Sie als normalen Menschen zu betrachten; schade natürlich, dass Sie kein Franzose sind, aber das ist nicht Ihre Schuld.« Dem glücklichen Garçon begegnete er mit Skepsis und sagte, auf derart primitive Wesen seien unsere Vorstellungen von Glück nicht übertragbar; er räumte aber ein, der Garçon könne auf seine Art glücklich sein, »wie ein Hund, ein Vogel, ein Affe oder ein Nashorn«; gegen Morgen fing Platon an, ungereimtes Zeug zu reden – ein sonderbares Delirium, überraschend ruhig, aber die Begriffe gerieten ihm durcheinander, er verglich Hamlet mit Poincaré und Werther mit dem Finanzminister, einem alten Fettwanst, der, in welcher Hinsicht auch immer, das ideale Gegenbild zu Werther war. Ich wusste, wie der Minister aussah, weil ich einmal mit meinem Auto in der Schlange vorm Senat gewartet hatte, wo eine Nachtsitzung stattfand; alle meine Kollegen hofften, die Senatoren chauffieren zu können, es war schon kurz nach vier Uhr morgens. Doch im letzten Moment fuhren ein paar Autobusse auf den Hof, die die Senatoren heimbrachten. Der letzte Bus mit der Aufschrift »Fahrpreis 3 Franc« entfernte sich gerade, da trat der Finanzminister auf die Straße und rannte dem davonfahrenden Bus aus Leibeskräften hinterher; ich konnte mir das Lachen nicht verkneifen, aber meine Kollegen überschütteten ihn wegen seines Geizes mit einer Flut von Schimpfwörtern. Seit jener Nacht – ich sah ihn ganz aus der Nähe – habe ich deutlich seine Gestalt vor Augen, den Bauch, das Keuchen, den aufgeknöpften Pelz, den er trug, und die besorgte, stumpfsinnige Miene.

Über den glücklichen Garçon sprach ich mit Platon in einer Nacht von Samstag auf Sonntag. Das war die unruhigste Nacht in der Woche; im Café tauchten lauter zufällige Besucher auf, die meisten betrunken. Ein schwermütiger Alter mit grauem Schnauzbart sang im Falsett bretonische Lieder; zwei Clochards stritten sich über einen Vorfall, der, soweit ich verstand, ein Jahr zurücklag; eine Stammkundin des Cafés, eine außergewöhnlich hässliche Frau mit flachem Froschgesicht, die aber als gute Arbeiterin galt, rückte ganz dicht an einen etwa Fünfzigjährigen mit dem Band der Ehrenlegion heran und murmelte – jemand hatte sie in dieser Nacht betrunken gemacht – immer wieder: »Versteh mich doch, versteh mich doch«, und ein ganz unbeteiligter Mann vom Typ des energiegeladenen Trinkers, der ihr zuhörte, hielt es schließlich nicht mehr aus und sagte: »Da gibt's nichts zu verstehen, du bist einfach ein Stück Dreck und weiter nichts.« Ein hagerer älterer Mann drängte sich mit einem Ausdruck echter Besorgnis in den Augen durch die Menge und bat Madame Duval, ihm zu erlauben, eine der Säulen im Café hochzuklettern – nur bis zur Decke und zurück, »Sie sehen, Madame, ich bin absolut korrekt. Nur ein Mal, Madame, nur ein Mal …«, und der kräftige Oberkellner führte ihn hinaus und schlug ihm auf der Straße vor, es doch mit dem Laternenpfahl zu versuchen. Draußen, jenseits des beschlagenen Fensters, gingen von Zeit zu Zeit zwei Polizisten vorüber, »wie der Schatten von Hamlets Vater«, sagte ich zu Platon. Dann verschwanden die samstäglichen Cafégäste allmählich in der nebligen und kalten Morgendämmerung; trübe brannten die Laternen über den Trottoirs, in den Kurven des rutschigen Fahrdamms zischten die Reifen der seltenen Automobile.

»Jeden Morgen danke ich dem Herrgott dafür«, sagte

Platon, als wir zusammen das Café verließen, »dass Er die Welt geschaffen hat, in der wir leben.«

»Sind Sie sicher, dass Er wirklich gut daran getan hat?«

»Davon bin ich völlig überzeugt, wie elend und betrunken ich auch sein mag«, sagte er mit seiner üblichen Gelassenheit.

Ich begleitete ihn bis zur Avenue du Maine, unterwegs sprach er von Toulouse-Lautrec und Gérard de Nerval, und gleich stellte ich mir Nervals entsetzlichen Tod vor, die stille kleine Straße in der Nähe der Place du Châtelet, seinen baumelnden Körper, den gleichsam von einer monströsen Phantasie erdachten schwarzen Hut auf dem Kopf des Erhängten.

Ich hatte hin und wieder die Gelegenheit, ein paar Stunden in dem Café zu verbringen, wenn ich mein Auto in Erwartung des Morgenzugs um halb sechs am Bahnhof parkte; und in der Zeit von zwei Uhr nachts bis zur Ankunft des Zuges, wenn die anderen Chauffeure Karten spielten oder in ihren Autos schliefen, ging ich lieber in das Café oder machte, wenn das Wetter gut war, einen Spaziergang; nur dieses erzwungene Nichtstun gab mir die Möglichkeit, die Kundschaft des Cafés richtig kennenzulernen. Es trug fast immer Früchte; jede Nacht ging ich etwas stärker verseucht von dort weg, und trotzdem brauchte ich mehrere Jahre, bis ich die Nachtbewohner zum ersten Mal in Gedanken als lebendes menschliches Aas bezeichnete – ich dachte früher besser von den Menschen und hätte mir sicher viele rosige Vorstellungen bewahrt, die mir jetzt nie mehr zur Verfügung stehen werden, ganz als hätte ein stinkendes Gift denjenigen Teil meiner Seele weggeätzt, der für sie vorgesehen war. Und die düstere Dichtung vom menschlichen Verfall, in der ich früher einen speziellen und tragischen Zauber sah, hörte für mich auf zu existieren, und ich glaube jetzt, dass sie ursprünglich auf Unwissen und auf eben jenem Irrtum beruhte, der für Gérard Nerval, den Platon in unserem Morgengespräch erwähnt hatte, so unwiderruflich gewesen war. Und die Menschen, die sie schufen und die es dorthin zog, wie es sie in den Tod zog, konnten sich nicht einmal sterbend damit trösten, dass sie die Dinge so gesehen hatten, wie sie tatsächlich waren und wie sie sie beschrieben hatten; sie waren so fraglos in ihrer Täuschung befangen, wie der respektable Herr fraglos unrecht hatte, wenn er die ehemalige Besitzerin des Delikatessengeschäfts, in die er verliebt war und mit der er mittwochs und samstags ausging, als seine zweite Ehefrau ansah.

Und vielleicht sollte man zwei Freier von Suzanne beneiden, die ich eines Tages sah; beide waren gut gekleidet und offenbar wohlhabend, und beide betraten das Café mit dem gleichen Lächeln und stützten sich auf die gleichen weißen Stöcke; sie waren blind. Suzanne setzte sich zu ihnen, und ich betrachtete die drei aus der Ferne und stellte mir vor, wie Suzannes Reden und Lachen aus der Dunkelheit zu ihnen drang. Dann gingen sie zu dritt ins Hotel gegenüber, und Suzanne führte sie behutsam – immerhin waren es Kunden – über den Platz. Nach einer Stunde kamen sie zurück; die Blinden blieben noch an einem Tisch sitzen, Suzanne trat an die Theke und stellte sich neben mich.

»Immer noch Milch?«, fragte sie.

»Sie konnten deine Schönheit gar nicht schätzen«, sagte ich, ohne zu antworten, »man denke nur, selbst deinen Goldzahn haben sie nicht gesehen.«

»Stimmt«, antwortete sie, und plötzlich sagte sie mit überraschender und kindlicher Neugierde im Blick, natürlich könnten sie sie nicht sehen, aber sie hätten sie stattdessen überall betastet, und das habe sie gekitzelt. Als ich an ihnen vorbeiging, blieb ich einen Moment stehen; auf ihren rosigen Gesichtern lag jenes besondere schutzlose Lächeln, das nur Blinden eigen ist.

Wie in früheren Phasen meines Lebens gelang es mir auch in Paris nur selten und für kurze Zeit, die Realität, in der ich leben musste, von außen zu betrachten, als würde ich an dem Geschehen gar nicht teilhaben. Das war stets, wie die Erinnerung an manche Landschaften, das Resultat einer visuellen Erkenntnis, die danach für immer in meinem Gedächtnis haftenblieb; und wie die Erinnerung an einen Geruch war sie von einer ganzen Welt anderer Dinge umgeben, die ihre Entstehung begleiteten. Meistens ging sie nicht aus einer langen Kette von Erscheinungen hervor, sondern gesellte sich ihnen nur hinzu, und das bot die Möglichkeit, die unterschiedlichen Leben zu vergleichen, die ich nacheinander zu führen gezwungen war und die mir fern und traurig vorkamen, unabhängig davon, ob etwas jetzt oder vor vielen Jahren geschah. Und dann stand mir die tragische Absurdität meiner Existenz so plastisch vor Augen, dass ich, nur in diesen Momenten, klar und deutlich Dinge begriff, über die man nie nachdenken sollte, weil sie Verzweiflung, Irrenhaus oder Tod nach sich ziehen. Doch merkwürdigerweise kam mir nach solchen Überlegungen nie der Gedanke an Selbstmord, der mir absolut fremd war, immer, auch in den schrecklichsten Augenblicken meines Lebens; und ich wusste, dass er nicht mit dem ständigen und brennenden Wunsch zu verwechseln war, der jedes Mal aufkam, wenn der Metrozug aus dem Tunnel in die Station einfuhr – sich blitzschnell von der festen steinernen Bahnsteigkante abzustoßen und vor den Zug zu werfen, mit derselben Bewegung, mit der ich mich in der Badeanstalt vom

Sprungbrett ins Wasser warf. Aber Tausende von Zügen passierten die Station, und jedes Mal, wenn ich zum Bahnsteig hinunterstieg, verspürte ich den absurden Wunsch, zu lächeln und zu mir selbst »Da wären wir!« zu sagen, in einem Ton, der Spott und gleichzeitig die Zuversicht ausdrückte, dass alle künftigen Metrozüge mich ebenso passieren würden wie bisher. Dieses Gefühl – den Drang, die eine und dieses Mal wirklich letzte Bewegung zu machen – kannte ich schon lange; es erfasste mich auch, wenn ich im Auto an den wenig stabilen Geländern einer Seine-Brücke vorbeifuhr und dachte: jetzt ein bisschen Gas geben, das Steuer herumreißen – und alles ist vorbei. Und ich bewegte das Steuer ein paar Zoll und korrigierte es gleich wieder, und das Auto, nach einem Ruck zum Geländer hin, verfolgte den alten Kurs und setzte seine bisherige ungefährliche Fahrt fort. Jenes Mal dagegen – in der glutheißen und schwarzen Nacht Konstantinopels –, als mir real die Gefahr drohte, vom fünften Stock in die Tiefe zu stürzen, hatte ich dieses Gefühl nicht, stattdessen hatte ich das unwiderstehliche Verlangen, mich zu retten, koste es, was es wolle. Ich war damals in eine verzweifelte Lage geraten. Im asiatischen Teil der Stadt gab es einen riesigen Brand, und aus meinem Fenster im dritten Stock sah ich nur einen dichten roten Schein; das Haus, in dem ich wohnte, lag in Pera, mitten im europäischen Viertel. Ich beschloss, aufs Dach zu steigen, erreichte es auch ziemlich leicht, und zwar von einer steinernen Plattform aus, die auf allen vier Seiten in Augenhöhe von Mauern umgeben war. Ich schwang mich auf das annähernd flache Ziegeldach und schritt in die Richtung, wo meiner Berechnung nach der Brand gut zu sehen sein müsste. Der Schein war wirklich ein wenig heller, und etwas zeichnete sich schwarz darin ab, aber trotzdem waren nicht einmal die Flammen zu erkennen. Nach etwa zehn Minuten machte ich kehrt. Die Nacht war sehr dunkel, es gab weder Sterne noch Mond, ich ging aufs Geratewohl und kam nicht auf die Idee, dass ich mich irren könnte. Schließlich gelangte ich zu der Plattform und ließ mich, den Rücken nach außen, hinab. Als die Dachkante auf der Höhe meiner Augen war, streckte ich die Fußspitzen aus; aber da war kein Boden unter mir. Das wunderte mich, ich ließ mich weiter hinab, bis ich schließlich an den ausgestreckten Armen hing, mit den Fingern an die Ziegel geklammert, erreichte aber den Boden wieder nicht. Da drehte ich mühsam den Kopf zur Seite und schaute nach unten: Ganz weit weg, in, wie mir schien, entsetzlicher Tiefe brannte matt eine Laterne überm Straßenpflaster; ich hing an der hinteren, fensterlosen und absolut glatten Hauswand, über einem fünfstöckigen Abgrund. Mein Hemd war unglaublich schnell klatschnass. Ich hielt mich nur mit den Fingern an den Ziegeln fest – sofort kamen sie mir rutschig und wackelig vor – und konnte auf niemandes Hilfe zählen. Im ersten Moment verspürte ich ein maßloses Grauen. Dann begann ich, mich hochzuarbeiten. Zuvor hatte ich in Griechenland mit einem Kameraden trainiert, um als Akrobat im Zirkus aufzutreten, und was für die meisten Leute unmöglich gewesen wäre, fiel mir vergleichsweise leicht. Gesicht und Brust an die Mauer gedrückt, zog ich meinen Körper empor, fasste bereits mit der ganzen Hand, erst rechts, dann links, die Ziegel, dann hob ich langsam, ohne jenes rhythmische Abstoßen, das bei gymnastischen Übungen fast unabdingbar ist, das ich aber jetzt nicht riskieren konnte, weil mir, verlöre ich auch nur für eine Sekunde das Gleichgewicht, der Absturz drohte, den rechten Ellbogen und zog mich gleich um mehrere Zentimeter hoch – der Rest war leicht; aber ich kroch erst noch eine ganze Strecke übers Dach, um von der Kante wegzukommen. Dann fand ich problemlos die Plattform und ging in mein Zimmer hinunter: Aus dem Spiegel sah mich mein Gesicht an, verzerrt, kalkbeschmiert, die Augen vollkommen fremd. Das alles liegt viele Jahre zurück, doch ich erinnere mich an den Blick von oben auf das matte Laternenlicht über den unregelmäßigen Pflastersteinen – eine jener ewigen, in tiefer Nacht versunkenen Stadtlandschaften, die ich später so oft in Paris sah. Und in seltenen und jäh aufflammenden lichten Momenten schien es mir völlig unerklärlich, dass ich nachts im Auto diese riesenhafte fremde Stadt durchquerte, die vorbeifliegen und verschwinden müsste wie ein Zug, sich aber nie zur Gänze von mir durchqueren ließ – als würde man schlafen, dagegen ankämpfen, aber nicht aufwachen können. Diese Empfindung war fast ebenso quälend wie die vergeblichen Versuche, die Last der Erinnerungen abzuwerfen; anders als die meisten meiner Bekannten vergaß ich fast nichts von dem, was ich gesehen und empfunden hatte; und die Vielzahl der Dinge wie der Menschen, von denen einige schon längst nicht mehr am Leben waren, verschüttete meine Vorstellungen. Ein einmal erblicktes Frauengesicht merkte ich mir für immer, nahezu alle Gefühle und Gedanken, die ich im Verlaufe vieler Jahre Tag für Tag gehabt hatte, wusste ich noch, und das einzige, was ich mit Leichtigkeit vergaß, waren mathematische Formeln und der Inhalt einiger vor langer Zeit gelesener Bücher und Lehrwerke. An Menschen aber erinnerte ich mich immer, an alle, obwohl die überwältigende Mehrheit von ihnen in meinem Leben keine besondere Rolle spielte.

Wenn ich darüber nachdachte, wie absurd sich mein Leben im Ausland gestaltete, sah ich sogleich die erste Zeit meines Pariser Daseins vor mir, als ich in Saint-Denis Last-kähne auslud und mit Polen in einer Baracke wohnte; das war ein kriminelles Pack, das mehrere Gefängnisse durchlaufen und sich zuletzt dort, in Saint-Denis, wiedergefunden hatte, wo es nur Leute hintrieb, die hungerten und nicht die geringste Hoffnung auf eine andere Arbeit hatten. Keiner von ihnen sprach Französisch, und diese Sprache beherrschte auch keiner der anderen: zwei Russen, die von Zechen aus Deutschland gekommen waren, ein entflohener Spanier, ein paar Portugiesen und ein kleiner Italiener mit zartem Gesicht und weißen Händen, den es ebenfalls, wer weiß warum, aus Mailand nach Frankreich verschlagen hatte – meine Kameraden auf der Arbeit. Als wir uns eines Morgens aufgestellt hatten, kam der Direktor, ein korpulenter Mann mit verquollenen Augen hinter dem goldenen Pincenez; er musterte uns und sagte dann zum Chef, der ihn begleitete:

»Lauter entlaufene Zuchthäusler.«

Doch keiner von ihnen verstand die Äußerung, und alle lächelten liebedienerisch und abwartend. Die Polen waren leidenschaftliche Kartenspieler und spielten nach der Arbeit bis tief in die Nacht um ihr letztes Geld; am Ende wurde einer von ihnen unweigerlich beim Mogeln erwischt, ein anderer beim Stehlen – und es entspann sich ein wilder Kampf, und ich wurde davon wach, dass ein Körper auf mich fiel; und im entscheidenden Moment sah ich immer, wie sich auf der hintersten Pritsche der Spanier erhob; er kleidete sich rasch an und ging für eine oder zwei Stunden fort; er verstand nichts von dem, was gesprochen wurde, doch offenbar hatte ihn eine lange Lebenserfahrung gelehrt, in kritischen Momenten am besten weit weg zu sein. Und wenn der Tumult sich gelegt hatte, schob sich sein

35

schmaler Kopf durch den Türspalt, er kehrte zurück und ging wieder schlafen. Ich hielt dieses Leben zwei Wochen aus; neben mir hauste ein Russe, ein ruhiger, athletischer Mann, der buchstäblich allem, auch seinem eigenen Schicksal gegenüber eine vollkommene Gleichgültigkeit an den Tag legte. Er war so stark, dass das achtstündige Schleppen von Sechs-Pud-Säcken ihn nicht ermüdete; und als ich nach dem ersten Arbeitstag völlig entkräftet auf meiner Pritsche lag, hörte ich im Einschlafen, wie er mitfühlend murmelte: »Ganz kaputt, das Bürschchen.« Manchmal sang er mit tiefer Stimme selbsterdachte Lieder von höchst unerwartetem Inhalt. Sein Lieblingslied begann so: »Ich schlage die Lyra zum Tanz, und nehme dazu meinen …«, und es folgte ein obszönes Wort.

Es war Ende November, morgens lag schon Rauhreif; während der Arbeit wurde mir heiß, doch danach begann ich zu frieren; zudem regnete es häufig stundenlang, und schließlich stand ich eines Morgens nicht auf, sagte, ich sei krank, schlief bis um elf und ging dann fort, mit dem kleinen Koffer, in dem meine ganze Habe Platz fand. Es war sonnig und warm – und an diesem Tag erschien mir sogar die entsetzliche Armut in dem ungeheuer trostlosen Saint-Denis weniger schlimm. Nach kurzer Zeit musste ich freilich dorthin zurückkehren, dieses Mal ins Depot der Compagnie des Chemins de fer du Nord, wo ich zum Waschen der Lokomotiven eingestellt wurde. Als ich diesen Ausdruck zum ersten Mal hörte, wunderte ich mich, ich wusste nicht, dass Lokomotiven gewaschen wurden; dann zeigte sich, dass die Arbeit im Durchspülen der Rohre innerhalb der Loks bestand, wo sich Ablagerungen gebildet hatten. Die Arbeit war nicht schwer, aber unangenehm; gearbeitet wurde in einer offenen Halle, im Winter war das Wasser eisig, und meist war ich nach einer Stunde von Kopf bis Fuß durchnässt, als hätte mich ein Platzregen erwischt; im Januar oder Februar musste man unter solchen Umständen einfach frieren; am Ende des Arbeitstags klapperten mir die Zähne. Ich wurde erst in der Baracke wieder warm, die dieses Mal erheblich sauberer und immer stark geheizt war. Sie war ausschließlich mit Russen belegt; unter ihnen fand ich einen alten Bekannten, dem ich seinerzeit in Sewastopol begegnet war, einen Partisanenführer und recht ungewöhnlichen Menschen. Vor langer Zeit war er in Russland Werkmeister gewesen, ich glaube, im Obuchow-Werk, später, während des Bürgerkriegs, stellte er in Sibirien, wohin es ihn aus unerfindlichen Gründen verschlagen hatte, eine Partisanenabteilung auf. In einem der vielen Kämpfe wurde die Abteilung von Verbänden der Roten Armee zerschlagen, und Max – er hieß Max – wurde gefangengenommen. Es gelang ihm jedoch zu fliehen, und er schlug sich zu Fuß von Sibirien bis auf die Krim durch. Nun sah ich ihn in diesem Depot wieder: ein hochgewachsener alter Mann mit geschorenem Kopf und lächelnden schwarzen Augen. Obwohl er kaum ein Wort Französisch sprach, verdiente er in der Stunde ungefähr so viel wie ich am Tag, und als ich ihn nach dem Grund fragte, antwortete er, die Franzosen hätten überhaupt keine Ahnung von der Arbeit, und ihre Meister taugten nichts, während er, Max, qualifizierter russischer Werkmeister sei – das entspreche einem hiesigen Chefingenieur. Er erzählte, man habe ihn, als er eingestellt wurde, unterschiedlichen Tests unterworfen und ihm danach einmütig den höchsten Tarif zugesprochen; er war für keinen besonderen Bereich zuständig, sondern wurde überallhin gerufen, wo etwas nicht funktionierte. Er setzte elektrische Anlagen instand, schliff zerbrochene Maschinenteile auf der Drehbank zurecht, führte notwendige Berechnungen durch und arbeitete im Allgemeinen ohne Eile, während er immer wieder verächtlich ausspuckte. Er hatte eine leidenschaftliche Vorliebe für Gedichte; das erfuhr ich eines Abends, als er bekümmert zu mir sagte:

»Wenn ich dich angucke, werd ich traurig, was die Jugend heute für eine Saubande ist. Ich guck dich jetzt zwei Wochen an. Wenn du bloß ein einziges Mal ein Buch in die Hand genommen hättest. Aber du zischst jeden Abend gleich ab in die Stadt und kommst nachts zurück – was ist das für ein Leben?«

Und er erklärte mir, er habe in seiner Jugend sehr viel gelesen und sich für alles interessiert. Dann fragte er mich, ob ich mir irgendetwas unter Literatur vorstellen könnte und ob ich jemals Gedichte gelesen hätte. Meine Antwort freute ihn, er reckte sich sogar von der Pritsche hoch und sagte, am nächsten Abend, am Samstag, würde er mit mir in ein Lokal gehen, und dort würden wir über Poesie reden. Am Abend darauf gingen wir in ein kleines Café, am Eingang sagte er, auf die Besitzerin zeigend:

»Sprich Französisch mit ihr, bestell Rotwein. Soll sie nur mitkriegen, dass wir auch Französisch können.«

Ich bestellte eine Flasche Wein, er wiegte den Kopf und sagte:

»Ich mag es, wenn die Unsrigen Französisch reden, wo hast du das bloß gelernt?«

Dann fragte er mich, ob ich bestimmte Dichter kenne – er nannte ein Dutzend Namen. Ich nickte. Er trug einige Gedichte vor, sein Gedächtnis war gut; er rezitierte, die Augen geschlossen und sich wiegend, mit außergewöhnlichem Gefühl, aber in der Manier von Schauspielern, ließ also den Rhythmus beiseite und betonte nur die inhaltliche Schlüssigkeit. Dann sagte er, er werde jetzt sein absolutes Lieblingsgedicht vortragen; er schloss die Augen, sein Gesicht wurde bleich, und er hub mit veränderter Stimme an:

> Im Kerker liegt in eisernen Banden
> Beim Henkermahle der Ungargraf …

Wie alle schlichten und geistig naiven Menschen liebte er die äußere Pracht der Darstellung; das Schicksal eines russischen Bauern rührte ihn weniger als das Los eines ungarischen Grafen oder eines österreichischen Barons. Diese erstaunliche Schwäche der Menschen für eine ihnen völlig fremde Welt, von deren Pracht ihre Phantasie restlos überwältigt wird, konnte ich häufig beobachten.

Damals hatte ich von Paris nur eine sehr ungefähre Vorstellung, und der Anblick der nächtlichen Stadt beeindruckte mich regelmäßig wie die Kulissen eines gigantischen, nahezu stummen Schauspiels – die langen Laternenreihen auf den in die Ferne führenden Boulevards, ihr toter Widerschein auf der reglosen Oberfläche des Canal Saint-Martin, das kaum hörbare Lispeln des Laubs in den Kastanien, die blauen Funken auf den Metroschienen, dort, wo sie über den Straßen fährt statt unter der Erde. Heute, da ich Paris besser kenne als jede Stadt in meiner Heimat, kostet es mich viel Mühe, dieses fast verschwundene, fast verlorene Bild noch einmal zu erhaschen. Dafür ist der Anblick der Vororte gleich geblieben; und ich kenne nichts Tristeres und schreiend Jammervolleres als die Pariser Arbeitervororte, wo sich uralte, ausweglose Armut anscheinend durch die Luft verbreitet, wo Generationen von Menschen lebten und starben, deren trostloses Alltagsdasein sich mit nichts vergleichen lässt – höchstens mit der Situation rund um den Boulevard de Sébastopol, wo es seit Jahrhunderten nach Fäulnis riecht und jedes Haus von diesem unerträglichen Gestank durchtränkt ist. Meine chronische Neugier war es, die mich dorthin trieb, und ich durchstreifte viele Male die Pariser Viertel, in denen diese furchtbare Armut und dieses menschliche Aas zu Hause waren; ich lief durch das schmale mittelalterliche Gässchen zwischen Boulevard de Sébastopol und Rue Saint-Martin, wo unter dem Glasvordach eines schäbigen Hotels tagsüber eine Laterne brannte und eine Prostituierte mit lila Gesicht und räudigem Pelz um den Hals auf der Schwelle stand; ich war auf der Place Maubert, wo sich die Zigarettenstummelsammler und Clochards der ganzen Stadt trafen, die sich alle paar Minuten den ungewaschenen Leib kratzten, der durch das unwahrscheinlich schmutzige Hemd zu sehen war; ich war in der Gegend von Ménilmontant, Belleville, Porte de Clignancourt, und mein Herz krampfte sich zusammen vor Mitleid und Ekel. Doch vieles, was ich weiß und wovon die Hälfte ausreichen würde, um mehrere Menschenleben für immer zu verseuchen, wüsste ich nicht, wenn ich nicht Taxifahrer hätte werden müssen. Vorher war ich allerdings Arbeiter gewesen, dann Student, dann Angestellter, dann unterrichtete ich Russisch und Französisch, und erst nachdem sich herausgestellt hatte, dass diese Tätigkeiten mir rein gar nichts nutzten, wies ich meine Kenntnis der Pariser Straßen nach, legte die Fahrprüfung ab und erhielt die erforderlichen Papiere.

An der Fabrikarbeit scheiterte ich nicht, weil sie besonders kräftezehrend gewesen wäre; ich war kerngesund und wusste kaum, was körperliche Erschöpfung bedeutete, besonders nach meiner Zeit in Saint-Denis. Doch ich konnte das ständige Eingesperrtsein in der Werkhalle nicht ertragen, ich fühlte mich wie im Gefängnis und fragte mich allen Ernstes: Wie halten Menschen es aus, ihr ganzes Leben, mehrere Jahrzehnte unter solchen Umständen zu verbringen? Freilich waren ihnen meistens viele Generationen vorausgegangen, die immer körperlich gearbeitet hatten – und nie, bei keinem einzigen Arbeiter habe ich ein Aufbegehren gegen dieses unerträgliche Dasein wahrgenommen; ihre ganze Empörung lief in der Regel darauf hinaus, dass die Arbeit zu schlecht bezahlt werde, doch gegen das Prinzip der Arbeit rebellierten sie nicht, der Gedanke kam ihnen gar nicht in den Sinn. Damals war mir noch nicht bewusst, dass bestimmte Menschen, denen ich begegnete, durch unüberbrückbare Entfernungen voneinander getrennt waren; in derselben Stadt und im selben Land lebend und fast dieselbe Sprache sprechend, waren sie einander so fremd wie Eskimos und Australier. Ich weiß noch, wie es mir einfach nicht gelang, meinen Arbeitskameraden zu erklären, dass ich an die Universität gehen würde, sie konnten das nicht verstehen.

»Was willst du denn studieren?« Ich beschrieb ihnen aufs Genaueste die Fächer, die mich interessierten. »Das ist aber schwierig, weißt du, man muss viele besondere Wörter kennen«, sagten sie. Schließlich erklärte einer von ihnen, das könne nicht klappen; um an die Universität zu gehen, müsse man eine Mittelschule abschließen, ein Lyzeum, das nur Reiche besuchen könnten. Ich sagte, das erforderliche Zeugnis hätte ich. Sie wiegten zweifelnd den Kopf, und eine Arbeiterin riet mir, diese nutzlosen Dinge aufzugeben, sie sagte, das sei nichts für uns Arbeiter – und redete auf mich ein, ich solle nichts riskieren, sondern an Ort und Stelle bleiben, wo ich, nach ihren Worten, in zehn Jahren Meister oder Gruppenleiter sein könnte. »Zehn Jahre!«, sagte ich.

»Bis dahin bin ich ja schon zehn Mal tot.« »Mit dir nimmt es ein schlechtes Ende«, sagte sie zum Abschluss.

Doch obwohl ich meinen Arbeitskameraden – Fräsern, Bohrmechanikern, Schlossern – völlig fremd war, verstand ich mich ausgezeichnet mit ihnen, und rein menschlich gesehen waren sie keinesfalls schlechter, oft sogar besser als die Vertreter anderer Berufe, mit denen ich zu tun hatte, und auf jeden Fall waren sie ehrlicher. Die muntere Tapferkeit ihres Lebens beeindruckte mich, imponierte mir unwillkürlich. Ich wusste, dass das, was mir wie Zwangsarbeit hinter Gittern vorkam, für sie ein normaler Zustand war, in ihren Augen war die Welt anders beschaffen als in meinen; dementsprechend waren ihre Reaktionen verändert, wie das bei der dritten oder vierten Generation dressierter Tiere der Fall ist – und wie es natürlich auch bei mir der Fall wäre, hätte ich fünfzehn oder zwanzig Jahre in der Fabrik gearbeitet. Doch woher ihre Munterkeit, Spottlust und Sorglosigkeit auch rühren mochten – diese Züge waren für sich genommen so positiv, dass ich ihrem besonderen Reiz nicht widerstehen konnte. Die schroffe Kluft, die uns trennte und die zwangsläufig meine groteske Lage, meine Deplatziertheit in der Fabrik betonte, versuchte ich einzuebnen, wie ich nur konnte, um nicht ständig bei meinen Nachbarn aufzufallen, und nach einiger Zeit hatte ich gelernt, Argot-Begriffe zu verstehen und zu benutzen, und fing an, mich wie meine Umgebung zu kleiden. Und genau damit, dass ich äußerlich bald völlig einem Arbeiter glich, zog ich das verächtliche Missfallen eines meiner Nachbarn auf mich, eines hochgewachsenen schwarzbärtigen Mannes, der stets in seinem blauen Herrenanzug mit Universitätsabzeichen die Werkhalle betrat. Er war Russe und hatte in Prag Jura studiert. Der Anzug, so abgetragen, dass er glänzte, war unbeschreiblich schäbig, in seinem Bart hingen immerzu Eisenspäne, desgleichen in seinem wirren Haar. Er hatte ein mageres Gesicht mit vorstehenden Backenknochen und großen Augen; überhaupt glich er einem Porträt Dostojewskis, der, nebenbei gesagt, sein Lieblingsautor war. Die Arbeiter und vor allem die Arbeiterinnen machten sich ständig über ihn lustig; sie veränderten die Einstellung seiner Bohrmaschine, hefteten ihm Papierschwänzchen auf den Rücken, sagten ihm, der Hallenleiter rufe ihn zu sich, während der nicht im Traum daran dachte. Sein Französisch war schlecht, und den Spott seiner Arbeitskameraden verstand er oft nicht. Doch er reagierte auf alles mit einer vollkommen stoischen Verachtung, und nur manchmal konnte man an seinen Augen sehen, wie schwer ihm das fiel. Er tat mir leid, ich mischte mich ein paar Mal ein und erklärte, es sei niederträchtig, sich über jemanden lustig zu machen, der nicht antworten könne. Sie drangsalierten ihn jedoch mit kindlicher Grausamkeit nach einiger Zeit stets aufs Neue. Während solcher Wortwechsel stand er meistens schweigend abseits, und nur seine Augen, die überhaupt sehr ausdrucksvoll waren, folgten uns allen. Mit mir sprach er nie. Doch dann, eines Tages, trat er zu mir und fragte, ob ich wirklich Russe sei, und auf meine Bestätigung hin sagte er:

»Schämen Sie sich nicht?«

»Wofür sollte ich mich schämen?«, fragte ich verblüfft.

Und er erklärte mir, meine Schande – so drückte er sich aus: meine Schande – bestehe darin, dass ich nicht mehr von einem Arbeiter zu unterscheiden sei.

»Sie kleiden sich wie die, tragen die gleichen Schals, die gleiche Schlägermütze, mit einem Wort, Sie sehen genauso pöbelhaft und proletarisch aus wie die.«

»Entschuldigen Sie«, sagte ich, »aber es ist doch besser, Arbeitskleidung zu haben und sich umzuziehen, als in einem unzweckmäßigen Anzug herumzulaufen; der mag ja den Vorteil haben, Sie auf den ersten Blick von den anderen Arbeitern zu unterscheiden, aber das ist auch alles – ein halbes Jahr lang immer derselbe Anzug, und mittlerweile ist er, gelinde gesagt, ziemlich schmutzig. Ich halte das für einen Nachteil.«

»Ihrer Sprechweise nach zu urteilen, sind Sie gebildet«, sagte er, »dann müssten Sie doch begreifen, dass das alles keine Rolle spielt; eine Rolle spielt nur, dass man sich die menschliche Essenz bewahrt.«

»Ich finde nicht, dass ein sauberer Anzug dem im Wege steht.«

Doch er hielt mir einen langen Vortrag darüber, dass »das Sein das Bewusstsein« bestimme und man mit aller Kraft dagegen aufbegehren müsse. Arbeiter waren für ihn keine Menschen, er sah mit grenzenloser Verachtung auf sie herab. Dann sagte er, die Revolution habe ihm zwar alles genommen, aber etwas sei ihm geblieben, von unermesslich größerem Wert und für die, die jetzt in seinem Haus in Petersburg säßen, nie zu erfassen – Blok, Annenski, Dostojewski, *Krieg und Frieden*. Kein Einwand konnte ihn beirren, und ich brachte auch keinen vor; ich begriff, dass das anscheinend wirklich sein einziger Reichtum war und er auf der ganzen Welt nichts weiter besaß. Und obwohl er außerstande war, einige grundlegende Dinge zu begreifen, konnte ich nicht umhin, unwillkürlich Respekt für diesen Mann zu empfinden, der die Welt nur von einer Seite sah; was er so innig liebte, verdiente immerhin Entsagung und Opfer. Die verbreitete, für Ehemalige wie ihn typische Nostalgie dagegen, von der ich tausend Mal gehört und gelesen hatte

und die im Grunde darauf hinauslief, einem verlorenen All-
tagsglück der nichtigsten Art nachzujammern, war ihm vollkommen fremd.

In derselben Werkhalle, ein Stück von mir entfernt, arbeitete noch ein Russe, den ich von früher kannte, weil ich mit
ihm eine Zeitlang zusammen die Schule besucht hatte. Er
war ein paar Jahre älter als ich. Von seiner Herkunft oder
den Umständen, unter denen er in Russland aufgewachsen
war, erfuhr ich nie etwas Genaues, denn seine Erzählungen
darüber waren absolut unglaubwürdig – sie glichen den
Schilderungen von mondänem Luxus, die man in billigen
Groschenromanen findet. Ich weiß nur noch, dass seine El-
tern angeblich irgendwelche monströsen Kronleuchter und
einen französischen Koch hatten. Russisch sprach er aber
mit kleinrussischem Akzent, und abstrakte Begriffe kamen
in seiner Rede nicht vor. Im französischen Fabrikmilieu
fühlte er sich wie ein Fisch im Wasser und litt überhaupt
nicht, eher wäre wohl die Universität eine Tragödie für ihn
gewesen. Mit den Arbeitern Freundschaft zu schließen und
vertraut zu werden, fiel ihm leichter als anderen, obwohl er
kaum Französisch sprach. Er arbeitete gut, war unermüd-
lich, und was er in der Fabrik tat, interessierte ihn bren-
nend. Außerdem zeichnete er sich durch ausgeprägte Spar-
samkeit und einen lachhaften Geiz aus, nahm ausschließlich
Brühe, Brot und Speck zu sich, von dem er stets große Men-
gen zu Spottpreisen einkaufte, weil die obere Schicht, wie er
erklärte, ein bisschen verdorben war, und legte regelmäßig
Geld zurück. Davon kaufte er eine prächtige teure Arm-
banduhr – doch die ganze Woche über lief sie nicht, er zog
sie nur samstags und sonntags auf, da sich der Mechanismus
sonst abnütze. Sein Leben war ungemein schlicht – die Woche über arbeitete er und legte sich, von der Fabrik heim-

gekommen, sofort schlafen, samstags ging er zuerst ins Bad und anschließend ins Bordell. Die Bildung, mit der er beim Unterricht in Berührung gekommen war, hatte nicht die geringsten Spuren hinterlassen; nie schenkte er auch nur einer einzigen abstrakten Frage seine Aufmerksamkeit. Und es kam mir lange Zeit so vor, als könnte man sein gesamtes Leben, alle seine Gedanken, Absichten und Gefühle wie in der Algebra auf zwei, drei Grundformeln bringen – und alles Übrige wäre nutzloser und verschwenderischer Luxus. Welche erbarmungslose Rache die überflüssige Bildung und die abstrakten Begriffe an ihm nehmen würden, konnte ich nicht voraussehen; ich hatte immer gedacht, er besitze ihnen gegenüber eine natürliche und unangreifbare Immunität.

Doch er war einer der ersten Menschen in meinem Leben, dessen Existenz ich abschließend beurteilen konnte, denn ich begegnete ihm während mehrerer Jahre immer wieder, sah die Veränderungen, die mit ihm vorgingen und die in den letzten beiden Jahren besonders frappierend waren; und vor allem kam der Ablauf in dem Moment zum Stillstand, als die höchste Spannung erreicht war. Er besaß alles, was für ein glückliches Leben nötig war, in erster Linie die Fähigkeit, sich instinktiv und perfekt an die Bedingungen anzupassen, unter denen er leben musste: Er war ehrlich überzeugt, dass es ihm ziemlich gut ging, dass die geringe Summe, die er zurückgelegt hatte – und die jeden Monat in derselben erbärmlichen Relation anwuchs –, eine Art Kapital darstellte, dass die beiden Anzüge mit dem speziellen, für die schlechten Schneider aus den Pariser Armenvierteln typischen Schnitt – übertrieben modisch und knapp – bedeuteten, er sei gut gekleidet, dass die übliche Lohnerhöhung – 15 oder 20 Centime pro Stunde – sein

»ökonomisches Potential« erhöhten – mit einem Wort, er gebrauchte zur Bewertung der eigenen Lage die Kriterien des Arbeitermilieus, in dem er lebte, während er von Kriterien allgemeiner Art nicht einmal etwas ahnte – übrigens bezweifle ich, dass das Wort Kriterium zu seinem Wortschatz gehörte. Ganz zu Anfang seiner Pariser Zeit konnte man sich im Gespräch mit ihm noch vorstellen, dass dieser Mann etwas gelernt hatte, doch schon nach zwei Jahren war nichts mehr davon übrig; er schien alles so restlos und unwiderruflich vergessen zu haben, als wäre es nie dagewesen. Wie die meisten einfachen Menschen, die es ins Ausland verschlagen hat, vermied er es, Russisch zu sprechen, und wären der Akzent und die falschen Flexionsendungen, Zeitformen und Artikel nicht gewesen, hätte man seine Sprache für die eines französischen Bauern halten können. Er kündigte seine Stelle in der Fabrik, in der wir zusammen arbeiteten, und ein paar Monate später sah ich ihn in der Metro: An den rötlichen Händen, die ich gut kannte – mit den verdickten Fingerspitzen und den vorgewölbten Nägeln – trug er zartgelbe Handschuhe, auf dem Kopf eine Melone. Sein Familienname war Fedortschenko, und darüber war er sehr bekümmert, weil Franzosen ihn, wie er sagte, schlecht aussprechen könnten; neuen Bekannten stellte er sich als M. Fédor vor. Ein Impuls, den ich schon an vielen Russen wahrgenommen hatte, war bei ihm extrem ausgeprägt: Alles, was früher existiert und letztlich ihr Geschick bestimmt hatte, hörte für sie auf zu existieren, und an seine Stelle trat die elende ausländische Wirklichkeit, die sie, meist aufgrund schlechter Französischkenntnisse und eines Mangels an kritischem Gespür, nunmehr geradezu als ideales Dasein betrachteten. Wenn ich über diese Leute nachdachte – darunter Staatsanwälte, Advokaten, Ärzte –, schien mir, es handele sich dabei um die Entfaltung eines sehr vielgestaltigen Selbsterhaltungstriebs, der die schleichende Atrophie einiger Fähigkeiten nach sich zog, die den Menschen in ihrem gegenwärtigen Leben nicht nur keinen Nutzen, sondern Schaden brachten – vor allem das kritische Urteilsvermögen und jene intellektuelle Regsamkeit, die, früher eine liebe Gewohnheit, unter den jetzigen Umständen unangebracht und unmöglich war. Als ich einmal mit einem Kollegen darüber sprach, unterbrach der mich plötzlich und sagte:

»Erinnerst du dich an das Buch von H. G. Wells, das wir vor vielen Jahren gelesen haben – *Die Insel des Dr. Moreau*? Weißt du noch, wie die in Menschen verwandelten Tiere, nachdem Dr. Moreau wegen irgendeiner Katastrophe die Gewalt über sie verloren hat – weißt du noch, wie schnell sie die menschliche Sprache vergessen und in ihren früheren Zustand zurückkehren?«

»Das ist ein entwürdigender Vergleich«, sagte ich, »eine monströse Übertreibung. Ich kann dir auf gar keinen Fall zustimmen.«

Doch später, nachdem ich eine Vielzahl von Beispielen dieser seelischen und geistigen Verarmung gesehen hatte, fand ich, mein Kollege habe vielleicht richtiger geurteilt, als mir damals schien. Die Verwandlungen, die Menschen unter dem Einfluss veränderter Lebensumstände durchmachten, waren so stupend, dass ich es anfangs einfach nicht glauben wollte. Ich hatte den Eindruck, in einem gigantischen Labor zu leben, wo mit menschlichen Daseinsformen experimentiert wurde, wo das Schicksal voller Häme Schönheiten in Greisinnen, Reiche in Arme, ehrenhafte Menschen in berufsmäßige Bettler verwandelte – und das mit erstaunlicher, unglaublicher Perfektion. Wie im Traum entsann ich mich dieser Menschen und erkannte sie wieder:

In dem betrunkenen Alten mit grauem Schnauzbart und trübem Blick, den ich in einem kleinen Café am Pariser Stadtrand traf, wohin es mich zufällig verschlagen hatte – er tätschelte seinen Nachbarn, einen älteren französischen Arbeiter, der auf besondere, für einfache Franzosen typische Art den Mund mit dem an der Unterlippe klebenden, völlig durchnässten kurzen Zigarettenstummel beim Öffnen schief zog, und sagte mit starkem Akzent: »Wir ham se geneppt!«, dann richtete er sich jäh auf und verstummte, sein trüber Blick wurde plötzlich kummervoll, und er sagte: »Noch einen Weißwein«, und schließlich entnahm ich ihrem Gespräch den Anlass für Begeisterung und Besäufnis: Ihre Arbeitergruppe hatte Pfusch geliefert und dafür Geld bekommen – in diesem Mann erkannte ich, noch aus der Zeit in Russland, einen rabiaten schnauzbärtigen General wieder, einen arroganten und grausamen Vorgesetzten. Sein Saufkumpan ging, er blieb allein, rief mit unsicherer Stimme und ausladender Geste seine Bestellung, dann richtete er den Blick auf mich, fuhr von Zeit zu Zeit zusammen und schüttelte den Kopf. »Was schauen Sie mich so an?«, schrie er gereizt zu mir herüber. »Das Schicksal hat Sie wahrlich nicht geschont«, antwortete ich auf Russisch. Er geriet in Wut, zahlte und verließ das Café in betrunkener und stummer Raserei, ohne zu mir hinzusehen. Später erfuhr ich von Bekannten, dieser General habe eine hervorragende Stelle in Argentinien oder Brasilien angeboten bekommen und sei schon vor Ewigkeiten dorthin gereist; anscheinend lehrte er Ballistik oder etwas in der Art an der dortigen Militärakademie. Es hieß, er sei vor etwa acht Jahren abgereist, und er habe seither niemandem geschrieben. Seinen Abschied allerdings habe er ungemein opulent begangen, ein Bankett ausgerichtet, man habe Champagner getrunken und ihm gratuliert, dass er endlich eine Stellung nach seinen Verdiensten erhalten habe, und im künftigen Russland werde man natürlich … »Er hat seine Beerdigung gefeiert«, sagte ich, »deshalb also dieser Leichenschmaus-Luxus.« Brasilien, Argentinien!, und tatsächlich ein feuchtes Arbeiterhotel sechs Kilometer von Paris entfernt, Werksirene, Rotwein, tägliche Fabrikarbeit, Schmerzen in den rheumatischen Gelenken, Umwandlung der Leber, wie die Ärzte es freundlich nennen – und kein Brasilien, kein Argentinien, kein künftiges Russland natürlich und nicht der leiseste Trost seit dem Moment, als der hoffnungslos überfüllte Dampfer an einem dunstigen Herbstabend in die stürmische See stach und die Küste der besiegten Krim für immer hinter sich ließ. Und kraft einer unverständlichen Assoziation kam mir jedes Mal, wenn ich an den General dachte, als erstarrte Erinnerung eine kleine alte Bettlerin in den Sinn, die ich regelmäßig in Sewastopol sah und die stets mit schwacher Stimme undeutlich ein Lied sang; sie stand immer an derselben Ecke, und ich kannte sie gut und war an sie gewöhnt. Eines Tages blieb ich stehen, um endlich einmal mitzubekommen, was sie da sang. Mit schwacher Altfrauenstimme intonierte sie:

> Oh Freund des Herzens mein,
> Du liebes Schäferlein …

Es war auf dem Primorski-Boulevard, herrliches Wetter, früher Abend, hinterm Meer ging die Sonne unter, an der Reede lag der englische Kreuzer »Marlboro«. Ich schloss für einen Moment die Augen und ging rasch weiter. Keine Buchlektüre, kein langes Studium hätten eine so fürchterliche Überzeugungskraft haben können wie dieser klägliche, in sonniger und jugendlicher Herrlichkeit ersterbende Widerhall einer längst verstummten und verschwundenen Epoche. Und meine Phantasie malte mir Bilder von der Jugend dieser Frau, schuf eine ganze Welt um sie herum, unzutreffend, verschwommen, aber unendlich reizvoll, von der jetzt nichts mehr da war außer dieser naiven Weise, die einer leisen Musik aus dem Grab glich, auf dem Friedhof, an einem Sommertag, in der Stille, unterbrochen nur vom Summen der umherschwirrenden Insekten.

* * *

Damals war ich sechzehn Jahre alt, aber schon in diesem Alter kannte ich ein Gefühl, das mich später nicht selten so bedrückte, als könnte ich nur mit Mühe atmen – die Scham, dass ich jung, gesund und satt war, während sie alt, krank und hungrig waren; in diesem spontanen Vergleich lag etwas unendlich Beklemmendes. Dasselbe Gefühl erfasste mich, wenn ich Krüppel, Bucklige, Kranke und Bettler sah. Wahre Qualen durchlitt ich, wenn sie grimassierten und Faxen rissen, um die Leute zum Lachen zu bringen und ein paar Kopeken zusätzlich zu verdienen. Und nur in Paris, auf seinen nächtlichen Straßen, sah ich Bettler, die bei mir kein Mitleid weckten; und wie sehr ich mir auch einzureden versuchte, dass das nicht so bleiben durfte und dass es nicht anging, sich derart zu verhärten, dass einem ihr Anblick nichts als Ekel einflößte – ich konnte nicht anders. Ich habe nie vergessen können, wie einmal spätnachts eine Frau auf mich zusteuerte, in schwarze Lumpen gekleidet, das Haar schmutziggrau und ungekämmt; sie trat dicht an mich heran, so dass ich den vielschichtigen und schweren Geruch wahrnahm, der von ihr ausging, und murmelte etwas, was ich nicht verstand; ich zog ein paar Münzen heraus, doch sie wies sie zurück und murmelte weiter. »Was willst du denn?«, sagte ich. »Kommst du mit mir?«, fragte sie und versuchte, mich unterzuhaken. »Was?«, sagte ich verblüfft. »Hast du den Verstand verloren?« Sie wich einen Schritt zurück und erwiderte etwas deutlicher, dass sich andere finden würden, bessere als ich – und verschwand. Es herrschte Nebel in dieser Winternacht, ich ging an den Halles Centrales vorbei, wo Lastwagen dröhnten, Pferde wieherten und über allem, typisch für dieses Viertel, fauliger Gemüsegestank und ganz spezielle Unratdünste waberten. Nicht zum ersten Mal packte mich die Verzweiflung – was nur, welche soziale Ungerechtigkeit ermöglichte das Dasein dieser Leute? Doch später stellte ich fest, dass es sich um eine regelrechte soziale Kategorie handelte, um eine ebenso gesetzmäßig existierende Klasse wie die Klasse der Geschäftsleute, die Gilde der Anwälte, der Stand der Angestellten. Die Zugehörigkeit zu dieser Welt ließ sich durchaus nicht immer auf das Alter zurückführen, es gab dort auch junge Leute; und es gab eine spezifische Hierarchie und Übergänge von einem Grad der Armut zum nächsten; vor meinen Augen machte zum Beispiel eine noch nicht alte, aber sehr unattraktive Frau, die regelmäßig durch die verlassenen Straßen des nächtlichen Passy gestreift war, Schritt für Schritt eine unerwartete Karriere, die sich allerdings einem unvorhersehbaren Ereignis verdankte, von dem sie gerne erzählte: Sie war an der Leber erkrankt, der Arzt hatte ihr verboten zu trinken, und seitdem lebte sie tatsächlich enthaltsam; und in nüchternem Zustand wurde ihr plötzlich klar, dass sie, statt zu betteln, als Prostituierte arbeiten könnte. Der Gedanke war ihr bis dahin nie in den Sinn gekommen. Dies nun war eine jähe Erleuchtung von ungeheurer, phänomenaler Wichtigkeit für sie, etwas in der Art des glücklichen Zusammentreffens diverser Umstände und Zufälle, denen die Menschheit womöglich einige Religionen und etliche philosophische Systeme und Erfindungen verdankt. Und ich sah, wie sie sich immer besser kleidete, und am Tage ihrer endgültigen Apotheose fuhr sie nachts im Taxi vorüber, eng umschlungen mit einem jungen Mann von ausgesprochen standesgemäßem Äußeren; in dem Sekundenbruchteil, als das Auto eine Laterne passierte, die das Wageninnere beleuchtete, erhaschte ich die Melone des jungen Mannes auf dem Sitz und den Fuchspelz um den Hals der Frau und ihr gepudertes Gesicht mit dem Ausdruck kalten Stumpfsinns, der sich offenbar unter keinen Umständen je ändern würde und den ich so gut kannte. Ich konnte das alles so rasch erfassen, weil das nächtliche Taxihandwerk – das eine ständige visuelle Anspannung und einen schnellen Blick erfordert, damit man nicht mit einem anderen Wagen zusammenstößt oder das Auto rechtzeitig bemerkt, das um die Ecke gerast kommt – meine Sehgeschwindigkeit, ebenso wie die meiner Arbeitskameraden, all die Jahre hindurch entwickelt hatte, und zwar in einem Maße, das für die meisten Menschen ungewöhnlich und nur für Rennfahrer, Boxer, Skifahrer, Akrobaten und andere Sportler typisch ist. Dieser visuelle Reflex funktionierte bisweilen mit mechanischer und automatischer Präzision und war vollkommen unbewusst: Es kam vor, dass ich ziemlich schnell fuhr, während ich über etwas nachgrübelte und nicht besonders achtgab; dann, ohne dass etwas geschehen wäre, trat ich hart auf die Bremse, der Wagen hielt – und da brauste, mir den Weg abschneidend, ein anderes Auto vorbei, das ich offenbar gesehen hatte, ohne mir darüber im Klaren zu sein, ohne mir etwas dabei zu denken und im

Grunde ohne zu wissen, dass ich es sah. Genauso bemerkte ich beim Blick nach rechts und links – wenn eine große Straße zu überqueren war – aus dem Augenwinkel, was meine Kunden machten, und ich weiß noch, wie ich eines Tages eine ungute Kühle im Nacken verspürte, weil mein Fahrgast, schwer betrunken, ein Arbeitertyp in abgerissenem Anzug, auf dem Sitz hinter mir unentwegt mit zwei großkalibrigen Revolvern hantierte, die allerdings, wie sich im nachhinein erwies, nicht für mich bestimmt waren, da er ganz normal bezahlte und unsicheren Schrittes von dannen ging. Ich war vollkommen überzeugt, dass ich einen Mörder gefahren hatte, und suchte am nächsten Tag in den Abendzeitungen neugierig nach einer aktuellen Notiz über ein Verbrechen, fand aber keine; offenbar hatte er es aufgeschoben. Dass er es beging, dessen bin ich fast sicher; es gibt Menschen, denen ihr Schicksal im Gesicht geschrieben steht, und ein solches Gesicht hatte er. Genauso lag auf dem Gesicht Fedortschenkos, auf seiner dicken, glänzenden roten Visage, der jede Beseeltheit abging, etwas Schreckliches, über das ich mir nie Rechenschaft ablegen konnte; aber ich fühlte mich in der Nähe dieses Menschen immer unbehaglich, obwohl für mich persönlich nicht die geringste Gefahr von ihm ausging. Und trotzdem wurde mir, wenn ich ihn sah, jedes Mal unwohl; etwas Ähnliches hätte ich beim Anblick eines Mannes verspürt, der auf dem Dach ausgleitet und in die Tiefe stürzt oder in den vergitterten Liftschacht fällt.

Seit unserer gemeinsamen Arbeit in der Fabrik hatte ich ihn für einige Zeit aus den Augen verloren. Doch als ich an einem frostkalten Februarabend das Auto am Stellplatz parkte und aussteigen wollte, um ins Café zu gehen – das war auf dem Boulevard Pasteur –, sah ich ihn; er schritt aus und blickte sich, einen kleinen schwarzen Koffer in der Hand, nach allen Seiten um. Er war festlich gekleidet, trug eine Melone, wirkte aber verstört. Als er mich sah, freute er sich aus irgendwelchen Gründen und sagte, er hätte ein Anliegen an mich, dann konnte er nicht mehr an sich halten und fragte, wie ich seinen Anzug und seinen Mantel fände.

»Sehr gut«, sagte ich, »ganz wunderbar. Nur der Krawattenknoten sollte nicht so winzig sein, solche Knoten machen die Großmütter in Russland in ihre Schnupftücher, um sich etwas zu merken, und dann würde ich auch davon abraten, Schuhe mit Lackkappen zu tragen. Aber alles in allem sind die Sachen großartig. Worum geht es denn?«

Er erzählte, er komme gerade von Montparnasse und sei bekümmert über ein Missgeschick. Wie sich herausstellte, war ihm dort schon vor geraumer Zeit eine Dame im Pelzmantel aufgefallen, die – zu einer bestimmten Zeit am Abend – stets mit einem prächtigen Angorakater in ein Café ging. Fedortschenko machte sich nichts aus Katzen; aber seiner Braut, sagte er, gefalle diese Rasse sehr, und er dachte, er würde ihr eine Freude machen, wenn er ihr den Angorakater schenkte. Er beschloss, ihn zu stehlen. Zu diesem Zweck begab er sich in das Café, nahm das Köfferchen mit, das er weiter in der Hand hielt, während er mir das alles erzählte, nutzte den Moment, als die Dame sich für kurze Zeit entfernte, setzte den Kater in den Koffer und ging damit fort. Er hatte etliche Tage in die Vorbereitung des Plans investiert, regelmäßig das Café besucht, auf die Uhr geschaut, Bier getrunken und darauf gewartet, dass die Dame sich einmal entfernen würde, wenn keine anderen Gäste auf der Terrasse waren. Die Dame zog glücklicherweise immer die Terrasse vor; obwohl hinter den gläsernen Paravents ein Ofen stand und es warm war, saß der Großteil der Gäste gewöhnlich drinnen; einige blieben jedoch immer auf der Terrasse. Der heutige Abend war besonders günstig, weil außer Fedortschenko und der Dame nur ein verliebtes Paar dort saß; die Verliebten küssten sich und achteten nicht darauf, was ringsherum geschah. So ging bei der Verwirklichung des Planes alles gut. Unglücklicherweise, sagte Fedortschenko, habe sich der Koffer unterwegs aufgeklappt, und der Kater, bis dahin still und brav, sei herausgesprungen und in unglaublichem Tempo davongerast. Fedortschenko rannte ihm lange nach, konnte ihn aber nicht einfangen. »Ist entwischt, der Hundesohn«, sagte er, plötzlich erbost, »was sagen Sie dazu?«

»Der Kater ist natürlich ein Lump«, sagte ich, »aber ich bin mir nicht sicher, ob es gut war, ihn zu stehlen. Sie hätten sich ganz schön die Finger verbrennen können.«

Fedortschenko winkte ab, dann sagte er mit einem verzweifelten Unterton, für seine Braut sei er zu allem bereit, und eine andere Möglichkeit, einen Kater zu beschaffen, gebe es nicht; ein Kater koste irrsinnig viel, und er, Fedortschenko, sei kein Millionär. Sein Anliegen entpuppte sich als die Bitte, ihn zur Rue de Rivoli zu fahren, wo seine Braut wohnte. Wir fuhren hin, und als er »halten Sie hier« sagte, stoppte ich an der Ecke einer Gasse, schmal wie ein Flur, die einerseits auf die Uferstraße, andererseits auf die Rue de Rivoli hinausging, mitten im Quartier Saint-Paul, einem der ärmsten und schmutzigsten von Paris. Die Gasse war berühmt für ein riesiges, sehr billiges Bordell, und jetzt am Abend gab es dort viel Publikum; Soldaten, Araber und Arbeiter kamen und gingen.

»Hier um die Ecke, es ist nicht weit«, sagte Fedortschenko. Und er erklärte mir, seine Braut habe hier eine Stelle.

»Was macht sie denn?«, fragte ich. Er antwortete, sie habe hier eine spezielle Arbeit. Ich schüttelte den Kopf und verabschiedete mich von ihm; und seine Melone – die einzige in dieser Straße, wo Schlägermützen überwogen – verschwand um die Ecke. Die Geschichte mit der Braut kam mir komisch vor und ähnelte in gewisser Weise der Geschichte vom Montparnasse-Kater. Doch jedes Mal, wenn ich über Fedortschenko nachdachte, prallte ich gleichsam gegen eine Wand – er schien keinen einzigen Fehler zu haben, war nahezu perfekt in dem Sinne, dass alles, was ein störender Faktor im Leben sein könnte, ihm in idealem Ausmaß fehlte – Verdruss, Traurigkeit, Zweifel, moralische Hemmungen, über solche Dinge machte er sich nie Gedanken. Und ich konnte mir nicht vorstellen, dass eine Frau, es sei denn, sie wäre ein elendes, verstörtes Geschöpf, das Hunger litt, sich dazu entschließen könnte, ihr Los mit dieser stumpfen und seelisch tonlosen Existenz zu vereinigen.

* * *

Spätnachts, wenn die eigentliche Abendschicht beendet war, fuhr ich häufig in Gegenden, die an die Place de l'Étoile grenzten. Ich mochte diese Viertel mehr als andere wegen ihrer nächtlichen Stummheit, wegen der strengen Monotonie ihrer hohen Häuser, wegen der steinernen Klüfte dazwischen, die es in diesen Straßen hin und wieder gab und die ich im Vorüberfahren sah. An dem Tag, an dem ich Fedortschenko zu seiner Braut gebracht hatte, fuhr ich nachts die Avenue de Wagram entlang und sah von Ferne eine hochgewachsene Frauengestalt im Pelzmantel am Rand des Trottoirs stehen. Ich fuhr langsamer, sie machte mir ein Zeichen, und ich hielt an. Sie kam ganz nah heran, betrachtete

mich, und ihr Gesicht zeigte einen Ausdruck von Überraschung und Erstaunen, der mich verblüffte. Dann sagte sie:
»Dédé, wie bist du bloß Chauffeur geworden?«

Ich schaute sie verständnislos an. Sie mochte etwa fünfzig Jahre alt sein, doch in dem welken, gepuderten Gesicht schimmerten zwei riesengroße schwarze Augen mit einem verhalten zärtlichen Ausdruck, und ihre Gestalt hatte sich, der Zeit zum Trotz, eine unnachahmlich jugendliche Vitalität bewahrt, und ich dachte, vor vielen Jahren sei diese Frau vermutlich sehr schön gewesen. Aber ich verstand nicht, warum sie mich mit einem fremden Namen ansprach. Das konnte kein Trick sein, um einen Freier anzulocken – ihre Stimme und ihr Gesichtsausdruck wirkten zu natürlich.

»Madame«, sagte ich, »das ist ein Irrtum.«

»Warum willst du mich nicht kennen?«, fuhr sie langsam fort. »Ich habe dir nie etwas Böses getan.«

»Bestimmt nicht«, sagte ich, »ganz sicher nicht – und sei es nur aus dem Grund, dass ich nie zuvor das Vergnügen hatte, Sie zu sehen.«

»Schämst du dich nicht, Dédé?«

»Ich versichere Ihnen …«

»Willst du sagen, dass du nicht Dachdecker-Dédé bist?«

»Dachdecker-Dédé?«, sagte ich erstaunt. »Nein, der bin ich nicht, und obendrein habe ich diesen Spitznamen noch nie gehört.«

»Steig aus dem Auto«, sagte sie.

»Wozu?«

»Steig aus, ich bitte dich darum.«

Ich zuckte die Achseln und stieg aus. Sie stand vor mir und musterte mich aus nächster Nähe. Ich konnte nicht umhin, die Szene als völlig grotesk zu empfinden, stand aber geduldig da und wartete ab.

»Ja«, sagte sie schließlich, »ich glaube, er war etwas größer. Aber was für eine verblüffende Ähnlichkeit!«

»Schauen Sie, Madame«, sagte ich, während ich mich wieder ans Steuer setzte, »um Sie endgültig zu überzeugen, wiederhole ich, dass ich nicht Dédé bin, und füge hinzu, dass ich nicht einmal Franzose bin, sondern Russe.«

Doch sie glaubte mir nicht. »Wenn ich dir sagen würde, dass ich Japanerin bin«, sagte sie, »wäre das genauso überzeugend. Ich kenne die Russen, ich habe sehr viele getroffen, echte Russen – Grafen, Barone und Fürsten, keine armseligen Taxifahrer, sie sprachen alle gut Französisch, aber alle hatten einen Akzent oder eine ausländische Intonation, und das hast du nicht.«

Sie duzte mich, ich fuhr fort, sie zu siezen, ich brachte es nicht über die Lippen, ihrem Beispiel zu folgen, sie war doppelt so alt wie ich.

»Das beweist nichts«, sagte ich. »Aber sagen Sie mir bitte, wer war dieser Dédé?«

»Er war einer meiner Geliebten«, sagte sie seufzend. Sie sagte *amant de cœur*, das lässt sich nicht übersetzen.

»Sehr schmeichelhaft«, sagte ich, unwillkürlich lächelnd, »aber das war nicht ich.«

In ihren Augen standen Tränen, sie zitterte vor Kälte. Dann schlug sie mir vor, mit ihr zu gehen, sie tat mir leid, ich schüttelte den Kopf.

»Ich hatte heute noch keinen Freier«, sagte sie, »mir ist hundekalt, ich konnte nicht einmal einen Kaffee trinken.«

An der Ecke leuchtete einsam ein Café. Ich bot ihr an zu bezahlen, was sie dort essen und trinken würde.

»Und du verlangst nichts von mir?«

Ich beeilte mich zu versichern, dass ich rein gar nichts von ihr verlangen würde.

»Ich fange an zu glauben, dass du wirklich Russe bist«, sagte sie.»Aber erkennst du mich nicht?«

»Nein«, antwortete ich,»ich habe Sie noch nie gesehen.«

»Ich heiße Jeanne Raldy«, sagte sie. Ich durchforstete mein Gedächtnis, doch ohne Erfolg.

»Der Name sagt mir nichts«, erwiderte ich. Sie fragte, wie alt ich sei, ich sagte es ihr.

»Ja«, sagte sie nachdenklich,»vielleicht hast du recht, deine Generation hat mich nicht mehr gekannt. Hast du nie von mir gehört? Ich war die Geliebte des Herzogs von Orléans und des griechischen Königs, ich war in Spanien, Amerika, England und Russland, ich hatte ein Schloss in Ville-d'Avray, zwanzig Millionen Franc und eine Villa in der Rue Rennequin.«

Und erst als sie das sagte – Rue Rennequin –, fiel mir alles sofort wieder ein. Den Straßennamen kannte ich gut, zum ersten Mal hatte ich ihn schon in Russland gehört, vor vielen Jahren. Sofort sah ich die öde Bahnstation vor mir, die Ausweichgleise, die zugewehten Schienen, die Pferdekadaver, aus denen Hunde mit quarrendem Geräusch die Innereien rissen, das matte Licht der Eisenbahnlaternen, in dem kleine Schneeflocken wirbelten und rieselten – in der Frostluft meines Heimatlandes, der einzigen auf der Welt. Damals – es war das letzte Jahr des Bürgerkriegs – kam abends regelmäßig ein älterer Zivilist zu uns in den Waggon, Fürst Nerbatow, der, wie er sagte, die Jugend liebte und uns viel von Paris erzählte. Er war alt, arm und elend, trug abgewetzte Kleidung und schien ständig einen leichten Aasgeruch zu verströmen. Ich erinnere mich an seine vor Frost tränenden kleinen Augen, die dichten grauen Bartstoppeln und die geröteten Hände, die zitterten, wenn er sich eine Papirossa nahm und mit dem in seinen Fingern tanzenden

Streichholzflämmchen anzündete. Wir teilten unser Essen mit ihm, gaben ihm Geld und hörten seinen Erzählungen zu. Dieser Mann hatte sein ganzes Leben den Frauen gewidmet; er hatte lange Jahre in Paris gelebt, sich für Kunst interessiert, gute Bücher, gute Zigarren, gute Speisen geliebt; Theater, Pferderennen, Premieren, Logen, Buketts – solche Dinge kamen ständig in seinen Erinnerungen vor. Er war auf seine Art nicht dumm, verstand sich insbesondere auf das Phänomen, das er »weibliche Wirkmacht« nannte, war aber verdorben von einer Schein-Kultur, an deren Wert er niemals zweifelte. *Der junge Adler* und *Die Kameliendame* hatten es ihm angetan, er war imstande, Offenbach mit Schubert zu vergleichen, las mit Vergnügen stümperhafte Trivialromane; er war an sich nicht schlecht, bloß ein Opfer seines Geldes, und er konnte nichts dafür, dass er zeit seines Lebens nie mit Menschen verkehrt hatte, deren Kulturbegriff ohne das operettenhaften Gepräge auskam, das für ihn selbstverständlich war.

Er war ein russischer *boulevardier* des alten Paris, des Paris vom Anfang des Jahrhunderts; zur Zeit unserer Bekanntschaft stand jedoch der Eindruck im Vordergrund, dass seine Tage gezählt waren; er hatte Tuberkulose, hustete furchtbar, bekam keine Luft und lief rot an; während dieser Anfälle brachte er kein Wort heraus, und in seinen tränenden Augen lag in solchen Minuten abgrundtiefe Verzweiflung. Außer an Tuberkulose litt er an Skorbut – kurz, er starb praktisch vor unseren Augen; nicht physisch, denn so rapide verschlechterte sich sein Gesundheitszustand nicht, aber seine Zeit lief ab; es war klar, dass wir darüber sprechen konnten, was in fünf Jahren sein würde, während das in seinem Munde sinnlos geklungen hätte – und er wusste es genauso gut wie wir. Wenn er Wodka trank, lebte

er auf – und meistens fing er dann an zu erzählen. Doch
worüber er auch redete, er kehrte immer zu seinen Liebes-
erinnerungen zurück, und am Ende des Abends kam er
stets auf dasselbe Thema zu sprechen, das ihn offenbar für
alle Zeiten gepackt hatte; und wenn er einmal besonders
viel getrunken hatte, begann er beim Gedanken daran zu
weinen. Es war die Geschichte von einer Frau, deren Namen ich nicht mehr wusste und die in Paris in der Rue
Rennequin wohnte. Sie hatten einen langen Roman miteinander gehabt, und ohne einen Hauch von Scham schilderte
er uns genauestens dessen ungemein anstößige Gegebenheiten, und nicht selten weinte er gerade dann bitterlich,
wenn er an die ungehörigen Details zurückdachte. Hätte es
diese Details nicht gegeben, hätte die Frau, die er beschrieb,
wie eine wahre Göttin gewirkt, sie besaß nach seinen Worten außergewöhnlichen, unübertrefflichen Charme ebenso
wie herausragenden Verstand und Geschmack, ja schlechthin alle Qualitäten außer der Tugend. Ich entsann mich,
wie er von ihrer Laufbahn erzählt hatte – von ebenjenem
Herzog von Orléans, vom König, von Bankiers, von Minis-
tern, ihren »flüchtigen Capricen«, wie er sagte; solche Aus-
drücke mochte er sehr, und es war erstaunlich, dass er sein
persönliches – und häufig tiefempfundenes – Unglück und
Ungemach in derart farblose Wörter kleidete, die nichts Lebendiges vermittelten; er war jedoch von diesem Wortge-
klingel ganz durchdrungen; auch Französisch sprach er so –
diese altmodische und drollige Sprache, die Anfang des
Jahrhunderts gebräuchlich war. Und dennoch, trotz der
fraglosen Voreingenommenheit und Übertriebenheit seiner Beschreibungen zogen wir damals nicht in Zweifel, dass
jene Frau tatsächlich wundervoll gewesen war; und der Eindruck wurde womöglich noch durch den grimmigen Win-

ter, den Bürgerkrieg und die tiefe Einöde des eisigen Russlands befördert, und jenes ferne und in seiner naiven Erzählung glänzende Pariser Leben, das wir nicht kannten, bekam durch seine scheinhafte und unwirkliche Pracht plötzlich auch für uns etwas Verführerisches. Wir wurden von dem Fürsten getrennt, weil man uns hastig an einen anderen Ort verlegte, und ich schaffte es gerade noch, in dem kleinen und schmutzigen Haus, wo er wohnte, vorbeizuschauen, um mich zu verabschieden; er lag auf dem Bett, rang hustend nach Luft, im Zimmer hing ein schwerer Geruch, die Fenster waren verrammelt, der Heizofen glühte rot. Ich brachte ihm zum Abschied einen Sack Kohlen, Wodka und Konserven, drückte ihm die zitternde heiße Hand – es ging ihm sehr schlecht –, wünschte gute Besserung; er krächzte zur Antwort: »Mit mir geht's zu Ende, leben Sie wohl«, und ich ging schweren Herzens fort. Ich war danach nie wieder in dieser Gegend Russlands und habe nie jemanden getroffen, der mir hätte sagen können, wie und wann der Fürst gestorben war, denn daran, dass er bald nach unserer Abreise sterben würde, bestand kein Zweifel. Doch meine Erinnerungen an ihn waren für immer verbunden mit jener operettenhaften und ungereimten Welt, die er in seiner naiven Seele so innig liebte und deren Schilderung spontan nichts als Verachtung und Spott hervorgerufen hätte, wäre sie nicht von der tragischen und frivolen Gestalt dieser Frau überragt worden.

Während ich neben ihr im Café stand – sie trank die zweite Tasse Schokolade und aß ein Sandwich –, sah ich sie unverwandt an. Sie aß das Sandwich, indem sie mit ihren langen und sehr sauberen Fingern – das fiel mir auf – kleine Stücke abriss, die sie mühsam kaute, da ihr viele Zähne fehlten. Nun, im Lampenlicht, konnte man erkennen, dass sie viel älter war als fünfzig, vermutlich über sechzig. Ich betrachtete sie lange, und plötzlich sah ich mich – einen dürren Alten mit runzliger gelber Haut, hinfälligem Körper und schlaffen Muskeln, die zu keiner Anstrengung mehr fähig waren. Es war tief in der Nacht, vor dem Caféfenster wirbelten kleine und spärliche Schneeflocken. Mir wurde kalt und sehr unwohl. Doch ich überwand mich und sagte:

»Entschuldigen Sie meine Neugierde. Aber wie kam es dazu, dass Sie, obwohl Sie so vermögend waren, nun hier sind, während Sie friedlich in einem behaglichen warmen Haus leben und Bücher lesen sollten, falls Sie das interessiert; stattdessen …«

Sie zuckte die Achseln und antwortete, das sei eine lange Geschichte, sie habe sich mit Drogen zugrunde gerichtet, alle hätten sie bestohlen, und sie sei unfähig gewesen aufzuhören, obwohl sie gewusst habe, wie alles enden würde. Sie sprach ein sehr reines und schönes Französisch, eines, das ich selten zu hören bekam und das den Erzählungen von ihrer vergangenen Größe eine gewisse Plausibilität verlieh. Gegenwärtig lebte sie in tiefster Armut, in dem kalten Zimmer eines alten Hauses, in derselben Straße, wo seinerzeit ihre Villa gestanden hatte. Sie erzählte mir, dass ihr jahrelang – in der zweiten, weniger glanzvollen Hälfte ihres Lebens – eines der besten Stundenhotels von Paris gehört hatte.

»Ja, ja«, sagte ich zerstreut, »immer dasselbe.«

Das Café machte zu. Ich zahlte, und wir traten auf die Straße. Die ganze Zeit zitterte sie vor Kälte, und wieder traten ihr augenblicklich Tränen in die Augen.

»Gehen Sie nach Hause«, sagte ich, »Wenn Sie sich erkälten, wird alles noch schlimmer.«

Sie schüttelte den Kopf und weigerte sich, sie erklärte, sie habe noch keinen Franc verdient. Sie tat mir sehr leid, ich gab ihr etwas Geld und fuhr sie nach Hause.

»Danke, mein Lieber«, sagte sie, als sie schon auf dem Trottoir vor der Tür ihres Hauses stand. »Ich halte dich für nicht ganz normal, und dass du Russe bist, das glaube ich dir jetzt. Wenn du wieder einmal in die Gegend kommst – du findest mich immer hier. Ich werde froh sein, dich zu sehen, wir können uns unterhalten.«

Nach ein paar Tagen kam ich um dieselbe späte Uhrzeit wieder dorthin und sah schon von weitem ihre Gestalt. Dieses Mal redeten wir lange miteinander; und in der Folge verbrachte ich öfters ganze Stunden im Gespräch mit ihr. Sie war tatsächlich im wahrsten Sinne des Wortes intelligent – von einer besonderen, nachsichtigen und trägen Intelligenz, der jede Erbitterung und jedes schroffe Urteil fehlten, und das kam mir anfangs erstaunlich vor. Ihr Gedächtnis war vortrefflich. Ich fragte sie einmal, ob sie sich an den Fürsten Nerbatow erinnere. Sie lachte plötzlich auf, mit einem ganz besonderen Klang, so dass ich, wenn ich nur das Lachen gehört und sie nicht gesehen hätte, überzeugt gewesen wäre, da habe eine junge Frau gelacht, und sagte:

»Der kleine russische Fürst mit Lorgnon, der auf der Avenue Victor-Hugo wohnte? Hast du ihn gekannt? Wo? In Russland?«

Ich nickte. Sie versank in Gedanken, offenbar dachte sie an diese fernen Zeiten zurück.

»Er war kein schlechter Mensch, er bot mir an, mit ihm nach Russland zu fahren, und erzählte ständig von seinen Gütern. Aber er war nicht besonders klug und sehr sentimental.«

»Ich glaube, wie alle *boulevardiers*.«

»Die meisten«, sagte sie mit einem Lächeln. »Nicht wirklich alle, aber die meisten. Das war ein besonderer Menschenschlag.«

»Ja, ich weiß«, sagte ich, »schlechter Geschmack, die Sentimentalität schlechten Geschmacks, die Seufzer der Untreue und heute – übelriechendes Alter nach einem langen Leben, das einem lächerlichen Melodrama gleicht und sich nicht einmal mit einem tragischen Ende rechtfertigen kann.«

»Merkwürdig«, sagte sie, ohne darauf zu antworten, »eine erstaunliche Kombination: Du hast ein gutes Herz und eine so penetrante seelische Grobheit. Nein, deine Generation ist nicht besser. Du sagst: schlechter Geschmack. Aber der Geschmack, das ist doch die Epoche, und was heute schlechter Geschmack ist, war es früher nicht. Das solltest du wissen, mein Lieber.«

Als ich Raldy zum ersten Mal gesehen und sie mich für Dachdecker-Dédé gehalten hatte, kam mir ihre Geschichte – trotz der Erwähnung der Rue Rennequin – unglaubwürdig vor, und ich fragte die alten Chauffeure nach ihr, vor allem einen, der schon seit dreißig Jahren nachts arbeitete. Es stellte sich heraus, dass buchstäblich alle sie kannten.

»Sie war kein übles Mädchen«, sagte er zu mir, »und trug überhaupt nicht die Nase hoch. Und das bei all den adeligen Bastards, die sie ausgehalten haben! Wie sollte ich sie nicht kennen? Brauchst sie bloß zu fragen, ob sie den Chauffeur René noch kennt, dann sagt sie's dir. Warum erkundigst du dich nach ihr, hat sie dich auf der Straße angesprochen? Ein Elend ist das! Traurig, auch nur daran zu denken. Die enden alle so, ihr Inneres ist faul.«

Raldy tat mir leid, ich brachte nicht die Grausamkeit auf, so mit ihr zu sprechen, wie ich es gewollt hätte, nämlich in aller Offenheit. Dennoch fragte ich sie aus, sie erzählte mir

ihr Leben, das ganz und gar aus groben Irrtümern und törichten Leidenschaften bestand, was angesichts ihrer – besonders für eine Frau aus ihren Kreisen – außergewöhnlichen Intelligenz erstaunte. Ich sagte ihr das, sie antwortete,
die Leidenschaft sei stärker als alles andere. Ich konnte
mich nicht beherrschen und sah sie noch einmal durchdringend an, betrachtete das runzlige alte Gesicht mit den
wundervollen zärtlichen Augen.

»Wundert es dich, dass ich von Leidenschaft spreche?«,
sagte sie, meinen Gedanken erratend. »Wenn ich dieses
Wort vor einem Vierteljahrhundert aussprach, hatte es eine
andere Wirkung als jetzt.«

Sie hatte ihre eigene Philosophie – nachsichtig und ver-
söhnlich, sie schätzte die Menschen nicht besonders hoch,
hielt deren Fehler aber für natürlich. Als sie das sagte, erwiderte ich, ihre ganze riesengroße Erfahrung beziehe sich im
Grunde nur auf eine Kategorie Mensch, eine wahrhaft er-
bärmliche, nämlich auf diejenigen, die die Halbwelt aufsuchten – die affektierte Dummheit dieses Begriffs hatte
mich schon immer geärgert –, in Stundenhotels und spezielle Nacht-Kabaretts gingen, Schauspielerinnen und Tän-
zerinnen aushielten und selber nichts zu bieten hatten als
seelische und körperliche Schlaffheit und eben jenen alles beherrschenden schlechten Geschmack. Sie hörte sich
an, was ich sagte, den spöttisch-zärtlichen Blick auf mich geheftet.

»Du würdest das alles gerne vernichten?, in die Luft
sprengen?«

»Nein, aber wenn es verschwinden würde, bräuchte man
das nicht zu bedauern.«

Sie wiegte den Kopf und sagte, unaufhörlich lächelnd,
das sei gar keine besondere Kategorie Mensch.

»Was denn dann?«

»Man muss nur in einem gewissen Wohlstand leben, und wenn du das tätest, würdest du – sogar du – wahrscheinlich so sein wie sie.«

»Niemals«, sagte ich.

»Ich würde es hoffen«, sagte sie, »aber mich nicht dafür verbürgen.«

Eines Tages sagte sie zu mir:

»Kommt es dir nicht absurd vor, dass du Taxichauffeur bist, meinst du nicht, dass das die falsche Arbeit für dich ist?«

Ich antwortete, ich hätte keine andere Wahl. Und da bot sie mir ihre Unterstützung an, um mir, wie sie sagte, dafür zu danken, dass ich ihr auf so menschliche Weise begegnete. »Ich verhelfe dir zu einem anderen Leben, du bist noch sehr jung und offenbar gesund.« Ich sah sie ratlos an. Sie erklärte mir, sie habe einen großen Bekanntenkreis, da gebe es Frauen, die schlussendlich noch nicht alt seien, zweiundvierzig, dreiundvierzig, Französinnen oder Engländerinnen … Ich saß ihr im Café gegenüber, lachte wie ein Irrer und konnte einfach nicht aufhören. Dann dankte ich ihr mit Lachtränen in den Augen.

»So?, hältst du das für ausgeschlossen? Aber es ist doch besser, als hinterm Steuer deines Autos zu sitzen. Hast du so starke Vorurteile?«

An dem Abend, als dieses Gespräch stattfand, hatte ich nicht gearbeitet; ich war in einem der Kinematographen auf den Grands Boulevards gewesen, gelangte dann, durch Paris schlendernd, zur Place de l'Étoile, dachte an Raldy und lief die Avenue de Wagram hinunter, wo ich sie auch traf. Es war eine frühlingshafte, helle und durchsichtige Nacht. Wir saßen auf der Terrasse; hin und wieder liefen auf

dem Trottoir Passanten an uns vorbei. Im Inneren des Cafés schepperte leise eine Grammophonplatte; die Sängerin
intonierte mit hoher und ideal unmelodischer Stimme –
man wunderte sich, dass sie überhaupt ein Motiv zustande
brachte – das schon damals aus der Mode gekommene Lied-
chen »Über die Liebe hab ich früher nur gelacht«. Und
durch die Musik hindurch verspürte ich jäh eine überraschende Präsenz neben mir. Ich drehte den Kopf und sah,
zwei Schritt von mir entfernt, Platon auf dem Trottoir stehen, meinen ständigen Gesprächspartner, den es Gott weiß
wie in diese Gegend, weit weg von seinem Viertel, verschlagen hatte. Mehr als sein Erscheinen an diesem Ort verblüffte mich jedoch sein Aussehen. Er trug einen Smoking;
sein stets ungepflegtes Gesicht war frisch rasiert, wodurch
es, vollkommen verändert, eine traurige Würde ausstrahlte;
ich überlegte, dass sie ihn sicher prinzipiell auszeichnete
und man sie deutlich hätte sehen können, wenn sie nicht
ständig unter dichten Stoppeln versteckt gewesen wäre. Er
grüßte mich und verbeugte sich tief vor Raldy, wobei er mit
ungeübter Hand den Hut zog. Ich forderte ihn auf, sich zu
uns zu setzen, und wollte ihm wie immer Weißwein bestel-
len, doch er unterbrach mich und bat um Bier.

»Sie wollen mich definitiv dazu bringen, alle Stadien des
Erstaunens zu durchlaufen, werter Freund«, sagte ich. »Wie
sind Sie in diese Gefilde geraten, und wie lässt sich Ihr Smoking erklären? Meines Wissens waren Sie bisher nicht darauf aus, ein solches Kleidungsstück zu verschleißen. Madame Raldy, erlauben Sie mir, Ihnen meinen Freund Platon
vorzustellen.«

Platon war melancholisch und höflich wie immer. Er
fragte Raldy, ob der Rauch sie nicht störe, zündete sich eine
Zigarre an und erklärte, er sei in der Premiere eines Stückes

gewesen, habe beschlossen, zu Fuß nach Hause zu gehen, und als er diese Gegend von Paris durchstreift habe, wo er viele Jahre nicht gewesen sei, habe er zufällig mich gesehen und sei stehengeblieben. Raldy fragte ihn, ob ihm dieser Teil von Paris gefalle, er antwortete, er mache sich nichts daraus, er ziehe die *Rive Gauche* vor, die engen Gassen, die auf den Quai de Conti zuliefen, die Île Saint-Louis, den Boulevard Saint-Germain, die Rue Mazarine, überhaupt die Viertel, wo sich der altertümliche Charme bewahrt habe, der in den großen, zentralen Arrondissements der *Rive Droite* nicht zu finden sei. Raldy begann von anderen Städten zu sprechen, und auch hier hatten sie, wie sich erwies, einen unterschiedlichen Geschmack, etwa in Bezug auf London, Madrid oder Rom.

»Wer behaupten würde«, sagte Platon, »das äußere Bild einer Stadt sei die lebendige Illustration ihrer kulturellen Entwicklung, hätte im Prinzip recht, doch diese Theorie krankt an ihrem problematischen Praxisbezug, ihrer fehlenden Anschaulichkeit; ein solcher Wandel offenbart sich erst infolge akribischer Beobachtungen und Vergleiche; er fällt nicht sofort ins Auge.«

Raldy war nicht ganz einverstanden; Platon schnitt das Thema individuelle Wahrnehmung an, dann kam man aufs Theater zu sprechen, das er sehr liebte. Auf meine Äußerung hin, ich zöge den Kinematographen vor, erntete ich von Platon wie von Raldy missbilligende Blicke.

»Wie kannst du das auch nur vergleichen?«, sagte Raldy.

»Glauben Sie nicht, mein Freund«, sagte Platon, »dass eine gewisse Neigung zum Paradox, die ich schon früher an Ihnen bemerkt habe, Sie in diesem Fall auf Abwege führt?«

Es war schon spät, immer weniger Passanten waren unterwegs, und auf der hellerleuchteten Café-Terrasse, umgeben vom in die Ferne laufenden und blasser werdenden Laternenlicht auf dem Trottoir, das sich seinerseits mit den Mondstrahlen mischte, saßen wir allein, alle anderen waren schon gegangen – und ich dachte über die befremdliche Unwirklichkeit dieses Gesprächs nach, dessen Teilnehmer eine Prostituierte, ein Alkoholiker und ein Nachtchauffeur waren. Doch Raldy und Platon fuhren fort, ungezwungen zu plaudern, jenes letzte Stadium des sozialen Verfalls, in dem wir uns befanden, hatte schon längst etwas Vertrautes und Natürliches für sie, und vielleicht lag in ihrer verächtlichen Resignation oder eher in ihrer Bereitschaft zu dieser Resignation einer der Hauptgründe für ihre jetzige Lage. Wir verabschiedeten uns von Raldy – wieder verneigte Platon sich und zog den Hut – und wanderten zu Fuß durch die leeren Straßen nach Montparnasse, in dessen Nähe wir beide wohnten.

»Hatten Sie schon von Raldy gehört?«, fragte ich Platon.

»Ja, natürlich«, antwortete er.

»Waren Sie nicht verblüfft, sie in diesem Zustand zu sehen?«

Auf seinem meist unbewegten Gesicht erschien ein Lächeln.

Er war vollkommen nüchtern, und dadurch gewann seine Rede sehr an Stringenz und Logik, obwohl sein abstrakter und weltfremder Charakter, an den man sich schwer gewöhnen konnte, noch stärker hervortrat als sonst. Für den Zuhörer entstand der Eindruck, er trage auswendig Passagen eines ungeschriebenen Traktats vor – diese unanschauliche Sprache hatte ihm im Café, wo seine Gesprächspartner in der Regel einfache Leute waren, den Ruf eines Verrückten eingetragen.

»Die vergleichende Methode«, sagte er, »ist bei der Betrachtung der unterschiedlichen Verfassungen eines Menschen in verschiedenen Lebensphasen eines der wichtigsten Elemente, ein fast unfehlbares Kriterium praktischen Urteilens. Wenn wir es schaffen, die sich unweigerlich aufdrängenden trivialen Effekte beiseitezulassen, die in der Literatur ihren unbestreitbaren Wert haben, beim objektiven Urteilen jedoch absolut unzulässig sind, dann wird eine solche Analyse fast immer fruchtbare Resultate erbringen.«

»Das Triviale ist in diesem Fall natürlich ›Größe und Niedergang‹.«

»Das Triviale – und das Falsche. Denn in Raldys jetziger Lage – nebenbei bemerkt eine vortreffliche Frau – finden sich genau dieselben Elemente kombiniert, die ihre Größe, praktisch gesehen übrigens eine sinnlose Existenz, ermöglicht hatten.«

Wir gingen die Avenue Marceau hinunter, und ich schritt weiter genießerisch in die durchsichtige, schweigende und helle Nacht hinein. Paris lag zu dieser Stunde in tiefem Schlaf; und als wir am locker eingehakten Fensterladen einer Wohnung im Parterre vorbeigingen, hörten wir deutliches Schnarchen, unterbrochen von Seufzern und ganz kurzen Pausen. »Ich nehme an, das ist der Concierge«, sagte Platon. Auf der anderen Straßenseite kam uns mit unsicherem, stolperndem Schritt ein ärmlich gekleideter und völlig betrunkener Mann entgegen. Sein Auftauchen weckte bei mir im selben Moment eine so klare, so zwingende Assoziation, dass ich mich nicht beherrschen konnte und, obwohl ich wusste, dass es unangebracht war, fragte:

»Platon, warum trinken Sie?«

Er tat ein paar Schritte, ohne zu antworten, und sagte dann:

»Auch in diesem Fall wird das Problem von den meisten

Menschen falsch angefasst. Die Wahrheit, deren Traurigkeit ich nicht abstreiten werde, lautet folgendermaßen: Wir sind nicht Alkoholiker, weil wir trinken; nein, wir trinken, weil wir Alkoholiker sind.«

Doch ich verspürte bereits Reue und wollte das Gespräch nicht fortsetzen, weil ich glaubte, es sei bedrückend für Platon, wobei ich späterhin begriff, dass das nicht stimmte; es war bedrückend für mich, während Platon die Sphäre blitzartiger und heftiger Anfälle von Bedauern, in der ich zeit meines Lebens nach Luft rang, schon längst verlassen hatte.

»Wir sprachen von Raldy«, sagte er. »Wie lässt sich ihre erstaunliche Karriere erklären? Auf welche Weise konnte eine einfache junge Französin aus Toulon mit starkem südlichen Zungenschlag, dessen Spuren Sie jetzt vergeblich in ihrer Rede suchen würden, für eine gewisse Zeit eine der brillantesten Frauen von Paris werden, und warum bemühten sich schwerreiche und adlige Männer um ihre Gunst und trugen wegen ihr sogar Duelle aus?«

»Von dem Geschmack dieser Männer halte ich gar nichts, Platon«, sagte ich. »Dass sie zunächst von einem Herzog, dann von einem König, dann von einem leberleidenden Senator auserkoren wurde, überzeugt mich keineswegs. Sie wissen so gut wie ich, dass das Leute gewesen sein können, deren ästhetisches Empfinden nicht raffinierter war als dasjenige einer Bäuerin oder eines Handwerkers.«

»A priori bestreite ich das nicht. Doch die Anzahl der Männer, die, ob mit oder ohne Adelstitel, nach dem Besitz dieser Frau strebten, die bereit waren, um einer berechnenden und im Grunde fragwürdigen und scheinhaften Liebe willen ihr Leben oder gar eine vorübergehende Einbuße ihrer Gesundheit zu riskieren – allein diese Anzahl sagt etwas darüber aus, dass sie sich von anderen Damen der Halbwelt unterschied. Nun denn, worin bestand das Geheimnis ihres wunderbaren und unbestreitbaren Reizes?«

»Ich glaube, das werden wir nie erfahren, Platon. Die Menschen, die uns davon erzählen könnten – eine Annahme, die ihnen schmeichelt und vermutlich falsch ist –, sind entweder tot oder senil. Sie und ich haben das nicht erlebt; ich verneige mich vor der analytischen Wendigkeit und der Unvoreingenommenheit Ihres Verstandes, doch ich bin der Meinung, die Lösung dieses Rätsels ging vor dreißig Jahren verloren und existiert heute nicht mehr.«

»Ich bin meilenweit entfernt von cartesianischen Ideen«, sagte Platon, »ich finde, sie haben unserem Denken viel Schaden zugefügt. Dass ein komplexes Problem sich klar und erschöpfend lösen lässt, kann nur eine begrenzte Imagination annehmen: Das war Descartes' wesentliche Schwäche. Doch meiner Ansicht nach enthält ein Problem in manchen Fällen unbestritten einen wesentlichen Faktor, der alles Übrige prägt. Genau so verhält es sich bei Raldy. Sie wusste immer, dass sie zugrunde geht, sie sah den Zustand, in dem wir sie vor einer Stunde verlassen haben, unaufhaltsam näherkommen, sie wusste immer darum, und dieses traurige Wissen um bestimmte letzte Dinge, das Wissen, das sich in ihrem ganzen Leben widerspiegeln musste, in jedem Blick ihrer Augen, in jeder Nuance ihrer wundervollen Stimme und vermutlich in jeder ihrer Umarmungen – das hat im Wesentlichen auch ihren unvergleichlichen Reiz ausgemacht.«

»Ja, ich glaube, ich verstehe«, sagte ich. Und überlegte, dass Raldy jetzt, in diesem Moment, wohl in ihrer kleinen Kammer schlief, auf den von ihrem Körper feuchtwarmen Laken, ich stellte mir das leise und trockene Knistern des Haars auf dem Kissen vor, wenn sie im Schlaf den Kopf drehte, die lange schon todmüden Muskeln ihres vom Alter entstellten Gesichts, die kläglich hängende Unterlippe vor den wenigen gelb-schwarzen Zähnen. Und gleich musste ich wieder an den armen Fürsten und sein betrunkenes Gestammel denken: »Sie lag im Bett, in einem azurfarbenen Hemd, ich kniete vor ihr, und sie streichelte mir den Kopf, so«, und er strich sich mit der parfümierten Hand über die schweißbedeckte, von bläulichen Adern durchzogene Glatze.

»Platon, das ist unerträglich«, sagte ich, um Fassung ringend, »alles läuft darauf hinaus, dass ich, egal wohin es mich verschlägt, immer nur Sterben und Zerstörung sehe, und weil ich das nicht vergessen kann, ist mein ganzes Leben verseucht.«

Ich sprach zum ersten Mal mit Platon über diese Dinge, die ich normalerweise niemandem anvertraute; womöglich hätte ich das nicht gesagt, würde Platon – wie auch Raldy – nicht jene Nichtexistenz führen, die sich die geisterhafte und trügerische Gestalt echten Lebens bewahrt hat und wo Verschweigen und Berechnung längst sinnlos geworden sind. Doch die ständige Gewohnheit zu lügen, die mein ganzes Dasein durchdrang, so zu tun, als würde ich eigentlich recht gut leben und nie etwas tragisch nehmen, erwies sich als stärker, und ich wechselte das Thema und gab Platon keine Zeit zu antworten. Ich wollte unbedingt wissen, womit Platons überraschende und, davon war ich überzeugt, kurzfristige Rückkehr in das verschwundene Paris, zu dem er früher gehört hatte – die abendliche Stadt mit Smokings, Premieren und so genannter anständiger Gesellschaft –, sich erklären ließ. Wie zu erwarten, war alles zufällig so gekommen: Ein Bekannter von Platon, der eine Villa in Neuilly ausgeraubt und Anzüge, Silber, einen Pelzmantel und diverse andere Gegenstände in ein, nach Platons Worten, wunderschönes Tischtuch gewickelt hatte – dieser Bekannte, unter dringendem polizeilichem Verdacht und in seinen Handlungen eingeschränkt, hatte all die Sachen an irgendwelche Leute verteilt, und Platon waren der Smoking und ein Rasiergerät mit einem großen Vorrat an Klingen zugefallen. Ich fragte, ob der Mann ein berufsmäßiger Dieb sei. Platon zuckte die Achseln und antwortete, das sei ein hochanständiger Mensch aus guter Familie, der erst vor kurzem diese Laufbahn eingeschlagen habe – aufgrund einiger Misserfolge in seinem Leben.

»Was für eine Bedeutung hat es schließlich, ob er ein berufsmäßiger Dieb ist?«, fragte Platon. »Ich habe nicht ganz verstanden, warum Sie mich das fragen, das heißt, was Sie dazu bewogen hat.«

Ich erklärte ihm, das Verhalten des Mannes enthalte zwei ungewöhnliche Elemente – einerseits das Fehlen unersättlicher Gier und andererseits eine gewisse Beweglichkeit des Kalküls; hätte er das Diebesgut für ein paar Groschen einem Hehler überlassen, wären Indizien gegen ihn aufgetaucht; dass er die Sachen einfach weggegeben habe, komme denjenigen, die in dem Fall ermittelten, womöglich gar nicht in den Sinn. Deshalb glaubte ich, Platons Bekannter gehöre nicht zur Kategorie berufsmäßiger Diebe – sein Verhalten war dafür gleichzeitig zu klug und zu wenig habsüchtig. Ich hatte nicht selten mit berufsmäßigen Dieben zu tun, unter ihnen gab es gar nicht so schlechte Leute und treue Kameraden, doch was sie alle, fast ohne Ausnahme, gemeinsam hatten, war ein unbeweglicher und stumpfer oder besser gesagt sehr einseitiger Verstand; am Anfang einer Unternehmung mochten sie noch eine gewisse Findigkeit an den Tag legen, doch dann verhielten sie sich beim Gebrauch des

Diebesguts oder beim Ausgeben des Geldes derart phantasielos, als wären sie Figuren aus immer demselben, sehr stupiden Theaterstück.

»Selbst in dem Fall«, sagte ich, »wenn sie das Diebesgut auf originelle Weise gebrauchen, richten diese Leute sich zugrunde, weil es ihrer Imagination grundsätzlich an Beweglichkeit fehlt.«

Und ich erinnerte ihn an die Geschichte eines jungen Paars, ich glaube, bäuerlicher Herkunft, die einen reichen Greis erschlugen, das Geld nahmen – etwa hundertfünfzigtausend Franc – und drei Tage später ein Delikatessengeschäft erwarben, mit dem sie eine Laufbahn als ehrliche Kaufleute anstrebten; und als die Polizeibeamten dort eintrafen, fanden sie ihn mit weißer Schürze hinter der Theke und sie, frisch vom Friseur, auf dem hohen Stuhl hinter der Kasse des Geschäfts.

»Ich nehme an, sie wären großartige Kaufleute gewesen«, sagte Platon.

»Sehr gut möglich.«

Wir waren in Montparnasse angelangt und erreichten das Café, wo Platon normalerweise seine Nächte verbrachte. Er blieb stehen und schlug vor, noch etwas zu trinken.

»Nein, danke, werter Freund, ich gehe heim«, sagte ich. »Vielleicht schlummert auch in mir ein Liebhaber von Theatereffekten: Ich möchte nicht, dass zur Erinnerung an diesen Abend und unseren Spaziergang gewisse Momente hinzukommen, die die Harmonie des Erlebnisses stören würden. Wäre ich Schriftsteller, würde ich sie nicht zulassen; aber ich bin nur Ihr Begleiter und Gesprächspartner und möchte mich lieber von Ihnen verabschieden. Gute Nacht.«

Für immer ist mir diese durchsichtige Frühlingsnacht im Gedächtnis geblieben, die anbrechende Morgendämmerung, die unsichere und doch irgendwie noble Geste, mit der Platon seinen schwarzen Hut zog, und das rasierte, traurige Gesicht über dem weißen Hemd und dem Smoking, die ich damals zum ersten und letzten Mal sah, denn als ich ihn ein paar Tage später wieder traf, gab es weder Smoking noch Hut noch gestärktes Hemd, weil sie natürlich gleich am nächsten Abend verkauft worden waren.

Ich arbeitete damals bei einem kleinen Unternehmen, das seine Garage in einer öden Gasse nicht weit vom Boulevard de la Gare hatte; die eine Straßenseite nahm die fensterlose dunkelgraue Mauer einer Zuckerfabrik ein, während auf der anderen Seite elende einstöckige Häuser standen, wo die Menschen wie im 17. Jahrhundert lebten – ich sah mehrmals durch trübe Fensterscheiben das gelbe Licht einer Petroleumlampe; im Sommer hing auf den Balkongeländern nasse Wäsche mit riesigen Flicken, die man von der Straße aus erkennen konnte; abends spielten vor den Türen dieser Häuser ärmlich gekleidete Kinder, erstaunlich viele; und wenn sie rannten, hörte man das rasche Klappern ihrer Nagelschuhe. Ich fing um acht oder neun Uhr abends an und fuhr bis Mitternacht zufällige Kunden durch die Stadt; und erst um Mitternacht verstummte Paris, und in der ganzen Stadt gab es nur noch ein paar belebte Kreuzungen, wie Oasen in der nächtlichen Steinwüste – Montparnasse, Montmartre, einige Lokale an den Grands Boulevards, das, was man Paris bei Nacht nannte.

Eines Tages hielt mich um kurz nach neun ein adretter grauhaariger Greis an, der, wie ich später erfuhr, in einer Kleinstadt dreißig Kilometer von Paris entfernt Notar war, und sagte mit mildem Alterslächeln, er brauche mich für mehrere Stunden, da er heute nach Paris gekommen sei, um das zu unternehmen, was die *Tournée des grands ducs* genannt werde. Er zog sogleich seine Brieftasche heraus und zählte vor meinen Augen das Geld ab; er hatte elf Tausendfrancnoten, einige Hunderter und etwas Kleingeld.

»Also dann, fahren wir«, sagte er. Und wir fuhren. Er wusste die Adressen von allen teuren Bordellen und Kabaretts auswendig, ich fuhr ihn dorthin, und jedes Mal kam er mit unsichererem Gang aus dem betreffenden Lokal, und seine Sprache wurde immer unverständlicher. Ich war Zeuge, wie ihn alle unbarmherzig bestahlen, angefangen von den Leuten, die ihm die Autotür öffneten und denen er unvorsichtigerweise eine große Banknote gab: Sie zählten lange und penibel das Wechselgeld nach, er stand geduldig da und betrachtete mit trüben Augen die Scheine – und schließlich ließ man ihm zwanzig Franc oder eine ähnliche Summe in Münzen –, bis hin zu Hausmädchen und irgendwelchen Subjekten, auf die er ganz zufällig stieß und die unverzüglich zu seinen Begleitern und Vermittlern wurden, ihm auf die Schulter klopften und zusammen mit den entblößten Frauen in den Lokalen die ganze Zeit schallend lachten. Das war eine der Regeln des guten Tons, die ich schon lange kannte und deren Herkunft man, wie ich glaube, in der für diesen Gewerbezweig zuständigen Reklameliteratur zu suchen hatte, wo Besuche in Bordellen und anderen derartigen Einrichtungen ein für allemal als Ausdruck von Lebenslust, Ausgelassenheit und jener berühmten »gallischen Heiterkeit« betrachtet wurden, die zu dieser tödlich trostlosen Pornographie am allerwenigsten passte. Jedenfalls befolgten die Mädchen und ihre verschiedenartigen Mitstreiter in dem Metier die eigentümliche Etikette konsequent und brachen nach jeder Äußerung in Gelächter aus; und manchmal schien der Greis, in einer Wolke graublauen Tabakdunstes, umringt von Bauchrednern und

Bauchrednerinnen dazusitzen. Er dagegen fand das Ganze offenbar natürlich, wenigstens anfangs, ehe er völlig betrunken war. Doch bis zum Schluss beharrte er krampfhaft darauf, die Reise, die längst ihren Sinn verloren hatte, zu Ende zu bringen; obwohl die ursprüngliche Altersmilde aus seinen Augen verschwunden war und einem Ausdruck hilfloser Unruhe Platz gemacht hatte, kletterte er stets, aus einem Lokal getreten, wieder unbeholfen ins Auto, fiel auf den Sitz und nannte, all seine Kraft zusammennehmend, eine weitere Straße nebst Hausnummer. Seine Krawatte war längst heillos verrutscht, das Hemd aufgeknöpft, den Hut hatte er irgendwo vergessen, und sein grauer Kopf rollte hilflos und gleichmäßig auf der Rückenlehne des Sitzes hin und her. Das alles endete gegen halb sechs Uhr morgens, als er nichts mehr herausbringen konnte außer einem abgerissenen a-a – mir wurde klar, dass er noch nach Les Halles wollte, obwohl er zu Tode erschöpft war und nichts mehr von dem begriff, was mit ihm geschah. Ich fragte ihn nach seiner Unterkunft, er sah mich mit jämmerlichen, fremden und betrunkenen Augen an und konnte nicht antworten. Ich wollte ihn nicht aufs Kommissariat bringen, also hielt ich neben dem erstbesten Polizisten, erklärte ihm die Lage und sagte, man müsse herausfinden, wo der Greis logiere, und ihn nach Hause schaffen. Der Polizist und ich hoben seinen leichten Körper an, zogen ihm die Brieftasche heraus und fanden dort seine Visitenkarte und die Adresse des Pariser Hotels, wo er abgestiegen war. Geld hatte er kaum noch – etwa zweihundert Franc waren übrig; ich glaube, etwa siebentausend hatte er ausgegeben, der Rest war ihm gestohlen worden. Wir fuhren ihn zum Hotel, trugen ihn aus dem Auto und übergaben ihn am Eingang dem Personal; der Polizist bezahlte mich mit seinem Geld, und ich fuhr davon. Im letzten Moment schlug der Greis die verständnislosen Augen auf und machte wieder a-a, aber mit völlig ersterbender Stimme.

»Was erzählt er da?«, fragte der Polizist.

»So unwahrscheinlich es auch klingen mag, er möchte nach Les Halles«, sagte ich.

»Er sollte lieber zum Père Lachaise fahren«, empörte sich der Polizist, und wir trennten uns; die Sonne schien, es war ungefähr sieben Uhr morgens.

Ich ging nach Hause und überlegte die ganze Zeit, wozu der alte Mann, der vermutlich längst erwachsene Enkel hatte, so sinnlos sein Geld verschleudern und sich mit so unbegreiflicher, eiserner Beharrlichkeit von einem Bordell ins nächste schleppen musste; dabei sagte, als wir ein solches Haus aufsuchten, die Wirtin, während sie ihm den Vortritt ließ – das war schon nach den ersten beiden Visiten –, bedauernd zu mir:

»Ach, der nimmt keine Frau. Der trinkt ein bisschen was, und mehr passiert nicht.«

»Woher weißt du das?«, fragte ich.

»Wozu wissen, das sehe ich«, sagte sie, »er macht ohnehin schon einen müden Eindruck. Und dann, Bruder, in seinem Alter … Du kannst mir glauben, ich habe alle Sorten gesehen.«

Ich hatte die Gelegenheit, die Unfehlbarkeit ihres Blicks zu würdigen, der Greis begnügte sich tatsächlich mit zwei Gläsern Champagner, was mir das Hausmädchen berichtete; wieder im Auto sitzend, sagte er allerdings zu mir:

»Wissen Sie, die Frauen hier sind nicht übel. Besonders die, die ich mir ausgesucht habe.«

Und ich überlegte, dass er jahrelang immer nur in seiner Heimat, in derselben kleinen Stadt gelebt und notarielle

Urkunden abgefasst hatte – immer die gleichen: In der Praxis des Notars … Rechtsgültige Unterschrift … Im Jahre 19… – und, ohne dass seine Familie und sein nahes Umfeld etwas ahnten, die schäbige und naive Illusion gehegt hatte, er sei im Grunde ein brillanter Zecher und Frauenheld; und dieser Illusion wegen, die seinem ganzen Leben einen geheimen Sinn verliehen hatte, fuhr er nach Paris, »in Geschäften«, und hier schaffte er es nicht mehr, auch nur in einem Punkt von dem Verhalten abzuweichen, das eben jenem Zecher und Roué gemäß gewesen wäre, den es außer in seiner kümmerlichen Einbildung nirgendwo gab. Und das musste er so teuer bezahlen.

Später sah ich mehrere Male Menschen, die nach einer nächtlichen Zechtour in annähernd demselben Zustand waren, Frauen ebenso häufig wie Männer. Doch da die Menschen, mit denen ich es zu tun bekam, unendlich verschiedenartig waren, traten trotz der identischen Reiseziele und Amüsements immer wieder unerwartete und unvorhersehbare Verhaltensvarianten auf. Ich hatte einen Kunden, einen Engländer, der äußerst praktisch und geschäftsmäßig wirkte, er hielt mich auf den Champs-Élysées an und fragte auf Englisch – offenbar kam er nicht auf die Idee, dass man ihn nicht verstehen könnte –, ob ich wisse, wo es schöne Frauen gebe, stieg auf meine positive Antwort hin ins Auto und sagte: »Fahren wir.« Wir kamen an, er bat mich zu warten, kehrte buchstäblich nach zehn Minuten zurück und fuhr ins Hotel, das zwei Schritt entfernt lag. Alles zusammen nahm nicht mehr als fünfundzwanzig Minuten in Anspruch. Dann bezahlte er mich und ging fort, nachdem er im letzten Moment merkwürdig starr gelächelt und das, wie ich annehme, einzige französische Wort gesagt hatte, das er kannte: »Merci.« Dann war da ein Holländer, dessen Zug um zehn vor zehn am Bahnhof abfuhr und der um kurz nach neun in ein Bordell ging und mich darum bat, ihn rufen zu lassen, wenn er um zwanzig vor zehn nicht erschienen sei, denn er könne die Zeit vergessen und den Zug verpassen. Um zwanzig vor zehn war er nicht da, ich ging ihn suchen. Im bläulichen Tabakdunst, beleuchtet von zahlreichen grellen Lampen, saßen, kamen oder gingen entblößte Frauen und unterschiedliche Besucher; eine dicke und stark geschminkte Dame in glänzendem schwarzem Kleid steuerte rasch auf mich zu – und währenddessen zitterte der ungeheure fette Körper leicht beim Gehen. Sie fing an zu erzählen, wie sehr sie sich freue, mich zu sehen, doch ich unterbrach sie und erklärte, wozu ich gekommen war, woraufhin ihr Gesicht sich blitzschnell veränderte und eintrübte und sie antwortete:

»Was kann ich da machen? Ich habe zweiunddreißig Zimmer, von denen sind achtundzwanzig besetzt. Soll ich etwa reingehen und nach deinem Kunden suchen? Und außerdem, wenn er seinen Zug schlussendlich verpasst – was geht's dich an?«

Doch als ich die Treppe hinunterging, erwartete der Holländer mich schon, er war ein paar Sekunden vorher herausgekommen.

Jede Nacht bekam ich unweigerlich mit Prostituierten und Freiern zu tun, und daran konnte ich mich nicht gewöhnen. Mir kam das alles völlig unbegreiflich vor, obwohl ich natürlich wusste, dass sich meine Vorstellungen von derartigen Frauen wesentlich von denen ihrer Freier unterschieden, und der Unterschied bestand darin, dass ich sie wirklich kannte, denn mit mir sprachen sie wie mit ihresgleichen, und besonders gern verglichen sie ihr Gewerbe mit meinem. »Wir haben das gleiche Gewerbe« – diesen

Satz sagten sie oft. Ganz früh am Morgen, wenn ich meine Arbeit beendete und unterwegs zur Garage war, fuhr ich öfters solche Frauen, die ebenfalls von ihrer Nachtschicht nach Hause zurückkehrten, und jede bot mir unweigerlich dieselbe Bezahlung an. Ich ließ sie meistens hinten im Auto Platz nehmen, nicht neben mir, denn sie waren immer sehr stark parfümiert, mit einem aufdringlichen billigen Parfüm, das einer beißenden Lösung schlechter Seife glich, und in ihrer Nähe stieg mir ein übler Geschmack in den Mund.

* * *

Ich fuhr meistens zwischen vier und sechs Uhr morgens heim, durch so leere und verschlafene Straßen, dass ich sie kaum wiedererkannte. Manchmal kam ich an den Halles Centrales vorbei – und ich weiß noch, wie verblüfft ich war, als ich zum ersten Mal Menschen sah, die vor kleine Wagen gespannt waren, in denen sie Lebensmittel transportierten; ich betrachtete die verwitterten Gesichter und die eigentümlichen Augen, die gleichsam von einem durchsichtigen, aber hermetischen Häutchen überzogen waren, ein Merkmal von Menschen, die nicht gewohnt sind zu denken – solche Augen hatten die meisten Prostituierten –, und überlegte, dass chinesische Kulis wohl denselben ewig undurchdringlichen Blick hatten und römische Sklaven dieselben Gesichter gehabt haben dürften – und im Grunde annähernd dieselben Lebensbedingungen. Für sie hat die gesamte Kulturgeschichte der Menschheit nie existiert – und ebenso wenig die Geschichte im Allgemeinen, der Wechsel politischer Systeme, der blutige Machtkampf von Ideen, das Aufkommen des Christentums, die Verbreitung der Schriftkultur. Ihre unwissenden Ahnen existierten vor tausend Jahren fast genauso wie sie jetzt, sie arbeiteten genauso, und sie kannten genauso wenig die Geschichte der Menschen, die vor ihnen lebten – es war immer annähernd das gleiche. Und auch sie waren annähernd die gleichen – die arabischen Arbeiter, die Bauern aus Posen, die in französischen Werken anheuerten, und eben jene Sklaven in den Halles Centrales; alle Pracht der Kultur, die Schätze aus Museen, Bibliotheken, Konservatorien, jene symbolische und erhabene Welt, die Menschen dadurch, dass sie an ihr teilhaben, über Zehntausende von Kilometern hinweg miteinander verbindet, die Werke von Giordano Bruno, Galilei, Leonardo da Vinci, Michelangelo, Mozart, Tolstoi, Bach, Balzac – all diese Anstrengungen des menschlichen Genies waren vergeblich gewesen, und nachdem die Geschichte der Zivilisation jetzt schon Jahrhunderte und Jahrtausende währt, zieht derselbe ewige Sklave erneut im Morgengrauen eines Winter- oder Sommertages, eingespannt in ein System von Riemen, seinen Karren. Nachdem ich mehrere Jahre mit diversen Kategorien solcher Leute verbracht hatte, besonders nach der fürchterlichen Fabrikarbeit, war ich später, als ich an der Universität Vorlesungen von Professoren hörte und Bücher für den Soziologiekurs las, an dem ich teilnahm, perplex über das abgrundtiefe, haarsträubende Missverhältnis zwischen ihrem Inhalt und dem, worauf er sich bezog. Ausnahmslos alle Theoretiker sozialer und ökonomischer Systeme hatten – mir schien das offensichtlich – eine sehr spezifische Vorstellung vom so genannten Proletariat, dem Gegenstand ihrer Forschung; sie alle argumentierten, als würden sie sich selbst – mit ihrer Teilnahme am Kulturleben, ihren intellektuellen Ansprüchen – in die Lage der Arbeiter versetzen; und auf diese Weise erschien ihnen der

Weg des Proletariats unweigerlich als eine Art Weg zurück zu sich selbst. Doch meine Gespräche darüber führten in der Regel zu nichts – und überzeugten mich ein weiteres Mal davon, dass die meisten Menschen nicht zu der titanischen Selbstüberwindung imstande sind, die man aufbringen muss, um jemanden aus einem anderen Milieu und von anderer Herkunft zu verstehen, dessen Verstand anders konstruiert ist, als man sich das nach alter Gewohnheit vorstellt. Außerdem fiel mir auf, dass Angehörige bestimmter Berufe, insbesondere Gelehrte und Professoren, die seit Jahrzehnten mit denselben abstrakten, häufig nur in ihrer Vorstellung existenten Begriffen operierten, jedwede Veränderung bloß innerhalb dieses Begriffshorizonts zuließen und den Gedanken physisch nicht ertrugen, etwas Neues, Unvorhergesehenes oder von ihnen Übersehenes könnte hinzukommen und alles verändern.

Ich kannte einen alten Mann, einen Wirtschaftswissenschaftler, Anhänger veralteter klassischer Theorien; er war ein netter Mensch, spielte stundenlang mit seinen kleinen Enkeln, hatte sehr guten Kontakt zur Jugend, war aber absolut unversöhnlich, wenn es um die ökonomische Struktur der Gesellschaft ging, die, wie ihm schien, stets von denselben Grundsätzen geregelt wurde und in seiner Darlegung entfernt an die Grammatik einer inexistenten Sprache erinnerte. Einer dieser Grundsätze war seiner Meinung nach das unselige Gesetz von Angebot und Nachfrage; und egal wie viele Beispiele ich für Situationen anführte, in denen es keine Gültigkeit hatte, der Alte wollte einfach nicht zugeben, dass man dieses Gesetz infrage stellen könne – und schließlich sagte er, völlig verzweifelt, mit schier tränenerstickter Stimme:

»Verstehen Sie doch, junger Freund, ich kann Ihnen

nicht zustimmen. Das würde vierzig Jahre meiner wissenschaftlichen Arbeit zunichte machen.«

In anderen Fällen war das starrsinnige Verfechten und Verkünden eindeutig haltloser Ideen schwieriger zu erklären, die Gründe lagen jedoch, wie ich annehme, meistens ebenfalls in Eigenliebe und dem Glauben an die eigene Unfehlbarkeit; obwohl einem unvoreingenommenen Menschen auf den ersten Blick klar war, dass es sich nur um ein bedauerliches Missverständnis handeln konnte, galten die Arbeiten von Soundso weiterhin als beachtenswert und aufschlussreich für das eine oder andere Gebiet der Wissenschaft, und zwar trotz ihrer offensichtlichen Abseitigkeit und Künstlichkeit oder gar der Anzeichen beginnenden Wahnsinns, wie in den Büchern Auguste Comtes oder Stirners und noch einiger Leute, seien es Schriftsteller, Denker oder Dichter – und fast immer ließ in diesem Aufflackern von Wahnsinn irgendetwas an andersgeartete Formen menschlicher Erkenntnis denken, die vermutlich einer tatsächlich existierenden Realität entsprachen, von der wir einfach nichts ahnten.

Ich stieß auch auf Fälle, die teilweise ähnlich gelagert waren, etwas weniger tragisch zwar, doch fast ebenso ärgerlich – wegen ihrer unbestreitbaren Absurdität. In den Wintermonaten, samstags, gewöhnlich tief in der Nacht konnte es passieren, dass ich, wenn ich auf der Avenue de Versailles in Höhe des Pont de Grenelle parkte, in der Stille dieser schweigenden Stunden von weitem eilige Schritte und das Klopfen eines Stocks auf dem Trottoir hörte – und wenn der Mann, der diese Geräusche verursachte, unter der nächsten Laterne herging, erkannte ich ihn sofort. Er ging nach einer Bridgepartie heim – er wohnte ein paar Häuser die Straße hinunter. Wenn er gewonnen hatte, sang er leise und falsch ein altes russisches Lied, immer dasselbe, und sein Hut war leicht in den Nacken geschoben; hatte er verloren, ging er stumm daher, und der Hut saß ihm gerade auf dem Kopf. Vor vielen Jahren kannte ganz Russland diesen Mann, denn er bestimmte formal die Geschicke des Landes – und ich sah überall seine zahllosen Porträts; Zehntausende lauschten seinen Reden, und jedes seiner Worte wurde wiederholt, als werde ein neues Evangelium verkündet. Jetzt lebte er wie andere auch in der Emigration in Paris. Ich traf ihn einige Male; er war recht gebildet, nicht ohne Humor, jedoch pathologisch unfähig, elementarste politische Wahrheiten zu verstehen; in dieser Hinsicht erinnerte er an die hoffnungslosen Schüler, die es in jeder Klasse jeder Bildungseinrichtung gibt und die wegen einer angeborenen Schwäche in Mathematik nicht einmal die einfachste Algebra-Aufgabe lösen können. Unerklärlich war indessen, wieso er mit so sonderbarer Verbissenheit und nicht selten unter Einsatz seines Lebens einer Tätigkeit nachging, zu der er ebenso unfähig war, wie ein Mensch ohne jedes musikalische Gehör unfähig ist, Geiger oder Komponist zu werden. Doch er widmete dem seine ganze Existenz; und obwohl seine politische Vergangenheit nichts aufzuweisen hatte außer schlichtweg heilloser Irrtümer, die obendrein auf ideale Weise offensichtlich waren, konnte ihn nichts dazu bewegen, diesen Weg zu verlassen; nunmehr jeder Handlungsmöglichkeit beraubt, konzentrierte er sich krampfhaft auf einen Politik-Ersatz und gab eine kleine Zeitschrift heraus, in der seine früheren Mitstreiter aus der längst eingegangenen Partei schrieben – auch sie überzeugte Anhänger veralteter und in keiner Realität verankerter Theorien.

Und dennoch war dieser Mensch glücklicher als andere; in der riesigen und freudlosen Welt seiner Landsleute, die,

wohin ihr schweres und tragisches Schicksal sie auch verschlagen hatte, jahrelang immer dieselbe unwiderrufliche
Traurigkeit mit sich schleppten – auf den Straßen von Paris
oder London, in bulgarischen oder serbischen Provinzstäd-
ten, an den Ufern von San Francisco oder Melbourne, in
Indien, China oder Norwegen –, verharrte er als einer von
wenigen in seliger Unkenntnis dessen, dass alles, wofür er
sich lange Jahre selbstlos eingesetzt und auf ein Privatleben
fast völlig verzichtet hatte und was er auch damals schon,
vor vielen Jahren, falsch verstanden hatte, heute nicht weniger obsolet war als der Volkszorn nach den Petrinischen
Reformen oder der starrköpfige Wahn der russischen Raskolniki; und er hielt weiterhin jenen phantastischen und
ungereimten Ideen die Treue, die ein paar Hundert Köpfe
der Zwei-Milliarden-Bevölkerung des Erdballs verfochten.
Ich habe einige Male Reden von ihm gehört; die Kombination von hilfloser politischer Poesie und höchst feierlicher
antiquierter Begrifflichkeit, der es nicht an einer gewissen,
rein phonetischen Überzeugungskraft gebrach, hat mich
beeindruckt.

Durch ein merkwürdiges Zusammentreffen von Umständen war ich genötigt, mehrere Leben gleichzeitig zu führen
und Menschen zu begegnen, die extrem unterschiedlich
waren, und zwar in allem, von der Sprache, die sie benutz-
ten, bis hin zu unüberbrückbaren Differenzen bezüglich
dessen, was für sie den Sinn des Lebens ausmachte; einerseits waren das meine nächtlichen Kunden und Kundinnen, andererseits Personen, die Platon zweifellos zu den anständigen Leuten gerechnet hätte. Bisweilen – meistens,
nachdem ich Musik gehört hatte – vermischten sich, wie früher in den fernen russischen Zeiten, die Dinge in meiner
Vorstellung und in dem lautlosen Raum, der meine Phan-

tasie erfüllte, sie flossen mit stummen Motiven und einer langen Galerie menschlicher Gesichter zusammen, die den vorbeiziehenden und entschwindenden Figuren eines endlosen Films glichen, wo mal das abgezehrte und verrunzelte Gesicht der Alten in dem Invalidenkarren auftauchte und verschwand, mal Raldys halbtotes Antlitz mit den zärtlichen Augen, mal Platons ruhig-trauriger Ausdruck, mal die betrunkene Scheußlichkeit der Samstagsgäste im Café, mal das undurchdringliche Häutchen unter den dichten und langen schwarzbraunen Wimpern der Prostituierten, mal, zu guter Letzt, das rotglänzende Gesicht Fedortschenkos, mit dem mich das Schicksal häufiger zusammenbrachte, als mir lieb war, und dessen Leben, nicht lang und im Grunde ausgesprochen qualvoll, ich ganz mit ansehen musste.

Nachdem ich ihn zu seiner Braut gefahren hatte, traf ich ihn einen Monat später wieder. Weil er nie Freunde gehabt hatte und das Bedürfnis verspürte, seine Gefühle und Gedanken mitzuteilen, lud er mich ins Café ein, bestellte Kaffee und begann, ohne dass ich ihm irgendeine Frage gestellt hatte, von seiner Liebe zu erzählen. Damals durchlebte er die stürmischste Phase seines Romans. Er war es nicht gewohnt, über seine Gefühle zu sprechen, und so hatte die Geschichte, trotz seiner fraglosen Aufrichtigkeit bei allem, was er sagte, einen falschen Klang. Wie ich bemerkte, kam das daher, dass er immerzu dieselben abgedroschen-feierlichen Wendungen gebrauchte: »Ich liebe und werde geliebt«, »Mir hüpfte das Herz im Leibe« und so weiter. Obendrein äußerte er all diese Phrasen mit seinem üblichen ukrainischen Akzent und ging hin und wieder zu gebrochenem Französisch über, vor allem, wenn er Gespräche mit seiner Braut nacherzählte. Und dennoch, trotz allem barg sich in dem, was er sagte, eine keineswegs lächerliche Wehrlosigkeit. Es war offensichtlich, dass die Frau, die er in sehr übertriebenen Farben schilderte, ihn mit Leichtigkeit hätte täuschen können, wenn sie gewollt hätte. Das Ausmaß seiner Verliebtheit war schon zu ahnen gewesen, als er den Kater für sie stehlen wollte, doch jetzt lag es völlig offen zutage. An alledem war nichts Erhabenes außer den Ausdrücken, die er benutzte; doch es stand außer Zweifel, dass die Leidenschaft ihn stärker gepackt hatte, als man hätte glauben können. Ich hatte gedacht, er wäre zu so etwas nicht fähig; das war mein erster Fehler in bezug auf ihn; von meinem zweiten konnte ich mich erst wesentlich später überzeugen, nach einigen Jahren, an dem Tag, als ich Zeuge seines plötzlichen und außergewöhnlichen Todes wurde.

Er hatte seine Braut vor zwei Monaten kennengelernt, in einem Café; sie machte einen so starken Eindruck auf ihn, dass er sich den ganzen Abend elend fühlte – was bei seiner eisernen Gesundheit besonders erstaunlich war – und um sich herum eine Art fernen Klang hörte, wie er sagte, und vor seinen Augen alles verschwamm wie im Nebel. Er hatte viel geredet – worüber, wusste er selbst nicht mehr –, dann begleitete er sie nach Hause und machte mit ihr ein Rendezvous drei Tage später aus. Am nächsten Morgen, als er an der Maschine stand, an seinem Arbeitsplatz in der Werkhalle, sah er plötzlich ihre schwarzen Augen vor sich, verlor sich darin und verletzte sich ernsthaft an der Hand. Das Rendezvous sollte im Bois de Boulogne stattfinden. Es war Dezember, ein kalter Wind wehte; er ging zwei Stunden mit ihr spazieren, über den steinhart gefrorenen Sand der verödeten Alleen, zwischen entblößten schwarzen Bäumen, an vereisten Seeufern entlang – bis sie schließlich klagte, ihr sei kalt, und da führte er sie in den Kinematographen auf den Champs-Élysées, wo sie einen Film sahen, an den er sich kaum erinnerte, weil er die ganze Zeit ihre Hand hielt. Nachher gingen sie zuerst in ein Café, dann ins Hotel. Er nahm kaum wahr, was sich abspielte, er sagte nur, ihre Augen seien in diesen Minuten noch schwärzer und eigentümlicher gewesen als sonst.

Ich lauschte seiner Erzählung und sah ihn hin und wieder an. Manchmal, wenn er eine kurze Pause machte – ihm war die ganze Zeit heiß, er trank das dritte oder vierte Bier –, trat in seine kleinen Augen mit den stets leicht geschwollen wirkenden Lidern ein besonderer, verstört-verschleierter Ausdruck, den ich bis dahin nie bemerkt hatte – als wäre ihm etwas zugestoßen, worauf er in keiner Weise vorbereitet war und wogegen er sich überhaupt nicht wehren konnte. Dann sagte er plötzlich mit treuherziger Offenheit, die Frau sei von zwei oder drei ziemlich reichen älteren Gönnern unterhalten worden, doch das habe nun, nachdem sie seine Braut geworden sei, ein Ende – und jetzt habe sie, vor ganz kurzem, eine Stelle als Hausmädchen angetreten; sehr bald, gleich nach der Hochzeit, zögen sie zusammen; er habe etwas Geld, sie habe etwas Geld, er werde arbeiten, sie werde den Haushalt besorgen, und so werde ein neues Leben beginnen. Er sei bereit, dieser Liebe alles zum Opfer zu bringen, wie er sich ausdrückte, was ihm bisher im Leben wichtig gewesen sei: seine Freunde, seine Familie, seine Heimat. Erschreckend war dabei, dass von keinem Opfer die Rede sein konnte, da er keine Freunde besaß, seine Familie längst vergessen hatte und ich das Wort Heimat in diesem Moment zum ersten Mal aus seinem Mund hörte; er hatte nie von seiner Heimat gesprochen und, wie ich annehme, auch nie daran gedacht. Doch selbst er brauchte also diese banale Vorstellung von einem Opfer, anscheinend, um unbewusst die Bedeutsamkeit dessen zu betonen, was gerade vor sich ging.

Mir war die ganze Zeit beklommen zumute, als ich seiner Erzählung lauschte, in der gleichsam die Luft knapp war; ich genierte mich für Fedortschenko, als trüge ich irgendwie die Verantwortung für ihn, für sein physisches Verlangen, an das ich nicht ohne unwillkürlichen Abscheu denken konnte. Weiße runde Lampen brannten über unseren Köpfen, blassgrau waberte der Papirossa-Rauch. Ich schloss für einen Moment die Augen und sah plötzlich das Meeresufer an einem Sommertag vor mir, die zitternde heiße Luft über dem Kies und die riesige Sonne am blauen Himmel.

Fedortschenko drückte mir lange die Hand. Sein verschwitztes Gesicht glänzte vor Vergnügen, er dankte mir aufrichtig – wofür, wusste er im Grunde selber nicht. Er sagte: »Weil Sie alles so gut verstehen«, obwohl ich in der ganzen Zeit kein Wort gesprochen hatte. Als ich zahlen wollte, protestierte er energisch, rief den Garçon, scherzte mit ihm, gab ihm ein ungewöhnlich hohes Trinkgeld und ging mit einer besonderen, ihm fremden Leichtfüßigkeit fort, während er mir mit der erhobenen Hand ein paar flatternde Gesten zusandte, was ebenfalls überhaupt nicht zu seiner sonstigen schwerfälligen, bäuerlichen Behäbigkeit passte. Er verließ das Café, wie er es noch nie getan hatte – mit dem Gang eines Balletttänzers, mit einer unnatürlichen Bühnenleichtigkeit, die nicht zu übersehen war.

Zwei Stunden nach diesem Wiedersehen, ich hatte daheim zu Abend gegessen und mit Bedauern Zimmer, Tisch und Diwan verlassen, saß ich erneut am Steuer meines Wagens, fuhr langsam durch die Stadt und ließ für ein paar Abend- und Nachtstunden hinter mir, was normalerweise mein Leben ausmachte – Erinnerungen, Gedanken, Träume, die geliebten Bücher, die letzten Eindrücke des Vortages, das letzte Gespräch über das, was mir in dieser Lebensphase am wichtigsten erschien. Ich wusste aus langjähriger Erfahrung, dass man nur dann mit Gewinn arbeiten kann, wenn man all das vergisst und sich in einen berufsmäßigen Chauffeur verwandelt. Ich war längst an diese tägliche schauspielerische Anstrengung gewöhnt und hatte es, wie ich glaube, nur ihr zu verdanken, dass ich mir trotz der Jahre im Taxigewerbe ein kaum verringertes Interesse an Dingen bewahrt hatte, die im Grunde genommen einen unzulässigen und unüblichen Verstoß gegen meine rein beruflichen Interessen darstellten. In der ersten Zeit nahm ich noch Bücher mit und versuchte zu lesen, doch später verzichtete ich entschlossen darauf; sie störten mich zu sehr, weil sie eine Schizophrenie des Daseins hervorriefen, die in meiner Lage völlig untragbar war. Ich vergaß meine erforderliche Verwandlung nur dann, wenn ich einmal die Fassung verlor, doch das geschah höchst selten. Manchmal, wenn ich gut gestimmt war, wollte mir sogar scheinen, im Grunde wäre alles gar nicht so schlimm und die paar Stunden Nachtschicht, in denen ich mir meinen Lebensunterhalt verdienen konnte, kosteten mich weniger Zeit, als eine beliebige Anstellung es getan hätte. Dann war ich bereit, meinen Fahrgästen alles zu verzeihen, was normalerweise meinen Ekel oder meine Verachtung weckte.

An jenem Abend war, wie ich mich erinnere, mein erster Fahrgast ein alter Abbé mit sehr runzligem Gesicht und kleinen Äuglein. Ich hatte ihn von weitem gesehen und für eine Hebamme gehalten, weil er einen kleinen Koffer trug, haargenau so einen, wie ihn Hebammen bei sich haben; der Wind blähte sein weites Gewand, er hielt es mit einer Hand fest, wie das eine Frau gemacht hätte. Erst als ich näher herangekommen war, bemerkte ich meinen Irrtum. Er fuhr zur Gare d'Orsay. Dort stieg er aus, zahlte und gab mir fünfzig Centime Trinkgeld. Ich lächelte unwillkürlich und sagte:

»Nun, Hochwürden, muss man annehmen, dass die Kirche Sie umsonst Mildtätigkeit gelehrt hat? Stellen Sie sich vor, an Ihrer Stelle wäre, sagen wir, der heilige Franziskus gewesen. Glauben Sie, er hätte mir nur fünfzig Centime gegeben?«

Der Alte schmunzelte und schüttelte den Kopf, erwiderte aber prompt, als hätte er die Antwort schon lange vorbereitet:

»Nein, nein, mein Sohn. Hätte der heilige Franziskus zum Bahnhof gemusst, er hätte kein Taxi genommen, sondern wäre zu Fuß gegangen.«

»Sie haben recht, Hochwürden«, sagte ich und musste lachen, »mir bleibt also nur noch, Ihnen eine gute Reise zu wünschen.«

Ich habe später oft an den alten Abbé gedacht, nicht weil er so schlagfertig geantwortet hatte, sondern weil seine ganze Person so ungemein typisch war, mit den kleinen Äuglein und den winzigen Greisinnenrunzeln – er schien einem Holzschnitt entstiegen zu sein und wie durch ein Wunder gleichzeitig dessen Statik wie dessen besondere Subtilität behalten zu haben, die Menschen so selten auszeichnet. Er tauchte kurz auf und verschwand wieder, doch seine Gestalt rief sogleich eine Menge fast vergessener Bilder aus längst vergangenen Zeiten in mir wach, eben jene Bilder, die ich so liebte und denen nichts oder fast nichts unter all den grausamen oder traurigen Dingen entsprach, zwischen denen mein Leben nunmehr verlief. Ich habe eine weitere, peinliche und ekelhaft-lächerliche Erinnerung an einen Abbé, der mir, kraft eines sonderbaren Zufalls, einige Tage darauf über den Weg lief. Er mochte etwa vierzig, fünfundvierzig Jahre alt gewesen sein, stieg ins Auto und sagte: »Fahren Sie geradeaus«, wandte sich dann an mich und fragte mit seiner berufsmäßig seelenvollen Stimme, ob ich nicht gewisse Pariser Straßen kenne, wo er jemanden treffen könne.

»Jemanden treffen?«, fragte ich. »Wen denn, Hochwürden?« Es machte ihn offenkundig verlegen, dass ich mit dieser Anrede unwillkürlich seinen Stand betonte, und er erklärte dann mit sichtlicher Überwindung, er meine ein Treffen mit einer Frau. Ich tat weiter so, als verstünde ich ihn nicht.

»Erklären Sie mir das, Hochwürden«, sagte ich, »ich fürchte, Sie falsch zu verstehen.«

Aus dem Konzept geraten, schwieg er, ihm war heiß, er nahm seinen schwarzen Hut ab und wischte sich die verschwitzte Stirn.

»Mit einer Frau«, murmelte er äußerst betreten, »wissen Sie, eine von denen, die auf der Straße unterwegs sind.« Ich fuhr ihn zu der Straße, die ringförmig die Place de l'Étoile umgibt, und hielt in der Nähe einer Frauengestalt am Rande des Trottoirs.

»Läge es wohl im Bereich des Möglichen, dass Sie die Güte hätten, Mademoiselle zu fragen, ob sie einverstanden ist …?«

Noch bevor ich ausstieg, sah ich, wer das war. Sie wurde Renée Rohrspatz genannt, ich kannte sie seit langem.

Vor ein paar Tagen hatte sie mir erzählt, sie habe ihren Schirm verloren, der vierhundert Franc gekostet habe, ich war damals schlecht gelaunt und entgegnete ihr, meiner Meinung nach sei sie mitsamt Schirm nicht so viel wert.

»Du hast die Chance, das Geld für den Schirm zu verdienen«, sagte ich zu ihr, »mein Kunde möchte mit dir sprechen, ein sehr netter Abbé.«

»Machst du Witze?«, fragte sie ungläubig, stieg dann aber trotzdem ins Auto, wir steuerten den Bois de Boulogne an und fuhren dort etwa vierzig Minuten durch die Alleen; anschließend begab sich der Abbé zur Gare de Lyon und verließ Paris, die Erinnerung an dieses Treffen mit sich nehmend; ich weiß nicht, ob die Erinnerung später unter betrüblicheren Umständen aufgefrischt wurde, denn diese Frau litt seit langem an Syphilis, wie die meisten ihrer Freundinnen in dem Gewerbe. Ich erfuhr zufällig davon, denn sie wurde stets offenherzig, wenn sie die Arbeit beendet hatte und aus dem Nachtcafé auf der Place des Ternes kam, um heimzufahren; dann war sie immer sehr angeheitert und redete ohne Unterlass. Nüchtern fiel sie durch ihren extrem streitsüchtigen Charakter auf, ständig passierten ihr irgendwelche unschönen Geschichten, Schlägereien mit anderen Frauen, Skandale mit Freiern; mal beschwerte sie sich bei einem Polizisten, sie sei ein Opfer von Gewalt geworden, und hielt dem gleichmütigen rothaarigen Riesen in Uniform eine zerknitterte Visitenkarte unter die Nase, wobei sie beteuerte, dieser Mann habe sie geradezu gefoltert; ein anderes Mal beobachtete ich ihren lärmenden Marsch zum Kommissariat in Begleitung zweier Polizisten und eines mageren älteren Mannes, der soeben ein paar Stunden im Hotelzimmer mit ihr verbracht hatte, den dreien nun trippelnden Schrittes nacheilte und mit hoher, brüchiger Stimme wiederholt versicherte, dieses Luder da habe ihn bestohlen.

»Viertausend Franc«, schrie er, während er sich umdrehte und an die Menge von Gaffern wandte, die in einiger Entfernung folgten, »ich bin kein reicher Mann, Messieurs, ich habe Kinder zu ernähren!«

Das Geld wurde natürlich nicht gefunden, weil sie es längst jemandem zugesteckt hatte.

Und diese Frau erzählte mir eines Tages, vor fünf Minuten sei neben ihr ein Ausländer verhaftet worden, der kein Französisch sprach und bloß die ganze Zeit, an die Polizisten gewandt, ein Wort wiederholte, das wie »opoda« klang. Ich sagte es mir zwei, drei Mal vor und begriff plötzlich, dass das wahrscheinlich *gospoda* hieß, »meine Herren«, und dass also ein Landsmann von mir aufs Kommissariat geraten war. Ich fuhr hin, um meine Dienste als Dolmetscher anzubieten und womöglich ein Missverständnis aufzuklären. Doch als ich zum Kommissariat kam, trat der Mann, dessen Papiere in Ordnung waren und den man irrtümlich für jemand anderen gehalten hatte, gerade aus dem Gebäude. Ich sprang aus dem Auto, ging auf ihn zu – und erkannte ihn sofort, obwohl ich ihn ungefähr zehn Jahre nicht gesehen hatte. Unsere Bekanntschaft ging auf den Bürgerkrieg in Russland zurück, er hatte in derselben Einheit gedient wie ich. Er hieß Aristarch Alexandrowitsch Kulikow. Damals war er Militärbeamter, dann ging er ins Ausland, und ich sah ihn nicht wieder. Es hieß, er sei Bergmann in Bulgarien gewesen, habe dann in einem Hüttenwerk gearbeitet, doch jetzt hatte man schon lange nichts mehr von ihm gehört. Er erkannte mich auch und war hocherfreut. Wir gingen ins nächste Café, er erzählte mir, was er in all den Jahren unternommen hatte, und aus dem Gespräch ging hervor, dass es seine wahre Bestimmung sei, ein Restaurant zu führen; gerade jetzt, in ein paar Tagen, würde er ein Restaurant in Billancourt eröffnen, einem Arbeitervorort von Paris, ganz in der Nähe der Renault-Werke. Er bat mich dringend, einmal vorbeizukommen. Ich versprach es ihm, aber irgendwie kam es einfach nicht dazu, bis ich ihn eines Tages von

neuem traf, in der Metro, und mich über seine Galaklei-
dung wunderte, über die besonders runde und besonders
gediegene Melone, den luxuriösen schwarzen Mantel und
den weißen Seidenschal.

»Warum kommst du nicht zu mir?«, fragte er laut, ohne
auch nur zu grüßen. »Wenn du willst, fahren wir jetzt gleich
ins Restaurant und essen zu Abend.«

Ich war einverstanden; unterwegs erklärte er mir, dass
wir zu zweit an einem separaten Tisch dinieren müssten,
weil das ganze Restaurant an diesem Abend vermietet sei,
irgendwelche Kosaken würden sich dort versammeln, ob
Ural-, Terek- oder Donkosaken, blieb mir ein Rätsel. Es war
ein Herbstabend, es regnete; Aristarch Alexandrowitsch
und ich schritten lange durch verschieden große Pfützen,
bis wir zu einem riesigen Brachfeld kamen, wo ein halb stei-
nernes, halb hölzernes Gebäude stand, das einer Baracke
ähnelte – sein Restaurant. Drinnen war es still, ringsum
herrschte auch Stille, die Arbeiter schliefen um diese Zeit
schon, und man hörte Regentropfen auf die Bretter fallen.
Wir traten ein; im Restaurant war nur ein einziger, sehr langer und sehr breiter Tisch besetzt, auf dem Batterien von
Flaschen standen, und an diesem Tisch saßen die Kosaken,
etwa dreißig Mann, alle kurzgeschoren, alle in den gleichen
dunkelblauen Anzügen, offenbar vom selben Schneider ge-
näht, alle mit gestärkten weißen Kragen, die sich schroff von
den geröteten kräftigen Hälsen abhoben. Sie tranken Rotwein und sangen im Chor Lieder, von denen sich mir eines,
ein besonders melancholisches, eingeprägt hat:

> Wir beide, wir seh'n uns nie wieder,
> Nie wieder begegnen wir uns.

»Die trinken feste«, flüsterte Aristarch Alexandrowitsch mir zu, »guck nur, voll wie die Haubitzen. Andererseits – kann man Russen etwa einen Vorwurf daraus machen?«

Er schüttelte den Kopf und fragte mich dann plötzlich:

»Und du trinkst immer noch nicht, wie in Russland?«

»Nein.«

»Das ist gut«, sagte er mit jäher Zustimmung und schlug mir auf die Schulter. »Das ist großartig, dass du nicht trinkst. Fang um Gottes willen nicht damit an, sonst gehst du vor die Hunde.«

Wir saßen noch lange dort und redeten miteinander. Die Kosaken gingen, wir blieben unter uns. In der Mitte des riesigen Zimmers bullerte leise der Ofen, der Regen schlug nach wie vor auf die Bretter, und während ich dem eintönigen Geräusch und dem vergessenen Klang von Tropfen auf Holz lauschte, wurde in mir eine ungemein lebendige Erinnerung an regnerische Herbstabende in Russland wach, an nasse, in sprühendem Dunkel versinkende Felder, an Züge, an die ferne, in schwarzer Luft schaukelnde Laterne des Rangierers, an den nächtlichen gedehnten Pfiff der Lokomotive. Es war tiefe Nacht, als ich ging.

»Brauchst du Geld?«, fragte Aristarch Alexandrowitsch. »Sag es nur, mein lieber Kleiner, genier dich nicht. Nimm dir direkt ein Taxi und fahr heim, du wirst doch bei diesem Wetter nicht zu Fuß gehen. An unserem Stellplatz hier steht ein russischer Chauffeur, er war früher Diakon im Gouvernement Wladimir. Mit dem fahre ich immer.«

Doch als ich fast ein halbes Jahr später zufällig wieder nach Billancourt kam und in Aristarch Alexandrowitschs Restaurant vorbeischauen wollte, scheiterte ich rätselhafterweise: Ich konnte es nicht finden. Und obwohl ich den Eindruck hatte, ich wäre richtig gegangen und sogar bis zu dem

Brachfeld gelangt, wo es gestanden hatte – das Restaurant war nicht da. Da das spurlose Verschwinden eines großen Gebäudes mir unmöglich erschien, dachte ich, ich hätte mich einfach geirrt und den Weg nicht mehr gewusst. Ich hatte keine Zeit, lange nach Aristarch Alexandrowitsch zu fahnden – und fuhr nach Paris zurück in der Hoffnung, beim nächsten Mal mehr Glück zu haben. Freilich kam es mir immer noch so vor, als hätte das Restaurant genau auf diesem Brachfeld gestanden, das jetzt zu Frühlingsbeginn bereits schwermütig sein kümmerliches grünes Gras her-zeigte und wo hier und dort irgendwelche formlosen Trüm-mer herumlagen. Einige Tage darauf sah ich Aristarch Ale-xandrowitsch in einer entgegenkommenden Metro, zwar nur zwei, drei Sekunden, doch ich bemerkte verwundert, dass er ein abgetragenes Jackett, eine speckige Schirm-mütze und einen grünen Schal trug. Aristarch Alexandro-witsch sah mich nicht. Aber ich hatte mich bestimmt nicht geirrt – er war es. Wieder zwei Monate später erhielt ich eine Postkarte von ihm, er komme in die Stadt, werde dann-und-dann in dem-und-dem Café sein und freue sich, mich zu se-hen. Ich traf ihn dort an – in prächtigem grauem Kostüm, Strohhut und schimmernden gelben Schuhen; er war zu-frieden und sagte, geschäftlich könne er sich nicht bekla-gen. Ich erzählte ihm von dem wundersamen Verschwinden des Restaurants, er lachte über meine schlechte Orientie-rung und erinnerte daran, dass man mich in Russland nie allein zur Geländeerkundung geschickt habe, aus Furcht, ich könne mich verirren. Trotzdem schien mir, als wäre er ein wenig betreten gewesen – allerdings nur ganz kurz.

Und erst einige Zeit darauf erfuhr ich, wie sich sowohl das phantastische Verschwinden des Restaurants als auch Aris-tarch Alexandrowitschs überraschender Garderobenwechsel erklären ließen. Ich bekam es von Leuten erzählt, die ihn schon lange und gut kannten.

Er war ein ausgezeichneter Wirt und ein hervorragender Organisator. Regelmäßig ging er in der Fabrik oder im Bergwerk arbeiten und sparte über Monate hinweg Geld. Dann, wenn er über ein bestimmtes Kapital verfügte, von Kameraden geliehen hatte, was sie nur geben konnten, und seine Kreditmöglichkeiten ausgeschöpft waren, eröffnete er ein Restaurant und machte sofort Gewinn. Er beglich seine Schulden, wurde reich, kaufte teure Anzüge, zog in eine gute Wohnung, und so lief es glücklich ein paar Monate, manchmal ein knappes Jahr, bis er eines schönen Tages zu viel trank und aus heiterem Himmel in eine karitative Raserei verfiel. Er stand mitten in seinem Restaurant, das Haar zerzaust, die Krawatte schief, und schrie:

»Trinkt, Leute, esst und trinkt, geht alles auf mich! Wir sind doch Russen, Brüder, wenn wir uns nicht helfen, wer hilft uns dann? Alles umsonst, liebe Leute, nur denkt an Aristarch Alexandrowitsch Kulikow; wenn was passiert, dann steht ihm bei!«

Massenweise strömten Bekannte, halbwegs Bekannte und gänzlich Unbekannte zu ihm, und im Restaurant herrschte etwa zwei Wochen lang von morgens bis abends Radau und Geschrei. Seine Freunde versuchten währenddessen, alles nur Mögliche fortzuschaffen – Geld, Kleidung und sogar Geschirr, denn sie wussten, dass die Geschichte ihrem Ende zuging, und hofften, wenigstens etwas retten zu können. Doch wenn Aristarch Alexandrowitsch einen von ihnen erwischte, geriet er außer sich, schrie, er werde bestohlen, und nahm dem Betreffenden weg, was der in Sicherheit bringen wollte. Dann legte der Tumult sich eines Tages, das Restaurant wurde geschlossen, die Lieferanten bekamen ihr Geld nicht – und Aristarch Alexandrowitsch, abgemagert, verändert und verstummt, tauchte unter. Er nahm erneut eine Stelle in der Fabrik an, arbeitete lange und beharrlich, beglich wieder seine Schulden, dankte allen demütig, die seine Sachen fortgeschafft und aufbewahrt hatten – und eröffnete nach einiger Zeit erneut ein Restaurant. Und dass ich das Brachfeld unbebaut vorfand, ließ sich keineswegs mit meiner mangelnden Orientierung erklären, sondern damit, dass Aristarch Alexandrowitschs Restaurant, das tatsächlich dort gestanden hatte, abgebrochen und bis zum letzten durchnässten Brett zur Schuldentilgung verkauft worden war.

* * *

Die Pariser Wintermonate verstrichen, der Frühling brach an, die Nächte waren noch kühl, aber tagsüber und abends war es manchmal schon warm. An einem dieser Abende traf ich Raldy wieder. Sie saß auf der Terrasse ihres Cafés und wirkte noch älter und gebrechlicher als früher. Doch sie war nicht allein. Neben ihr, das eine tadellos geformte Bein über das andere geschlagen – der Rock ließ die Knie frei –, saß eine junge Frau von zwanzig, zweiundzwanzig Jahren. Sie war so schön, dass mir, als ich sie sah, für einen Moment der Atem stockte; vor allem fielen ihre außergewöhnlich voll wirkenden roten Lippen, ihre länglichen tiefblauen Augen und ihre herrlichen Zähne auf – als ich sie sah, lächelte sie gerade, während sie mit Raldy sprach.

»Das ist meine junge Freundin«, sagte Raldy, als sie mich begrüßt hatte, »sag mir, wie du sie findest.«

Und erst da, als ich diese bildhübsche junge Frau aufmerksam betrachtete, bemerkte ich auf ihren Augen jenes halbdurchsichtige Häutchen, jenen Film animalischer Stumpfheit, den ich so gut kannte und der für fast alle Frauen dieses Gewerbes charakteristisch war. Doch sie war dermaßen schön, so über alle Maßen schön, dass meine ganze langjährige Erfahrung und meine gesammelte, stets auf eine Enttäuschung gefasste Traurigkeit nötig waren, um dieses eine, fast unsichtbare Etwas in ihrem Gesichtsausdruck, um diesen einzigen, halb körperlichen, halb seelischen Makel zu entdecken.

»Sie ist wundervoll«, sagte ich zu Raldy.

Sie sah mich durchdringend an und sagte:

»Du wolltest nie mit mir gehen, und letzten Endes ist das verständlich. Doch ich hoffe, dass du es nicht ablehnst, Zeit mit meiner Freundin zu verbringen. Du weißt, dass das für dich nichts kostet.«

Ich schüttelte verneinend den Kopf. »Je besser ich dich kenne, desto mehr glaube ich, dass du einfach nicht normal bist«, sagte Raldy seufzend. »Erzähl mir, wie es dir geht, ich habe dich lange nicht gesehen.«

Doch ich blickte unverwandt Alice an – sie hieß Alice. Eine Viertelstunde später sah ich sie in Raldys Zimmer vollkommen nackt – sie zog sich vor mir um. Eine solch hinreißende Vollkommenheit hatte ich mir nicht einmal vorstellen können. Sie hatte feste, weit voneinander abstehende Brüste, einen ganz leicht einsinkenden und dann mit zauberischer Unmerklichkeit sich vorwölbenden Bauch, leuchtende Haut und lange Beine von idealer Form; nach einigen Sekunden kam es mir vor, als würde der herrliche Körper ins Fließen geraten und vor meinen Augen verschwimmen.

»Bleib so«, sagte Raldy, »ich möchte, dass er dich ausgiebig anschauen kann, während du nackt bist.«

Nachdem ich gegangen war, brauchte ich einige Zeit, um zu meinem normalen Zustand zurückzufinden; ich stand neben meinem Auto, um mich ans Steuer zu setzen, tat es aber nicht: Ich sah diesen Körper und dieses Gesicht vor mir, diese leuchtende, unfassbare Schönheit. Und noch viel später stockte mir jedes Mal, wenn ich mich daran erinnerte, für einen Moment der Atem.

»Sie ist so wundervoll«, sagte ich zu Raldy, als ich mich ein paar Tage darauf mit ihr unterhielt, »dass allein ihr Anblick ein Vermögen wert ist.«

Raldy lächelte – wie immer halb zärtlich, halb spöttisch – und sagte dann, ohne sie, Raldy, wäre Alice für immer ein Straßenmädchen geblieben, sie jedoch werde eine Halbweltdame aus ihr machen. Sie fügte hinzu, es mangele ihr für diese Laufbahn allerdings an vielem, vor allem an Intelligenz und Auffassungsgabe.

»Glauben Sie?«, sagte ich. »Mir scheint, allein ihr Aussehen …«

»Es gibt viele schöne Frauen«, antwortete Raldy, »doch nur eine von tausend erreicht etwas. Hast du nie daran gedacht? Schönheit allein genügt nicht, oder bist du anderer Meinung?«

»Nein, nein«, sagte ich. »Mir tut Alice jedoch ein bisschen leid. Meinen Sie wirklich, Sie sollten Ihre gesamte Erfahrung und Ihren gesamten Verstand investieren, nur um aus dieser Schönheit eine, wie Sie sagen, Halbweltdame zu machen? Glauben Sie nicht, dass sie etwas Besseres verdient?«

»Genau das sollte ich tun«, antwortete Raldy. »Dass sie es verdient – da bin ich mir nicht so sicher. Wenn ich aber Erfolg habe, vergisst sie mich nicht, und ich werde ein warmes Zimmer und etwas Geld haben und über die Runden kommen, ohne bis ans Ende meiner Tage arbeiten zu müssen. Denn dann verdankt sie alles, was sie besitzt, mir.«

Und da irrte Raldy. Sie kümmerte sich eifrig um ihren Schützling, brachte ihr Englisch bei, erklärte ihr, wie sie Messer und Gabel halten solle, wie sie sprechen müsse, wie sie zu antworten und sich zu benehmen habe. Sie lud mich sogar einige Male zu diesem Unterricht ein und bat mich, Alice ein paar Dinge zu erklären, bei denen sie selber unsicher war. Auf ihre Bitte hin besorgte ich Bücher, die Alice lesen sollte: *Les Liaisons dangereuses*, Boccaccio, Flaubert. Ich zuckte die Achseln und fügte mich – ich konnte dieser faszinierenden alten Frau fast nichts abschlagen, obwohl mir das alles unnötig und, was mich betraf, irgendwie unlauter erschien.

»Sie bringen mich dazu, eine Rolle zu spielen, die überhaupt nicht zu mir passt«, sagte ich zu Raldy, »im Grunde weiß ich nicht, warum ich das alles mache.«

»Du machst das«, sagte sie ruhig, »weil ich dir leid tue, ganz einfach, mein Lieber.« »Sie geben ihr etwas von Flaubert, dabei kann sie kaum lesen, wie soll sie das verstehen?« »Sie versteht es nicht, aber sie kennt es, und das wird ihr nützen.«

Ich äußerte die Vermutung, Alice werde, sobald sie finanziell auch nur ein wenig erfolgreich sei, Raldy verlassen, und Raldy werde wieder allein sein.

»Möglich«, sagte die alte Frau, »und das wäre natürlich traurig. Das hieße, dass sie das Wichtigste nicht begriffen hätte, denn ohne meine Ratschläge wird sie nie Karriere machen. Eigentlich müsste sie das wissen.«

Alice fuhr fort zu »arbeiten«, nicht viel allerdings, nur um für sich und Raldy Miete und Lebensmittel bezahlen zu können. In meiner Gegenwart setzte Raldy ihr auseinander, wie sie sich verhalten müsse, wenn sie es später nicht mit normalen Kunden von der Straße, sondern mit solchen zu tun hätte, die am Anfang ihrer Karriere als Halbweltdame stehen könnten. »Geh niemals am ersten Tag der Bekanntschaft ins Hotel«, sagte Raldy. »Sag nicht ›nein‹. Du sagst ›Ja, mein Lieber‹ – und dann tust du, was du für richtig hältst. Aber vorher sagst du ›Ja, mein Lieber.‹«

Alice und ich saßen da und lauschten ihren Unterweisungen; sie hielt ein Buch auf den Knien, trug eine Brille und glich einer gütigen alten Lehrerin aus einer kleinen Provinzstadt: dreitausend Einwohner, Kirche, Pfarrer, Rathaus, zwei Kilometer bis zum Wald, Krüppeleichen, unter denen Trüffel wachsen, im Herbst Pilze und Regen, das Schaufenster des Photographen im Zentrum der Stadt mit Aufnahmen von nackten Babys auf Plüschsofas und reglosen, hölzernen Jungvermählten in ungewohnter Festkleidung. »Zieh dich nie selber aus.« Dann folgten höchst detaillierte und derartig ungenierte Erklärungen, dass ich mich peinlich berührt fühlte; doch Alice blickte Raldy, während sie ihr lauschte, mit ihren ruhigen, herrlichen Augen direkt an – durch das halbdurchsichtige Häutchen auf den Pupillen hindurch.

Und eines schönen Tages verschwand sie – ging fort und kam nicht zurück. Ich hörte erst nach einem Monat davon, weil es mich, warum auch immer, lange nicht in die Gegend verschlagen hatte. Es war an einem Sommerabend, spärlicher Regen fiel, Raldys gebückte Gestalt stand unter dem Vordach des Cafés. Sie lächelte freudlos, als sie mich sah. Wir tranken Kaffee, ihr war kalt, sie hüllte sich in einen schäbigen Herrenmantel. Sie erzählte mir, Alice sei vor genau vier Wochen weggegangen. Ich wusste ihr nichts Tröstliches zu sagen und schwieg eine Zeitlang; auf der Terrasse wurde es tatsächlich kühl, der Nieselregen perlte und rann vor meinen Augen herab. Schließlich sagte ich:

»In Ihrem Leben gab es so viele Widrigkeiten. Eine mehr, eine weniger ...«

»Nein, nein«, entgegnete sie. »Das ist die letzte. Weiter gibt es nichts mehr für mich.«

Und ihre Augen füllten sich erneut mit Tränen. All dies war ebenso unwiderruflich wie viele Dinge, die ich in meinem Leben gesehen hatte, wie die bleierne Undurchdringlichkeit der Augen von Sterbenden, wie meine letzte Begegnung mit Fürst Nerbatow, der sein ganzes Leben lang die schluchzende und unauslöschliche Liebe zu eben dieser Raldy mit sich geschleppt hatte, zu dieser alten Frau im abgeschabten Herrenmantel, die mir gegenüber vor ihrem erkalteten Kaffee saß.

»Man kann alles ertragen«, sagte sie, ohne mich anzuschauen, den Kopf gesenkt, »und dann, wenn die Kraft verbraucht ist, erträgt man nichts mehr. Dann heißt es nur noch krepieren. Letzten Endes ist das, was sie getan hat, ganz natürlich.«

Ich fragte Raldy, ob von ihren zahlreichen Gönnern etwa keiner mehr am Leben sei, der ihr eine geringe Summe zahlen könne, um ihre Existenz zu sichern. Sie schüttelte den Kopf und nannte sogleich die Namen von einigen sehr bekannten Politikern. »Sie sind alle wie Alice«, sagte sie. Ich erinnerte mich an diese Leute und daran, dass die politische Laufbahn eines jeden von ihnen aus Verrat, Abtrünnigkeit, Speichelleckerei und Diebstahl bestanden hatte, und ich begriff, dass Raldy auf niemanden zählen konnte. Und mir fiel ein, dass sie gesagt hatte:

»Sollte ich irgendwann meine Memoiren schreiben, würden die Leute eine Menge interessanter Dinge erfahren, und sie würden begreifen, wie unbegründet viele Wertschätzungen sind.«

Doch sie konnte nicht schreiben, ihre rheumatischen Finger gehorchten ihr nicht mehr.

Ich wusste, dass ich Alice früher oder später treffen würde: das nächtliche Paris, das Paris der Kabaretts, Cafés und Stundenhotels ist nicht so groß, wie man denkt, und in diesem tristen Areal legte ich jede Nacht, von einem Ort zum anderen fahrend, etwa hundert Kilometer zurück. Doch ich sah sie zufällig, an einem Abend, als ich nicht arbeitete, durchs Fenster eines großen Cafés auf den Grands Boulevards; sie trug ein wunderschönes Kostüm mit Hut und um den Hals ein schweres funkelndes Kollier; ein schwarzbrauner Fuchspelz hing lässig von ihrer Schulter. Mir schien, als würden alle im Café sie anschauen, die Frauen voller Hass, die Männer mit Bedauern und Neid. Ich trat an ihren Tisch.

»Hallo«, sagte sie und streckte die behandschuhte Hand aus, »trink etwas mit mir.« Und im nächsten Moment fragte sie mit gesenkter Stimme:

»Gefalle ich dir, wie ich jetzt aussehe?«

»Mir gefällst du besser nackt«, sagte ich laut. Zwei oder drei Männer drehten sich um.

»Bist du verrückt geworden?«, raunte sie.

Doch mich hatte der Jähzorn gepackt – in meinem ganzen Leben ist mir das nur zwei oder drei Mal passiert. Und als ich mir gleichsam selber von weitem zuhörte, fiel mir auf, dass ich in jenem Straßenfranzösisch mit ihr sprach, das zu normalen Zeiten nichts als Spott bei mir hervorrief.

»Bier«, sagte ich zum Garçon. »Du bist einfach ein Stück Dreck, Alice, verstehst du, ein Dreck, ein richtiges Stück Dreck.«

In ihren Augen flackerte Panik: Ich redete mit ihr, die Hände auf den Tisch gestützt und ganz dicht an ihr wunderschönes, unvergessliches Gesicht herangerückt.

»Wenn du gekommen bist, um mich zu beschimpfen …«

Das Ensemble in dem Café – Geige, Cello, Klavier – spielte ein altbekanntes, liebliches Stück, dessen Titel ich nicht wusste, das ich aber viele Male gehört hatte, in unterschiedlichen Ländern, unter unterschiedlichen Umständen und unterschiedlich interpretiert. Und immer, wenn die Töne von neuem an mein Ohr drangen, hatte es in der Zwischenzeit viele Ereignisse und Verhängnisse gegeben, und jedes Mal schien die Musik eine Art Bilanz zu ziehen, wobei das Ergebnis im Vorhinein feststand – und einen scharfen Kontrast zur Melodie darstellte, die in ihrer Lieblichkeit so makellos war, so perfekt. Es gab in meinem Leben einige wenige Sekunden, in denen ich eine fast physische Empfindung hatte, die sich mit nichts vergleichen oder verwechseln ließ und die ich nur als Empfindung vergehender – jetzt, in diesem Moment vergehender – Zeit bezeichnen könnte. So war es auch am Abend meiner Begegnung mit Alice; ich hörte diese Musik, sah ihr unverwandt ins Gesicht und fühlte, wie mir schien, durch die Melodie hindurch ein langsames, fernes Rauschen, und alles schwirrte und strömte vor meinen Augen. Ich musste mich anstrengen, um wieder zu meinem üblichen Zustand zurückzufinden; danach fühlte ich mich plötzlich erschöpft. Ich hob den Kopf und sagte:

»Hast du erwartet, dass ich dir Komplimente mache?«

Alice hörte an meinem Tonfall gleich, dass die Gefahr, die sie offenbar befürchtet hatte, vorüber war. Sie legte ihre Hand auf meine und fing an, mit ihrer normalen Stimme zu reden, die ich schon immer etwas klebrig und weich gefunden hatte. Sie versuchte sich zu rechtfertigen; sie sagte, sie wolle ihr eigenes Leben führen, sie habe keine Lust, von Raldy abhängig zu sein, sie sei monatelang für die alte Frau aufgekommen und habe im Grunde keinerlei Verpflichtungen ihr gegenüber.

»Ich habe dir gesagt, dass du ein Drecksstück bist«, sagte ich, fühlte aber kaum noch Wut. »Und außerdem ist es einfach eine Dummheit, was du machst. Glaubst du, dass du ohne Raldy irgendetwas erreichst?«

»Mach dir um mich mal keine Sorgen.«

»Mir ist egal, was aus dir wird. Aber du bleibst für immer das, was du bist, nämlich einfach eine –«, ich sagte das Wort, das genau ausdrückte, was ich dachte. »Welche Freier erwartest du denn? Dickwanstige kleine Kaufleute, die jeden Hundertfrancschein zählen?«

»In dieses Café können alle möglichen Leute kommen.«

»Ja, aber wenn ein bedeutender Mann darunter ist, kannst du ihn zwar verführen, aber du bist nicht imstande, ihn festzuhalten. Du kennst doch Raldys Leben?«

»Ja. Wahrscheinlich war sie schöner als ich.«

»Nein, schöner als du kann man nicht sein«, entfuhr es mir.

»Ach, das verstehst du also?«

Ich zuckte die Achseln. Wie sich herausstellte, hatte meine Ablehnung, als Raldy mir damals das Angebot machte, Alice verunsichert, und sie konnte sie nicht vergessen. Sie fand sogar, das sei ein schlechtes Vorzeichen für ihre Karriere gewesen: Wenn ich nicht wollte, könnte es auch anderen so gehen.

Ich redete noch lange mit ihr, konnte sie aber nicht davon überzeugen, zu Raldy zurückzukehren oder ihr wenigstens zu helfen. Es war viertel nach elf, als wir uns trennten;

ich wollte die Nachtvorstellung des Kinematographen nicht verpassen, die in fünfzehn Minuten beginnen würde.

»Auf Wiedersehen«, sagte ich zu ihr. »Wenn du im Hospital liegst und krepierst, kannst du mich rufen. Dann komme ich und sage dir zum letzten Mal, dass du wie ein Stück Dreck und wie eine Idiotin gehandelt hast.«

Und als ich fortging, stellte ich mir das unrasierte Gesicht Platons und seine trüben Augen vor und hörte ihn sagen:

»Einer der Aspekte eines allgemeinethischen Problems ...«

Doch ich hatte nie mit ihm über Alice gesprochen, und als ich ihn wiedertraf, ging es um ganz andere und für mich höchst unerwartete Dinge.

Im nächtlichen Paris fühlte ich mich wie ein Reisender, der in ein fremdes Element geraten war; in der ganzen Riesenstadt gab es zwei oder drei Orte, die erleuchteten Inseln im dunklen Raum glichen – dorthin fuhr ich jede Nacht, etwa um dieselbe Zeit; und wenn ich in mein Café ging, kam ich mir vor wie ein Ruderer in einem kleinen Boot, der nach langem Schaukeln auf den Wellen endlich an einem kleinen Pier anlegt – und ich stieg aus und sah statt Meer und Hafenkneipe das beleuchtete Trottoir und die beschlagenen Fenster des Cafés dem schlafenden Bahnhof gegenüber und die von den Bremsen arretierten Räder meines Autos.

»Guten Abend, Monsieur«, sagte die Wirtin stets. »Milch?«

Und immer stand am selben Platz, am rechten Thekenrand nicht weit von der Kasse, Platon, sommers und winters im stark verschmutzten hellgrauen Regenmantel, vor sich das ewige Glas Weißwein. Er begrüßte mich unverändert freundlich, aber ohne jede Überschwenglichkeit, die seinem melancholischen und ruhigen Wesen gänzlich fremd war; allerdings erkannte er mich nicht immer, obwohl wir uns einige Jahre hindurch jede Nacht trafen; es hing davon ab, wie viel er getrunken hatte. In letzter Zeit redete er insgesamt wenig und ungern; während er in dem belebten Café stand, vor sich das Glas, nahm er nichts von seiner Umgebung wahr – gefangen in dem betrunkenen Dämmer, aus dem er kaum noch auftauchte. Die Wirtin erzählte mir ganz entgeistert, Platon habe, als eines Tages unter großem Lärm ein Zuhälter und Mörder im Café festgenommen wurde, der aus dem Zuchthaus ausgebrochen und genau dorthin zurückgekommen war, wo man ihn kannte und wohin er keinesfalls hätte zurückkehren dürfen – doch die eigentümliche Eitelkeit und provinzielle Dummheit, die für Leute seines Schlages typisch sind, hatten ihn dazu bewogen, sich ohne Sinn und Verstand in all seiner Zuhälterpracht (hellgraue Schlägermütze, zweifarbige Schuhe auf hohen Absätzen) vor ein paar verschreckten Prostituierten und ehrfürchtigen Kollegen zu präsentieren –, als es an jenem Abend also eine Schießerei und ein Handgemenge gab und die Polizisten den Mann – das Gesicht blutig, die Mütze verloren, der Anzug mit Blut besudelt – danach in rasender Eile fortschleiften, habe Platon, der sich im Lokal befand, mit starren Augen stumm auf all das geblickt und sich nicht einmal gerührt.

Ich zog die Tage vor, an denen er wenig Geld hatte, nur für zwei oder drei Gläser Wein; dann war er fast nüchtern, und man konnte mit ihm reden. Ich mochte an ihm die absolut unparteiische Denkweise und den Umstand, dass ihn sein eigenes Schicksal und überhaupt Dinge, die ihn direkt betrafen, gleichgültig ließen. Er wurde nur dann lebhaft, wenn es entweder um neue Menschen, mit denen er persönlich nichts zu tun hatte, oder um abstrakte Probleme ging. Er vertrat übrigens durchaus nicht immer dieselbe Meinung zu denselben Dingen; er erklärte das damit, dass das Nachdenken eines Menschen über einen beliebigen Gegenstand eng mit einer Vielzahl physiologischer und psychologischer Faktoren in Zusammenhang stehe, deren Gesamtwirkung äußerst schwer einzuschätzen und schon gar nicht vorauszusehen sei – außer in den Fällen, wenn sich das diskutierte Problem dank seiner Primitivität mit einem Problem materieller Art vergleichen lasse, doch selbst dann herrsche das Gesetz der Relativität. Übrigens hatte er von den Menschen eine ebenso schlechte Meinung wie Raldy, und zwar ausnahmslos von allen, für ihn spielte weder Rang noch Stand noch Ruf eine Rolle; und ich freute mich, als ich ihn eines Tages sagen hörte, in seinen Augen unterscheide sich ein durchschnittlicher Krimineller, der auf zwei oder drei Strafprozesse zurückblicken könne, nicht besonders von einem durchschnittlichen Abgeordneten oder Minister, und in der Sphäre des unparteiischen Denkens – also in seiner spezifischen Sozialhierarchie – stünden sie auf einer Ebene; ich freute mich, das zu hören, weil ich diese Ansicht voll und ganz teilte.

Nachdem ich Alice getroffen hatte, sah ich Platon in der Nacht darauf – und als ich ins Café trat, merkte ich sofort, dass er wenig Geld hatte, denn er war fast nüchtern. Ich lud ihn zu einem Glas Weißwein ein, und daran, wie schnell er annahm, konnte man erkennen, dass er lange im Café gestanden hatte, ohne diese anderthalb Franc bezahlen zu können, die er einfach nicht hatte. Er trank einen Schluck und sagte dann beiläufig:

»Wissen Sie, es gibt eine Neuigkeit: Suzanne heiratet.«

»Suzanne mit dem Goldzahn?«

»Suzanne mit dem Goldzahn.«

Und er wiederholte ein paar Mal, geradeaus in die verrauchte Luft starrend:

»Suzanne mit dem Goldzahn, Suzanne mit dem Goldzahn, Suzanne mit dem Goldzahn, die heiratet mit dem Goldzahn, Suzanne, Suzanne.«

Dann sagte er denselben Satz, auch wie einen Zungenbrecher, auf Englisch und schwieg eine Weile. Ich äußerte mein Erstaunen darüber, dass eine Frau wie Suzanne, für die juristische Formalitäten in derartigen Dingen immer komplett überflüssig gewesen waren, es nun für nötig hielt zu heiraten.

»Können Sie sich das vorstellen«, sagte ich zu Platon, »einen weißen Schleier um dieses jungfräuliche Gesicht mit dem goldenen Schneidezahn?«

Platon betrachtete unterdessen blinzelnd sein Glas voller Wein. Dann antwortete er knapp:

»Ja, das kann ich. Vergessen Sie nicht, dass diese Leute ihrer Natur nach absolut bürgerlich sind. Sie sind als Bürger gescheitert, da stimme ich zu, aber sie sind ausgesprochen bürgerlich. Denken Sie an Ihre Mörder, die praktisch einen Tag nach dem Verbrechen ein Delikatessengeschäft eröffneten. Man kann einen Mord nicht nur begehen, um sich zu rächen oder einen Tyrannen zu beseitigen und auf diese Weise – indem man mit dem eigenen Leben bezahlt – etwas zur Verwirklichung eines Menschheitsideals oder eines rationaleren Systems der Güterverteilung beizutragen. Man kann auch für ein anderes Ideal morden – ein Delikatessengeschäft, eine Fleischerei, ein Café.«

»Und aus diesem Grund wird Suzanne, die Stunden um Stunden in Hotels verbracht hat und durch die Hände von ein paar Tausend Männern gegangen ist – aus diesem

Grund wird Suzanne heiraten. Geben Sie zu, mein werter Freund, wenn das so ist, kann man alle elementaren Begriffe der Ethik, von denen Sie so gerne sprechen …«

Doch in dem Moment hörten wir die Stimme von Suzanne, die gerade das Café betreten hatte. Sie war stark angeheitert und antwortete dem Mann, der hinter ihr hereinkam, laut und vernehmlich:

»Ich habe dir doch gesagt, dass ich heute nicht arbeite!«

Platon blickte weiter blinzelnd vor sich hin.

»Da ist ja unsere Braut in ihrer ganzen Herrlichkeit«, sagte er. Zwischen Suzanne und ihrem mageren, etwa dreißigjährigen Begleiter, der ziemlich schlecht gekleidet war, fand eine Art Ringkampf statt. Suzanne versuchte, sich von ihm loszureißen, und überschüttete ihn mit Beschimpfungen; er dagegen redete halblaut auf sie ein und ließ ihren Mantelärmel nicht los.

»Ich habe nein gesagt«, erklärte sie schließlich, während sie ihm, die Augen starr und betrunken, ins Gesicht sah. Und erst in dem Moment schien er zu begreifen, dass ihre Weigerung endgültig war. Da rief er rasch mit unerwartet hoher Stimme »Drecksstück!« und verließ eilig das Café.

»Da hat man's«, sagte Suzanne schwer atmend und blieb an der Theke stehen. »Da hat man's! Wenn eine Frau nicht auf Teufel komm raus arbeiten will, wird sie Drecksstück genannt! Ist das etwa gerecht?«, fragte sie in betrunken drohendem Tonfall. Ihre Augen suchten ein Gesicht, um sich daran festzuhalten. Sie sah zunächst Platon an, doch seine Miene war dermaßen leblos-gleichgültig und fern, dass ihre Augen weiterglitten und dann auf mir haftenblieben.

»Ach, du bist's?«, sagte sie schleppend. »Schmeckt die Milch heute?«

Ich antwortete nicht, sie wandte sich ab. Ihr Mantel stand

offen, das knappe Kleid umspannte die kleine Gestalt, und ich bemerkte, vor Ekel unwillkürlich zusammenzuckend, zum ersten Mal in der ganzen Zeit, dass sie trotz allem eine animalisch-weibliche Anziehungskraft besaß.

»Ihr seid alle …«, sagte Suzanne. »Ich bin keine H… mehr, ich heirate. Ich hab vielleicht ein Gläschen getrunken …«

»Du zählst schlecht«, sagte eine Männerstimme vom anderen Ende der Theke, »du hast vielleicht zwei oder mehr getrunken.«

»Platon, erinnern Sie sich an den Gedanken, den Ihr brillanter Namensvetter dem Sokrates zuschrieb?«, fragte ich. »Das ganze Leben des Philosophen sei eine einzige Vorbereitung auf den Tod … Ich kann mir nicht helfen, vor mir taucht immer nur ein und dasselbe Bild auf: Bett, Laken, Todeskampf, der üble Geruch eines Sterbenden und die schiere Unmöglichkeit, auch nur das Geringste daran zu ändern.«

»Darum ging es Sokrates nicht«, sagte Platon. »Sie wissen doch, im *Phaidon* …«

»Und ich werde ein Geschäft haben«, ertönte Suzannes betrunkene Stimme. »Und dann, ich liebe diesen Mann, ich kann ohne ihn nicht leben.«

Sie wandte sich an niemanden im Besonderen, sprach in die verrauchte Luft hinein, wo ihre Worte über die Liebe verhallten und sich verloren. Ich dachte daran, dass Raldy mir gesagt hatte, Frauen wie Suzanne würden genauso lieben wie andere auch, doch diese entwürdigende Gleichsetzung hatte ich immer nur theoretisch begriffen; fühlen und glauben, dass es tatsächlich so war, konnte ich nie.

Platon wechselte das Thema, als wäre es ihm unangenehm, gerade jetzt an Suzanne zu denken. Erst einige Stunden später, als ich auf dem Nachhauseweg noch einmal im Café vorbeifuhr – es war schon Morgen, alle waren fort, nur er stand regungslos an der Theke, neben der Wirtin, die von Zeit zu Zeit den Kopf auf die Brust sinken ließ, für einen Moment in den leichten Schlaf alter Leute fiel und, wenn sie dann aufschreckte, gähnte und hastig murmelte: »Ach, du mein Gott« –, erzählte er mir, Suzanne heirate einen Ausländer, einen russischen Kosaken. Ein paar Tage darauf sagte sie mir das selber, als ich sie um kurz nach fünf, im Morgengrauen nach einer kalten Herbstnacht, allein im Café an einem Tisch sitzen sah. Sie machte einen erschöpften Eindruck, hatte Schatten unter den Augen. »Du siehst müde aus«, sagte ich, als ich an ihr vorbeiging, »du musst dich ausruhen.« Sie nickte und begann ein Gespräch; ich setzte mich nicht, sondern blieb an ihrem Tisch stehen. »Stimmt es, dass du heiratest?« »Ja, das stimmt.« Sie sagte, sie sei dreiundzwanzig, ihre Mutter habe in dem Alter schon vier Kinder gehabt, sie wolle leben wie alle anderen auch; doch nun habe sie mehr zu tun als sonst, denn in zwei Wochen sei die Hochzeit. Ihr Bräutigam wusste nicht, was sie arbeitete; sie war von dem Wunsch beseelt, möglichst viel Geld mit in die Ehe zu bringen, wie sie sich ausdrückte, deshalb schonte sie ihre Kräfte nicht, und an den Tagen, an denen sie ihren Bräutigam nicht sah, ging sie um vier Uhr nachmittags auf die Straße und kam zwischen vier und fünf Uhr morgens heim – daher auch ihr extrem müdes Aussehen, das mir aufgefallen war. Dann beschrieb sie mir ihren Bräutigam und zeigte mir sein Photo, das sie in der Handtasche mit sich herumtrug – diese Tasche hatte sie immer bei sich, in allen Zimmern, zu denen sie mit ihren Freiern hochstieg; und von der Berührung mit den Banknoten, mit denen sie bezahlt wurde, war die Photographie allmählich matt und grau geworden. Sie zeigte einen strahlenden jungen Mann, dessen Gesicht aufgrund eines besonderen Tricks bei der Retusche einen heiteren und zugleich hölzern-noblen Ausdruck hatte:

»Das ist ja allerhand!«, platzte ich heraus – ich hatte Fedortschenko erkannt.

»Kennst du ihn?«, fragte Suzanne. »Wirst du ihm auch nichts von mir erzählen? Denn er weiß nichts, verstehst du?«

»Denkt er, dass du noch Jungfrau bist?«

»Nein, aber du verstehst schon, sag ihm bitte nichts.«

»Gut, versprochen. Und wenn ich euch zusammen treffe, sehe ich dich zum ersten Mal, das geht in Ordnung«, sagte ich.

Vor der Hochzeit musste sich Suzanne noch einer intensiven Behandlung unterziehen – da irgendein Saukerl, wie sie sagte, sie kurz vorher angesteckt hatte –, Vorbereitungen wurden getroffen, Briefe an die Verwandtschaft geschrieben, und am Festtag saßen um den langen Tisch in einem angemieteten Saal, in dem eher ärmlichen Viertel, wo Suzanne sich eine Wohnung genommen hatte, ihre Angehörigen, die Hunderte von Kilometern aus dem Dorf hergereist waren und ihre Sonntagskleider und ihre wettergegerbten reglosen Bauerngesichter mitgebracht hatten. Fedortschenko hatte weder Verwandte noch enge Freunde, er hatte aber einen älteren Russen von sehr respektablem Äußeren eingeladen, der Wassiljew hieß. Nach einigen Gläsern Wein begann dieser, ohne seine schickliche Haltung einzubüßen und nur bisweilen von einem eigentümlichen lautlosen Schluckauf geschüttelt, mit leiser vertraulicher Stimme zu erzählen, die Bolschewiken würden ihm seit langem ihre Emissäre schicken, jawohl, ihre Emissäre – das hörte sich an, als käme von Zeit zu Zeit eine ehrwürdige Delegation in Uniformen von speziellem Emissär-Schnitt zu ihm gereist –, doch er bleibe standhaft. Das erklärte er ebenso zungenfertig auf Russisch wie auf Französisch, schnupperte mit Kennermiene an dem schäbigen Wein und behielt in jeder Lage ein nobles und bescheiden-bedeutendes Aussehen bei. Diesem grotesken Menschen, der schon damals erste Symptome eines sachten Irrsinns aufwies, stand es bevor, in Fedortschenkos Leben eine sehr gewichtige Rolle zu spielen.

Außer Wassiljew war von der Seite des Bräutigams niemand auf der Hochzeit zugegen; Suzanne erklärte ihren Verwandten sogleich, ihr Mann sei Ausländer, seine Familie sei in der Heimat geblieben, er habe beschlossen, hier in Paris eine neue Familie zu gründen. Diese Einzelheiten verloren im übrigen jede Bedeutung, nachdem eine Menge Wein getrunken worden war und Fedortschenko mit den Anwesenden Küsse tauschte. Nach einer weiteren Stunde begann man zu singen, Fedortschenko kletterte auf einen Stuhl und dirigierte, Suzanne krähte mit schriller Stimme – und in dem allgemeinen Tumult bewahrte nur Wassiljew, stockbetrunken, seine feierlich-schickliche Manier; aber auch er war schon in einem solchen Zustand, dass er keinen zusammenhängenden Satz mehr herausbringen konnte, obwohl er immer noch versuchte, ganz leise von seinen Emissären zu erzählen. Ich war zufällig auf dem Bankett, denn ich hatte, als ich nachts durch die betreffende Straße fuhr, einige Taxis gesehen, die an einem erleuchteten Aufgang auf Gäste warteten. Ich stellte mich hinten an, ohne zu wissen, was das für Gäste waren, meine Kollegen sagten, es sei eine Hochzeit, und ich ging mit einem von ihnen die Treppe hoch, um nachzusehen, ob dort viele Leute waren. An der Tür stehengeblieben, erblickte ich Suzanne, auf beiden Seiten zugleich umwogt von einem echten weißen Schleier, Fedortschenko in einem Smoking, den er bei einem jüdischen Schneider in der Rue du Temple geliehen hatte – der Smoking hatte zu kurze Ärmel und aberwitzig schmale Revers –, und Suzannes Verwandte, wie holzgeschnitzte Bauern in Stadtkleidung, die das Wunder des Alkohols plötzlich zum Leben erweckt hatte. Außer Rand und Band, schrie Fedortschenko Wassiljew auf Russisch zu: »Halt fest, Matrose, halt fest!«, und Wassiljew, bleich und betrunken, nickte würdevoll. Suzanne lachte und kreischte unaufhörlich, sie und Fedortschenko küssten sich ständig und verschmierten das Karminrot, mit dem ihre Lippen dick geschminkt waren, auf ihrem ganzen Gesicht. »Das ist mal eine Hochzeit!«, sagte der Chauffeur beifällig, der mit mir dem Bankett zusah. Gegen Morgen war alles zu Ende, die Gäste wurden heimgefahren – und am nächsten Tag begann für Fedortschenko ein neues Leben.

Er und Suzanne zogen in ein neues Haus in einem gerade erst erbauten Viertel von Paris; das Gebäude war aus hohl klingendem Stahlbeton errichtet, der von allen Seiten Geräusche durchließ, es gab einen Lift, der hartnäckig ruckelnd aufwärts fuhr, gläserne Lampenschirme in Tulpenform und lächerlich winzige Bäder. Mit dem Geld, das sie besaßen, eröffneten Fedortschenko und Suzanne eine kleine Werkstatt für das Färben und Reinigen von Textilien aller Art. Auf dem hölzernen Ladenschild stand in erhabenen goldenen Großbuchstaben SUZY, unterstrichen mit einer schnurgeraden Linie, die vom Ende des Wortes zum Anfang verlief. Suzanne nahm die Aufträge entgegen, Fedortschenko lieferte die Kleider und sonstigen Artikel an die Kunden. Er sprach nun von teuren Materialien, kostspieligen Farbstoffen, Schwierigkeiten bei der Arbeit, davon, dass er in seiner Eigenschaft als Kaufmann in diesem Viertel verpflichtet sei, die Preise nicht zu verderben. Er sprach auch davon, wie schwer es für ihn gewesen sei, sich hochzuarbeiten; die Uhr, die er in seinem ersten Jahr in Frankreich gekauft und bisher nur sonntags aufgezogen hatte, zog er jetzt täglich auf. Mit demselben erstaunlichen Anpassungsvermögen wie damals, als er zehn Stunden am Tag in der Fabrik arbeitete und meinte, er lebe doch recht gut, schlüpfte er in seine neue Rolle; er schaffte sich eine Angel an, ging damit an die Seine, fuhr jeden Sonntag mit Suzanne, die rasch an Gewicht zulegte, ins Grüne – und hätte sich unweigerlich und unwiederbringlich in einen durchschnittlichen französischen Kaufmann verwandelt, wären nicht gewisse Umstände, die, vor vielen Jahren eingetreten, seither längst vergessen und also scheinbar folgenlos, überraschend wirksam geworden.

In dieser Phase seines Lebens sah ich Fedortschenko recht häufig; einmal traf ich ihn am Samstag, am frühen Abend, in der Nähe der Porte d'Auteuil; er kam mit Suzanne daher, und beide trugen einen Stuhl auf der Schulter. Von den verwunderten Blicken der Passanten begleitet, schritten sie schweigend ihres Wegs, anscheinend ohne ringsum etwas wahrzunehmen, es war ein stiller, ziemlich heißer Sommerabend, kurz vor Sonnenuntergang. Ich grüßte und fragte Fedortschenko, warum er den Stuhl trage, ob er umziehe. Er sagte, nein, er gehe bloß im Bois de Boulogne frische Luft schnappen. »Und wozu der Stuhl?« Er schlug mir auf die Schulter und erklärte gönnerhaft – wobei er andeutete, ich verstünde nicht recht zu leben –, die Stühle seien dazu da, um im Wald darauf zu sitzen, denn für einen Stuhl, der dort verliehen werde, müsse man 35 Centime zahlen. Suzanne, die mich nach ihrer Heirat siezte und wie mit einem entfernten Bekannten mit mir redete, allerdings recht höflich, bestätigte lächelnd und mit ihrem Goldzahn blitzend, das sei eine Idee ihres Mannes, und sie finde sie sehr gut. Ich verabschiedete mich und sah ihnen lange nach; sie marschierten die gerade Straße hinunter, entfernten sich immer weiter von mir, und über ihren Köpfen ragten dunkel die leicht geschwungenen Stuhlbeine in die Luft, und von weitem konnte man sie für zwei kurz geratene Geweihträger einer unbekannten Art halten.

Suzanne musste nach ihrer Heirat auf alle früheren Kontakte verzichten, Fedortschenko hatte ohnehin nie Freunde gehabt, und so lebten sie eine Zeitlang zu zweit, bis Wassiljew anfing, sie zu besuchen; Fedortschenko hatte ihn einmal eingeladen, und seitdem ging er bei ihnen ein und aus. Er bezog ein kleines Hotelzimmer in ihrer Gegend und kam täglich; stets erschien er mit zwei Flaschen Wein, die man zu dritt zum Essen trank, und setzte Fedortschenko und Suzanne viele Abende lang seine komplizierten politischen und philosophischen Theorien auseinander. Sein ganzes Leben hatte nur insofern einen Sinn, als es einen täglichen und unermüdlichen Kampf gegen dunkle Mächte darstellte, von denen der Bolschewismus an erster Stelle stand. Er erzählte Fedortschenko und Suzanne verworrene Legenden, die er dem Talmud entnommen haben wollte, er kannte ein irrwitziges, extrem strenges Regelwerk auswendig, nach dem sich angeblich das Weltjudentum richtete – und naiv, wie er war, glaubte er fest an jeden Unsinn, den er irgendwann einmal gehört oder gelesen hatte. Seine begrenzten Verstandeskräfte wurden außerdem von einem phänomenalen Gedächtnis behindert, dessen zahllose Details ihm das Hirn verstopften. Er kannte die Geschichte aller politischen Morde, von denen er besonders gern erzählte, mitsamt den jeweiligen Motiven, den Biographien der Täter, den Namen der Untersuchungsrichter, ihrem Familienleben, den Spitznamen der Gefängnisaufseher, der Deportationsroute nach Sibirien und den Liebesromanzen der Verteidiger – mit einem Wort, in seinem Kopf saß eine ganze starre, unheilvolle Welt, durchtränkt von Blut und Terror. Dabei hatte er in seinem ganzen Leben noch nie an einer politischen Aktion teilgenommen und niemandem je etwas Böses zugefügt; doch seine Phantasie und sein Gedächtnis beschäftigten sich, wie ein Anatomisches Theater oder ein Gruselkabinett, seit Jahren ausschließlich mit einer endlosen Serie von Verbrechen, Greueltaten und Morden. Damals wurde sein sachter, ansteckender Wahnsinn allmählich sichtbar. Suzanne fürchtete sich instinktiv und unwillkürlich vor dem harmlosen Mann, wie ein Hund sich vor Gewitter fürchtet, ihr war in seiner Gegenwart unheimlich, doch sie wagte nicht, etwas zu sagen, ihres Mannes wegen, der Wassiljews Erzählungen gierig lauschte, während ihm das Blut ins Gesicht stieg und er purpurrot anlief. Wassiljew zeigte damals schon die ersten Symptome von Verfolgungswahn; er wisse, sagte er, dass man ihm nachspioniere, und manchmal erschien er – statt wie üblich in dunkelblauem Mantel und Hut – mit Schlägermütze und grauem Mantel, aus Furcht, erkannt zu werden; er besuchte alle politischen Versammlungen, saß in der Ecke, meldete sich aber nicht zu Wort, weil er, wie er sagte, inkognito dort war. »Es gibt Leute, die viel Geld bezahlen würden, um zu erfahren, wer ich bin«, sagte er zu Fedortschenko. Kurz, in seinem Leben war die Zeit gekommen, wo die ganze Abfolge von Morden, die er so lange in sich getragen hatte, wo dieses ganze stumme Grauen seiner Phantasie nun endlich blitzartig auftauchen und in seiner überwältigenden Mannigfaltigkeit vor ihn hintreten musste, und das konnte nur eines nach sich ziehen – das Alpha und Omega dieser tragischen Serie –, den Tod. Doch noch war er erst auf halbem Weg dorthin.

Fedortschenko glaubte rein gar nichts von dem, was sein neuer Freund ihm erzählte – nicht weil er irgendwelche Fakten entgegenzusetzen gehabt hätte, sondern weil sein angeborenes bäuerliches Misstrauen ihm das verbot. Überhaupt konnte er sich nur schlecht menschliche Handlungen vorstellen, deren Anreiz nicht der Eigennutz war; in jedem selbstlosen Verhalten suchte er zielsicher die schlichtesten Beweggründe, und wenn er sie nicht fand, saß er fest. Bis dahin hatte er keinen Gedanken an Dinge verschwendet, die ihn nicht unmittelbar betrafen, und deshalb war sein Leben so leicht, so komplikationslos gewesen. Das Einzige, was ihn hätte unglücklich machen können, wäre Suzannes Weigerung gewesen, mit ihm zu leben. Doch kraft einer glücklichen Fügung kam es so, dass von den einigen Tausend Männern in Suzannes Leben und ihren fünf oder sechs echten Geliebten ausgerechnet Fedortschenko derjenige war, den sie brauchte. Sie ordnete sich ihm derartig unter, dass sie in seiner Gegenwart unwillkürlich seine Sprachschnitzer und seine eigentümliche, nicht-französische Intonation nachahmte – und erst wenn er fort war, gewann ihre Rede wieder den üblichen Klang der Pariser Straße, den Klang vom Boulevard de Ménilmontant, von Belleville, der Rue de la Gaîté und den Pariser Arbeitervororten, der sich mit ihrer eigenen, schwerfälligen Auvergner Mundart mischte. Von dieser Seite brauchte Fedortschenko also keine Enttäuschung zu befürchten. Noch besser sah es für ihn in materieller Hinsicht aus.

Einmal traf ich ihn nachts im Café; er schien vollkommen betrunken zu sein, auf eine besondere, grimmige Art.

Er rief mich an die Theke und sagte gleich, in einem Gemisch von Russisch und Französisch, wie schwer es ihm falle, in dieser Welt zu leben, *dans cette monde*; er hatte immer noch nicht gelernt, das männliche und weibliche Geschlecht im Französischen zu unterscheiden.

»Sie trinken zu viel, das ist es«, gab ich zur Antwort.

»Sie verstehen mich auch nicht. Verstehen Sie doch«, er wurde laut und schlug mit der Faust auf den Tisch, »alles, was ich auf dieser Welt liebe, ist dort«, und er starrte zur Decke. Ich hob unwillkürlich den Kopf und sah angerußten Kalk, Stuckvasen und runde elektrische Lampen.

»Da, die Friedlichkeit des Nachthimmels«, sagte Fedortschenko, »dahin drängt es meine Seele. Die Menschen!, die verachte ich.«

Er sprach weiter, konfus von einem Gegenstand zum anderen wechselnd, erinnerte sich aus irgendeinem Grund daran, dass man ihm auf dem Gymnasium mit Spott begegnet war, erinnerte sich sogar an den Spitznamen »Graf Fedortschenko«, den ihm jemand gegeben hatte, und sagte:

»Aber ich – ich will mich nicht an ihnen rächen. Mich kann nichts mehr locken, nur noch Friedlichkeit.« Dann überredete er mich, ihn heimzufahren, und als wir vor seiner Haustür standen, lud er mich ein, mit hinaufzukommen und Tee zu trinken.

»Was für einen Tee, zum Teufel«, sagte ich, »es ist schon nach vier Uhr. Gehen Sie schlafen.«

»Kommen Sie, kommen Sie«, murmelte er in betrunkener Euphorie und zupfte mich am Ärmel. »Gehen Sie schlafen«, wiederholte ich.

Er winkte plötzlich ab und lehnte sich an die Wand. Ich machte zwei Schritte auf das Auto zu und hielt inne. In der aufschimmernden Stille der Morgendämmerung war zu hören, wie er schluchzte und etwas brabbelte, was ich nicht verstehen konnte, das einzige, was ich heraushörte, war das Wort »wozu«, das er einige Male hervorstieß. Ich zuckte die Achseln und fuhr davon.

Ein paar Monate später, ich ging gerade die Straße entlang, spürte ich plötzlich eine schwere Hand auf meiner Schulter.

Ich drehte mich um und erblickte Fedortschenko. Er war allein, sehr ordentlich gekleidet und stocknüchtern; doch mich frappierte der Ausdruck seiner Augen, in denen, eingefroren, ein fernes Erschrecken zu liegen schien – oder jedenfalls etwas, was dem sehr ähnlich war.

»Ich will schon lange mit Ihnen reden«, sagte er ohne jede Begrüßung. »Gehen wir ins Café, wenn es Ihnen recht ist.«

Es war früh am Abend, auf den Champs-Élysées. An uns vorbei zog ein dichter Strom von Menschen, die ihrem Vergnügen nachgingen. Wir setzten uns auf die Terrasse.

»Also, was ich wissen wollte«, begann Fedortschenko, »ich möchte Ihnen eine Frage stellen. Können Sie mir nicht erklären, wozu wir leben?«

Ich sah ihn erstaunt an. Sein Gesicht zeigte einen nachdenklichen Ausdruck, der bei ihm extrem unnatürlich, ja derart unerwartet und ungereimt war, dass er ebenso fehl am Platze schien wie ein Schnurrbart auf dem Gesicht einer Frau. Doch es war nicht im entferntesten komisch, es war überhaupt nicht lustig, und mich beschlich ein unheimliches Gefühl. Mir kam in den Sinn, dass ich mit diesem Mann nicht gerne allein wäre, und ich schaute mich unwillkürlich um; alle Nachbartische waren besetzt, gleich neben uns erzählte ein sehr gut gekleideter älterer Herr mit leicht nach links verrutschter Perücke zwei Damen, die frisch aus dem

Schaufenster eines Modegeschäfts zu kommen schienen und sogar in den künstlichen Posen von Modellpuppen dasaßen, wie er mit jemandem geredet hatte. »Stellen Sie sich vor, sage ich zu ihm, mein armer Freund ... Er sagt zu mir: Aber erlauben Sie ... Ich gebe zur Antwort: Hören Sie ...«

»Keine Ahnung«, sagte ich, »die einen haben dieses Ziel, die anderen jenes. Im Allgemeinen, denke ich, weiß man nicht, wozu.«

»Sie wollen es mir also nicht sagen?«

»Mein Lieber, ich weiß davon genauso viel wie Sie.«

Er saß mir mit verdüstertem und angespanntem Gesicht gegenüber.

»Da leben die Menschen«, sagte er angestrengt, »Sie zum Beispiel leben auch. Aber sagen Sie mir bitte, auf welchen Punkt bewegen Sie sich zu? Oder auf welchen ich? Oder gehen wir vielleicht rückwärts und wissen es nur nicht?«

»Gut möglich«, antwortete ich, um irgendetwas zu sagen. »Aber im Grunde finde ich, man sollte sich darüber nicht den Kopf zerbrechen.«

»Aber was soll man denn tun? Das kann man doch nicht so lassen.«

»Hören Sie«, sagte ich ungeduldig. »Hol's der Teufel, Sie haben doch bisher völlig normal gelebt, haben gearbeitet, gegessen, geschlafen, gerade erst geheiratet. Was brauchen Sie denn noch? Von der Philosophie lassen Sie besser die Finger, das ist nicht Ihre Kragenweite, verstehen Sie?«

»Wassiljew sagt«, brachte Fedortschenko hervor und sah sich nach allen Seiten um, »dass ...«

»Wassiljew fällt demnächst ins Delirium«, sagte ich, »was er sagt, kann man nicht ernst nehmen.«

»Aber wenn er etwas denkt, dann existiert das, was er denkt, doch auch?«

Ich zuckte die Achseln. Fedortschenko verstummte, sackte in sich zusammen und starrte regungslos auf den Boden. Ich zahlte beim Garçon und verabschiedete mich. »Wie? Was?«, sagte er und hob den Kopf. »Ja, ja, auf Wiedersehen. Entschuldigen Sie, wenn ich Sie belästigt habe.« Während des Gehens überlegte ich, dass sich Fedortschenkos momentaner Zustand offenbar in erster Linie durch Wassiljews täglichen Einfluss erklären ließ. Wenigstens war das der äußere Anlass für sein plötzlich erwachtes Interesse an abstrakten Fragen, das ihm bisher völlig fremd gewesen war. Er konnte nicht glauben, was Wassiljew erzählte; und alles, was ihm dieser trinkende Verrückte vom Kampf der Mächte des Dunkels und des Lichts und von seinem Steckenpferd, den Morden, berichtete, verstand er auf seine Weise; plötzlich begann er an der Richtigkeit des Weltbildes zu zweifeln, mit dem er bisher unbewusst gelebt hatte. Erklären konnte er das nicht; die fehlende Gewohnheit und die Unfähigkeit, mit abstrakten Begriffen umzugehen, hinderten ihn daran zu erzählen, was in ihm vorging. »Wie ein Geschwür an der Seele«, pflegte er später zu sagen. Doch während sich immer klarer abzeichnete, dass er diese Zweifel mit keinen Mitteln würde ausräumen können, wurde der Zwang, sie auszuräumen, immer dringlicher für ihn. Er war unfähig zu irgendeinem Kompromiss oder zur Bildung einer illusorischen und tröstlichen Theorie, die ihm suggeriert hätte, die Antwort sei gefunden – er konnte sich keine Theorie ausdenken. Dabei brauchte er sie wie die Luft zum Atmen, und er ahnte dunkel, dass er, seit ihn die ersten Zweifel beschlichen hatten, an Leib und Leben bedroht war. Er glich einem Mann, der mit verbundenen Augen über ein schmales Brett ohne Geländer geht, von einem Dach eines mehrstöckigen Hauses zum anderen, der ruhig dahergeht und an nichts denkt – und plötzlich fällt ihm die Binde von den Augen, und er sieht den leicht bläulichen, schwankenden Raum neben sich, mit dem kaum merklichen Sog hinab, links und rechts – wie zwei Flüsse aus Luft an den Seiten.

Ein paar Tage später bekam ich von ihm eine schriftliche Einladung zum Diner, und obwohl ich wusste, wie unnötig der Besuch war, ging ich hin, meiner üblichen Neugier auf Dinge folgend, die mich nichts angingen. Sie saßen bei Tisch – Wassiljew und Fedortschenko. Suzanne öffnete mir die Tür und war so maßlos erfreut über mein Kommen, dass ich, als wir noch in der Diele standen, herausplatzte:

»Was hast du denn? Hältst du mich für einen Freier?«

»Jemand, den ich kenne«, murmelte sie, ohne auf mich zu hören, »und der nicht verrückt ist, was für ein Glück!«

Im Esszimmer stand eine marmorgefasste Uhr auf dem Kamin, die halb zehn zeigte, obwohl es acht war, und neben der Uhr lag ein sattgrüner Marmorpanther; darüber hing an der Wand eine große Photographie im Goldrahmen, die Fedortschenko und Suzanne an ihrem Hochzeitstag zeigte; sie standen in der Bildmitte, umgeben von den runden Konturen der Retusche, die wie realistische Wolkenränder aussahen. Der große Tisch ruhte auf nur einem Bein, geformt wie ein auf den Kopf gestellter, abgeplatteter Kegel – was Wassiljew wenig Platz ließ, so dass er seine langen Beine unter den Stuhl zog. An den Wänden gab es noch einige Öldrucke mit nackten, rosig-weißen Schönheiten.

Wassiljew erwiderte meinen Gruß, ohne seine würdevolle Miene abzulegen. Sein Reden wurde durch meine Ankunft für einen Moment unterbrochen, doch er nahm es sogleich wieder auf. Manchmal warf er den Kopf zurück, und dann sah man wie bei einer Leiche das gelbliche Weiß seiner Augen aufscheinen. Er schilderte wieder einmal die Verschwörung gegen irgendeine Regierung in Sibirien zur Zeit der Revolution und referierte gerade, seiner Gewohnheit folgend, in allen Einzelheiten die Lebensdaten eines Hauptmanns des Rjasaner Regiments – bildhübscher Junge, groß und blond, makelloses Dienstzeugnis; der Vater, geistlicher Hintergrund, aus dem Gouvernement Orlow, war Mathematiklehrer, zunächst in den höheren Klassen einer Realschule, dann ... etc. Sobald er diese Dinge auf Russisch erzählt hatte, übersetzte er sie ins Französische, für Suzanne, die weder vom Rjasaner Regiment noch vom Mathematiklehrer noch vom Gouvernement Orlow noch von irgendeiner Regierung in Sibirien jemals etwas gehört hatte Wassiljew sprach, als läse er aus einem Buch vor, und imitierte sogar den Erzählstil historischer Groschenromane:

»Die Verschwörer waren am vereinbarten Ort versammelt. Punkt viertel vor elf ertönte ein Klopfen an der Tür, und ins Zimmer trat mit raschen Schritten Hauptmann R. ›Meine Herren‹, sagte er, ›die Zeit zum Handeln ist gekommen. Unsere Leute sind bereit.‹«

Und gleich darauf übersetzte er für Suzanne.

»Es ertönte das Scharren zurückgeschobener Stühle ...«

Ich schaute mir diesen Verrückten genau an. Die Augen mal geöffnet, mal geschlossen, perorierte er mit monotoner Stimme, die sich veränderte, wenn er direkte Rede wiedergab. Sein Französisch war sehr sauber und exakt, mit schwachem Akzent, mit einer etwas schleppenden Intonation, und er benutzte meistens das Passé composé. Fedortschenko lauschte ihm gespannt. Suzanne rutschte auf ihrem Stuhl hin und her und sah mich verzweifelt an. Sie nutzte einen Moment, als Wassiljew sich zu ihrem Mann umdrehte, und wisperte mir zu:

»Ich kann nicht mehr! Ich kann einfach nicht mehr!«

Doch Wassiljew war nicht zu stoppen. Ich unterbrach ihn ein paar Mal und begann über etwas anderes zu reden; er verstummte, nutzte jedoch die erste Pause, um seine endlose Geschichte wieder aufzunehmen, die erst mit seinem Tod enden würde. Ich ging am späten Abend. Wassiljew verließ mit mir das Haus, er hatte den Mantelkragen hochgeschlagen und den Hut in die Stirn gezogen. Ich musste lächeln:

»So, wie Sie aussehen, ähneln Sie einem Helden aus einem Mantel-und-Degen-Roman«, sagte ich zu ihm.

»Sie würden nicht scherzen«, antwortete er, »wenn Sie wüssten, welcher Gefahr ich mich täglich aussetze.«

Diesen Satz kannte ich. Mir war auch bekannt, dass der Mann sich von keinerlei Zureden beeinflussen ließ, aber ich sagte trotzdem, meiner Meinung nach mache er sich umsonst Sorgen, denn da er niemandem geschadet habe, sich nicht politisch betätige und kein namhafter Revolutionär oder Konterrevolutionär sei, riskiere er wohl kaum mehr als jeder andere Sterbliche. Er hörte mich geduldig an. Wir waren schon beim Hotel angekommen, wo er wohnte. Es begann zu tröpfeln.

»Die Emissäre«, sagte er, »die unlängst …«

Und ich verspürte eine unüberwindliche Schwermut. Ich stand nicht weit vom erleuchteten Hotelaufgang und sah in den mittlerweile herabströmenden Regen, und er hielt mich am Ärmel und redete immer weiter von Emissären, von Gegenspionage, vom Tod irgendeines Großfürsten in Moskau, von Sawinkow und einem seiner Mitstreiter, von einem Levantiner, der ihn, Wassiljew, verfolge, einem Mann mit brauner Haut und schwarzem Bart, den er nacheinander in Moskau, Orjol, Rostow, Sewastopol, Konstantinopel,

Athen, Wien, Basel, Genf und Paris gesehen habe. Endlich gelang es mir, seine Hand zu ergreifen, die vor permanenter innerer Erregung feucht war, sie zu drücken und mit einer Entschuldigung zu gehen – und ich schwor mir, in Zukunft jede Begegnung mit ihm oder Fedortschenko zu vermeiden und möglichst zu vergessen, dass es sie gab.

Doch zwei Wochen später ertönte morgens, als ich noch im Bett lag, schrill die Klingel. Ich zog Bademantel und Schuhe an und ging öffnen. Ich dachte, es sei einer der üblichen Schnorrer, die herkamen und um Geld baten, indem sie sich auf Arbeitslosigkeit und eine zerrüttete Gesundheit beriefen, und fortgingen, nachdem sie zwei Franc erhalten hatten; ich wusste, dass mein Name und meine Adresse einen der letzten Plätze auf der geheimnisvollen Nichtabweiser-Liste einnahmen, die unter den meisten Schnorrern kursierte. Es gab sie in zahlreichen Varianten; einige Adressen, vor allem die von reichen und großzügigen Menschen, waren sehr teuer, andere kosteten weniger, wieder andere wurden einfach so weitergegeben, als Freundschaftsdienst. Dass ich einen der letzten Plätze belegte, wusste ich von einem gutmütigen alten Säufer, der nach dem ersten Glas Wein redselig geworden war.

»Sie kann man günstig kaufen«, sagte er leicht herablassend, »für, sagen wir, fünf Franc, und wenn der andere angesäuselt ist, auch für glatte drei. Mein lieber Mann, wir wissen, dass Sie selbst kein Geld haben. Warum geben Sie diesen Kanaillen bloß was?« Ich zuckte die Achseln und antwortete, die zwei Franc, die ich normalerweise gäbe, machten mich nicht arm, und wenn jemand betteln gehe, sei anzunehmen, dass er das nicht zum Vergnügen mache. »Spaß macht es nicht gerade, da haben Sie recht«, sagte er, »trotzdem ist es verkehrt, allen ohne Unterschied zu geben. Mein lieber Mann, Sie sind noch jung, daran liegt's.« Und er ging, nachdem er zwei Franc von mir bekommen hatte.

Noch halb im Schlaf gegen die Wände torkelnd – ich hatte mich wie üblich kurz nach sechs hingelegt, und jetzt war es nicht später als neun –, tappte ich zur Tür, suchte eine Münze heraus, öffnete und erblickte Suzanne.

»Bist du allein?«, fragte sie ohne Gruß. »Ich möchte mit dir reden.«

Sie trat ins Zimmer, sah sich um, dann setzte sie sich in den Lehnstuhl und steckte sich eine Papirossa an.

»Wer ist das auf dem Bild?«, fragte sie. »Deine Geliebte? Sie ist schön.«

Ich wollte schlafen.

»Bist du hier, um mich über das Bild auszufragen?«

»Nein, nein«, antwortete sie, und ihre Stimme veränderte sich plötzlich. »Ich bin hier, weil ich dich um einen Rat bitten will. Ich halte das nicht länger aus.«

»Das ist mir völlig schnuppe«, sagte ich. »Mich geht das nichts an, und außerdem will ich schlafen. Komm abends wieder.«

»Nein, nein«, sagte sie erschrocken, »du kennst mich schon so lange, du musst mir einfach zuhören.«

»Das ja, ich kenne dich schon lange«, sagte ich. »Und den Preis für deine Tugend kenne ich auch.«

»Hör mir zu«, wiederholte Suzanne, und zum ersten Mal in der ganzen Zeit klang ihre Stimme menschlich in meinen Ohren. »Du weißt, dass ich glücklich war.«

»Erzähl mir nicht dein Leben, darauf kann ich verzichten.«

»Hör zu, du weißt, dass ich nur eine arme Frau bin und keine Bildung habe wie der alte Irre, den ich irgendwann umbringe, weil er mir mein Glück kaputtgemacht hat.«

»Wenn dich stört, dass er gebildet ist – dagegen kannst du nichts tun.«

»Nein, hör zu, ich erzähl's dir.« Und sie erzählte mir genau, wie sich alles abgespielt hatte. Ich unterbrach sie ein paar Mal, wenn sie mit gerührter, leicht zitternder Stimme von ihrem Glück sprach: »Wir waren glücklich, hatten uns eingerichtet, die eigene Wohnung, die eigenen Möbel.« Ich dachte an den grünen Marmorpanther und die rosigen Frauen an den Wänden. Die Situation ließ nach Suzannes Worten keine Wünsche offen, auch im Hinblick auf ihre materielle Lage konnten sie sich nicht beklagen, zumal Suzanne heimlich zwei Abende die Woche arbeitete, natürlich weit weg von ihrem Viertel und auch von den Orten, wo man sie früher gekannt hatte. Ihr Mann betete sie an, sie betete ihren Mann an. »Schon gut«, sagte ich. So war es, bis Wassiljew auftauchte. Er kam eines Abends zu Besuch, aß mit ihnen und setzte zu seinem üblichen Monolog an, der bis tief in die Nacht dauerte. Seitdem kam er jeden Abend. Anfangs ärgerte Suzanne sich nur darüber, dass ein Esser mehr am Tisch saß.

»Nimm dir eben einen Freier mehr«, sagte ich, mit den Achseln zuckend, »so holst du die Ausgabe wieder rein.«

Mit seinen Erzählungen, die er unerbittlich für sie ins Französische übersetzte, konnte Suzanne nichts anfangen. »Morde ohne Ende«, sagte sie verzweifelt, »dann Namen, die ich nicht kenne, und irgendwelche Ideen.«

Aus ihrer Schilderung wurde klar, dass die endlosen Morde, von denen Wassiljew immer sprach, nicht sein einziges Thema waren, er führte auch alle möglichen Gedanken und Zitate von Nietzsche an, dessen Namen Suzanne sich sogar gemerkt hatte; sie fragte mich, ob ich von jemandem gehört hätte, der *Niche* oder so ähnlich heiße, anscheinend ein Deutscher. Ich nickte. Lange nahm sie das alles widerspruchslos hin, auch, dass die Aufmerksamkeit ihres Mannes vollständig von Wassiljew und seinem Gerede beansprucht wurde und er an sie, Suzanne, überhaupt nicht mehr dachte. »Er schläft nicht mal mehr mit mir«, sagte sie. Als sie endlich versuchte, mit ihm darüber zu sprechen, geriet er in ungeheure Wut und schrie, sie begreife nichts, es gebe Sachen, die seien wichtiger für ihn als ihre Liebe und ihr privates Glück. Da erschrak sie.

Das ging nun schon mehrere Monate so und wurde seit kurzem vollends unerträglich, nachdem – Suzanne wirkte nervös, als sie davon sprach, ihre Augen weiteten sich vor Angst – ein russischer General entführt worden war. »Hast du davon gelesen? Warum haben sie ihn entführt?« Ich antwortete, ich wisse es nicht. Wie Suzanne berichtete, hatten Fedortschenko und Wassiljew sich danach Revolver gekauft – »wie du dir denken kannst«, sagte sie, »habe ich für die Schießeisen bezahlt« –, gingen kaum noch aus dem Haus, tranken die ganze Zeit Rotwein und redeten. Manchmal verschwanden sie mitten in der Nacht, und Fedortschenko kam am späten Vormittag zurück, mit trüben Augen und gelbem Gesicht. Über das Wichtigste konnte Suzanne jedoch nichts Zusammenhängendes sagen. Ihren Worten und der Art, wie sie sich nach allen Seiten umsah, als sie davon sprach – in meinem Zimmer, wo wir zu zweit waren und keiner uns hören konnte –, konnte man entnehmen, dass sie die ganzen letzten Tage in unklarer panischer Angst lebte. Obwohl sie mit Wassiljews unheilvoller Metaphysik des Terrors und des Todes nichts anfangen konnte, spürte sie instinktiv eine Katastrophe heraufziehen, und eine Art tödliche Ermattung ließ sie nicht mehr los.

»Ich ersticke da drin«, sagte sie, »ich werde verrückt.«

Sie saß im Lehnstuhl, ihre Lippe zitterte über dem Goldzahn, in den Augen standen Tränen – sie wischte sich, den Mund geöffnet und den Unterkiefer vorgeschoben, die Augenwinkel. Ich überlegte, dass sie zur Zeit gezwungen war, in einer schier unerträglichen Atmosphäre zu leben, geprägt von einer Philosophie des Mordes und des Todes, von Nietzsche-Zitaten und der Geschichte terroristischer Verschwörungen, betrachtete ihre flache und faltenlose jugendliche Stirn und ihre verweinten Augen – und verspürte jäh Mitleid mit ihr.

»Vielleicht wärest du besser nie von deiner Cafétheke weggegangen und wüsstest nichts von dem russischen General oder von *Niche*, wie du ihn nennst, obwohl er anders ausgesprochen wird. Aber was erwartest du jetzt eigentlich von mir?«

Sie bat mich, ich solle versuchen, auf Fedortschenko einzuwirken, ihm sagen, so könne man nicht leben, und ihm erklären, dass sie, Suzanne, keine Bildung habe und die Fragen nicht beantworten könne, die er ihr ständig stelle: »Warum leben wir? Was ist das – morgen? Warum beschäftigen die Menschen sich mit Kunst? Was ist das – Musik?« Nur auf die letzte Frage hatte sie irgendwie geantwortet – »Musik ist, wenn sie spielen« –, und danach war er wütend geworden und hatte zwei Tage nicht mit ihr geredet und war zum Essen ins russische Restaurant gegangen, wo sie auch ein paar Mal gewesen war und wo kein Mensch Französisch sprach. Dass Leute überhaupt in anderen Sprachen kommunizierten, war für Suzanne fast unbegreiflich, es schien ihr derart unnatürlich, dass sie sich überhaupt nicht an den Gedanken gewöhnen konnte und immer eine Art Verstellung darin sah. Sie bezweifelte ernsthaft, dass man in anderen Sprachen tatsächlich alles ausdrücken könne, was man wolle.

»Nein, was kann man sich schon auf Russisch sagen? Rede keinen Unsinn; das ist noch konfuser als die Entführung von Generälen.«

Das geschah einige Wochen nachdem in Paris ein bekannter russischer General verschwunden war, der während des Bürgerkriegs in Südrussland einen wichtigen Posten in der Weißen Armee innegehabt hatte und an der Spitze der Leute stand, die, über die ganze Welt verteilt, die Reste dieser versprengten Armee darstellten. Die meisten von ihnen verdienten ihren Lebensunterhalt mit schwerer körperlicher Arbeit, sie hatten sich zu einer Union zusammengeschlossen, der der verschwundene General vorstand. Die Zeitungen brachten höchst unglaubwürdige und widersprüchliche Berichte über die Hintergründe der Entführung; die linke Presse behauptete, Mitglieder einer rechten Terrorgruppe hätten den General überwältigt und verschleppt, die rechte bezichtigte die Kommunisten, eine halbpornographische Zeitschrift machte gar romantische Gründe für das überraschende Verschwinden verantwortlich; die Polizei ließ bedeutungsvolle Nachrichten zu allem und jedem veröffentlichen, und aus der Menge und Vielfalt dieser Meldungen ließ sich unschwer der Schluss ziehen, dass die Entführer des Generals den Behörden entkommen würden. Wie üblich bei spektakulären Fällen, erschienen zahlreiche Enthüllungen und Bezichtigungen, es gab Denunziationen und Leserbriefe, alle möglichen Leute legten in Zeitungen und Zeitschriften ihre persönlichen Vermutungen über den General dar, wobei einige die unerwartete Chance, gedruckt zu werden, für autobiographische Bekenntnisse, ja häufig regelrechte Memoiren nutzten – und aus alledem konnte kein Mensch klug werden.

Nach Suzannes Worten interessierte sich Wassiljew enorm

für alles, was das Verschwinden des Generals betraf, er saß stundenlang am Fenster ihrer Wohnung und notierte die Kennzeichen der vorbeifahrenden Autos in ein kleines Heft; er las eine Vielzahl von Zeitungen, in denen er die Artikel über den General rot umrandete, während neben und im Text Frage- und Ausrufungszeichen standen, unter jedem Artikel hieß es »Lüge«, und vor den Namen des Verfassers waren zwei oder drei Sternchen gemalt. Schließlich sagte er eines Abends zu Suzanne, nachdem er die Tür geschlossen hatte und ganz dicht an sie herangetreten war, er kenne das Geheimnis des Verschwindens des Generals, doch dieses Geheimnis nehme er mit sich ins Grab, und wenn Suzanne so unvorsichtig sei, das irgendjemandem gegenüber auch nur mit einer Silbe zu erwähnen, könne er, Wassiljew, nicht mehr für ihr Leben bürgen.

»Immerhin haben wir eine Republik«, sagte Suzanne, weil sie diesen Satz oft gehört hatte, wenn es um Politik ging. Doch Wassiljew entgegnete, das spiele keine Rolle, und nannte als Beispiel den General. Der habe auch gedacht, er lebe in einer Republik.

Erschrocken berichtete sie ihrem Mann davon, und der versicherte, es sei tatsächlich alles so, und er habe sich damit abgefunden.

Der verschwundene General und das, was damit im Zusammenhang stand, die Verdächtigungen, Denunziationen, Artikel, polizeilichen Ermittlungen und die immer deutlichere Präsenz eines unsichtbaren Todes, in der Wohnung, zwischen den Möbeln, neben dem Marmorpanther und den nackten Schönen – das grenzte mehr und mehr an allgemeinen Irrsinn; und das Phantom des Generals begann Suzanne zu verfolgen.

»Mord, Mord, Mord, das ist alles, was ich zu hören kriege,

verstehst du«, sagte sie. Und gleichzeitig konnte und wollte sie nicht weggehen, ihr Geschäft aufgeben und ihren Mann verlassen. »Was soll ich machen, was soll ich nur machen?«, wiederholte sie immer wieder.

»Sag, dass du krank bist, und fahr für einen Monat in dein Dorf.«

»Ich kann das Geschäft nicht im Stich lassen.«

»Dann stell mir keine Fragen und frag mich nicht, was du machen sollst.«

Sie saß in meinem Lehnstuhl und knackte mit den Fingern.

»Wenn du wegfährst«, sagte ich, »hast du die Chance, alt zu werden und an Arteriosklerose zu sterben, wozu du eine Veranlagung hast.«

»Red nicht vom Tod!«, schrie sie auf. Ihr Schrei ging in ein Kreischen über, ich hielt ihr den Mund zu. Sie schlug die Zähne in die eigene Hand, war im Nu vom Stuhl geglitten – dabei rutschte ihr Rock fast bis zur Taille hoch – und wand sich, immer weiter schreiend, auf dem Boden; ihre Schreie wurden von Schluchzern unterbrochen. Ich hob sie auf und legte sie aufs Sofa; sie verlor das Bewusstsein, ich musste ihr ein ganzes Glas kaltes Wasser ins Gesicht schütten. Da kam sie wieder zu sich und sah mich mit wirrem Blick an.

»Verzeihst du mir?«, fragte sie zaghaft. »Ich werde versuchen, deinem Rat zu folgen. Aber kannst du vorher zu uns kommen und mit meinem Mann sprechen?«

Ich weigerte mich kategorisch. Ich empfand eine Art unverständliche und starke Neugier auf diesen ganzen grotesken und tragischen Konflikt, doch gleichzeitig stieg ein ebenso unverständlicher und unbegründeter Abscheu in mir auf, als sollte ich einen Raum betreten, wo ein unerträglicher Verwesungsgestank in der Luft hing. Schließlich ging Suzanne und sagte, sie werde versuchen, in ihr Dorf zu fahren, wisse aber nicht, ob ihr das gelingen werde.

»Rechne nicht auf mich«, sagte ich zum Abschied.

Doch eine geraume Zeit konnte ich sie nicht loswerden. Sie kam zu den ungewöhnlichsten Stunden und blieb lange in meinem Zimmer, manchmal sogar ohne zu reden, bloß um mit einem normalen Menschen zusammen zu sein. Ich konnte ihr nie entlocken, warum sie ausgerechnet mich dazu auserkoren hatte. Eines Tages kam sie und erzählte mir von einem langen Gespräch, das sie mit Wassiljew gehabt hatte. Er hatte ihr mitgeteilt, er wisse schon seit vielen Wochen, dass er beschattet werde. Er berief sich auf unmissverständliche Zeitungsartikel, auf gewisse Indizien, die nur er mit seiner geschärften Aufmerksamkeit habe bemerken können – das Gebaren des Polizeipostens an der Ecke, die täglichen mysteriösen Abwesenheiten der Bäckerin, die in permanentem Telefonkontakt mit Personen stehe, deren Namen er nicht nennen könne etc. Er fügte hinzu, er habe es mit einer sehr mächtigen Organisation zu tun, die keine Ausgaben scheue und ihn unablässig ausspähe, so, wie zahlreiche Scheinwerfer eine getarnte feindliche Befestigungsanlage ausspähten. Diese geheimnisvolle Organisation spare weder Mühe noch Gold – er wisse genau, dass sie die Arbeit ihrer Agenten mit Gold vergüte –, und schließlich sei es ihr gelungen, ihn, wie es schien, von allen Seiten einzukreisen. Eines indessen wüssten diese Leute nicht: dass ihm, Wassiljew, jeder ihrer Schritte bekannt sei.

»Verstehen Sie«, hatte er zu Suzanne gesagt, die verstört und bestürzt seinem ruhigen Wahnsinn lauschte, »die haben alles: Autos, Spitzel, jede Menge Agenten, von der bestochenen Polizei garantierte Straffreiheit, haufenweise

Geld, den Funk, den Telegraphen, all die zahllosen Möglichkeiten, über die eine moderne staatliche Organisation verfügen kann. Ich habe nichts, ich bin ein mittelloser russischer Emigrant. Doch ich besitze etwas, was sie nicht vorhersehen und wogegen sie nichts machen können: Intuition und meine erbarmungslose argumentative Logik.«

Suzanne hatte ein phantastisches Gedächtnis, und sie wiederholte das, was Wassiljew ihr sagte, fast wörtlich; und es hörte sich seltsam an, als sie von erbarmungsloser argumentativer Logik und von Intuition redete. Beim Artikulieren dieser Wörter schloss sie die Augen wie ein Mensch, der eine geistige Anstrengung unternimmt. Unser Gespräch fand um vier Uhr nachmittags statt, die Sonne schien durchs Fenster, und auf Suzannes bleichem Gesicht zeichneten sich unter den Augen die kleinen schwärzlichen Fächer ihrer Wimpern ab.

»Findest du das alles nicht vollkommen absurd?«, sagte ich, eher laut denkend als an Suzanne gewandt. »Was für ein Sinn liegt darin, dass drei Menschen – ein alter Trinker, einer, den die Natur nicht zum Denken bestimmt hat, und du, früher ein armes Strichmädchen –, dass euch alle drei nun Wassiljews unfehlbares Gedächtnis und sein Irrsinn und der Schatten Nietzsches, den du *Niche* nennst, ins Verderben stürzen?«

Wassiljew sagte zu Suzanne, die Organisation, die ihn verfolge, habe sogar die abwegigsten Möglichkeiten und die unglaublichsten Zufälle in Betracht gezogen – und man sei überzeugt, dass Wassiljew nicht entschlüpfen könne. Doch auch wenn er ihre Kunst nach Gebühr würdige, habe er dennoch das Recht, von sich selbst noch besserer Meinung zu sein, denn er verfüge über jene blitzartige Geschmeidigkeit der Phantasie, die die besten Kalkulationen über den

Haufen werfe und den Ursprung einer, wie er sich ausdrückte, tödlichen Genialität in sich berge. In seinen Ausführungen lag trotz allem eine fatale Plausibilität; und gesetzt den Fall, diese mythische Organisation, die in seiner mit Morden vollgestopften Einbildungskraft den letzten freien Winkel besetzt hatte, würde wahrhaftig existieren, wäre es ihr – wie die Fakten zeigten – wohl tatsächlich nicht gelungen, ihn in die Hände zu bekommen. An dem Tag, an dem er mit Suzanne über das falsche Kalkül seiner Verfolger geredet hatte, ging Wassiljew spätabends aus dem Haus, in dem Fedortschenko wohnte, bog um die Ecke und verschwand. Es war eine neblige Märznacht. Suzanne sah ihn fortgehen – und registrierte erschrocken, dass er seinen großen Revolver, von dem er sich in letzter Zeit nicht mehr trennte, aus der hinteren Hosentasche zog und in die Außentasche des Jacketts steckte. Wie jeden Abend war er zu allem bereit. Er schritt daher, wie üblich fest auftretend – sein Gang ähnelte nach Suzannes Worten den Bewegungen eines Automaten –, eine Zigarre im Mund, die linke Hand in der Manteltasche, die rechte in der Außentasche des Jacketts, wo der Revolver steckte. So sah Suzanne ihn zum letzten Mal.

Am nächsten Tag erschien er weder bei Fedortschenko noch bei sich zu Hause. Ein weiterer Tag verstrich – er kam nicht. Ich las aufmerksam die Vermischten Nachrichten in den Zeitungen, in der Hoffnung, etwas über Wassiljew zu finden; doch an den beiden Tagen war nichts Besonderes geschehen, abgesehen davon, dass der französische Kaufmann Dubois, als er in der vergangenen Nacht von einem Diner mit Freunden unterwegs nach Hause war – nach Auteuil –, auf einer Seine-Brücke mit drei Revolverschüssen tödlich verwundet worden war; er verschied einige Stunden später im Hospital und hinterließ eine Frau und zwei Kinder. Der Mörder entkam, doch den offiziellen Verlautbarungen nach war die Polizei ihm auf der Spur. Ich sah keinen Anlass, diesen zufälligen Mord für wichtig zu halten. Allerdings erschien es mir suspekt, dass kein Raub stattgefunden hatte und dass auch die polizeilichen Ermittlungen kein Motiv zutage fördern konnten, obwohl alle oder fast alle Bekannten des Opfers verhört worden waren. Der ermordete Kaufmann war ein Familienmensch gewesen, offenbar von sanftem Wesen; er hatte weder Liebesaffären noch politische Überzeugungen gehabt, ja nicht einmal Feinde. Mit einem Wort, seine Ermordung war ein Rätsel. Wie die Kriminalchronik schon mehrfach gezeigt hat, lassen bestimmte Voraussetzungen im Übrigen nur einen Schluss zu: Wenn erstens der Mörder nicht polizeibekannt, also kein berufsmäßiger Verbrecher ist, zweitens keine konkreten und klaren Motive vorliegen und drittens die Freunde und Bekannten des Opfers den Mörder nicht persönlich kennen, dann führen die Ermittlungen in eine Sackgasse, und es besteht keine oder fast keine Chance, den Verbrecher zu finden. Und ich war geneigt zu glauben, dass dies eine jener zahlreichen Tragödien war, von denen wir niemals mehr erfahren würden, als dass der Kaufmann Dubois, wohnhaft dort-und-dort, einst lebte und jetzt tot war, weil ein Unbekannter ihn aus unbekannten Gründen umgebracht hatte. Sein Tod war für mich nur zufällig von Interesse, weil er sich offenbar nicht direkt auf Eigennutz oder Rache zurückführen ließ, sondern andere Gründe zu haben schien, erhabenere oder weniger niedrige oder jedenfalls nicht die üblichen. Doch am nächsten Tag kaufte ich eine andere Zeitung, wo ein Photo des Ermordeten abgedruckt war; und ich saß da und betrachtete voller Entsetzen das Gesicht, weil ich jetzt zu wissen meinte, was passiert war: Das Opfer war ein stämmiger Mann mit einem dichten schwarzen Bart. Suzanne hatte mir gesagt, Wassiljew sei um zwölf Uhr nachts fortgegangen, das Verbrechen war gegen zwei Uhr verübt worden, also eine halbe Stunde nach seinem Aufbruch; Suzannes Marmoruhr ging genau anderthalb Stunden nach. Dubois – in der Zeitung stand seine Biographie – hatte Frankreich nie verlassen. Während ich über sein Schicksal nachsann, kam ich immer wieder auf das absurde Aufeinandertreffen von Zufällen zurück: Hätte er keinen Bart getragen, wäre er natürlich am Leben geblieben – denn für mich stand außer Zweifel, dass Wassiljew ihn für seinen imaginären ständigen Verfolger gehalten hatte, den unheilvollen Levantiner, den Bärtigen mit brauner Haut, von dem er mir an dem Abend erzählt hatte, als wir gemeinsam Fedortschenkos Wohnung verließen. Wassiljew selbst blieb spurlos verschwunden. Allerdings fürchtete er offenbar nicht die französische Polizei, die wohl kaum von seiner Existenz wusste und natürlich keinerlei Verdacht gegen ihn hegte. Ein paar Tage später klärte sich sein Schicksal auf: Seine Leiche wurde aus der Seine gefischt, und da die Obduktion keinen Hinweis auf Gewalteinwirkung erbrachte, gingen die Behörden von einem Selbstmord aus. Wassiljew hatte einen Weg gefunden, seine so zahlreichen wie imaginären Feinde zu überlisten; genau dies – drei Revolverschüsse auf den Levantiner, dann ein Sprung von der Brücke ins eiskalte Wasser der Seine – war Ausdruck jener tödlichen Genialität gewesen, von der er gesprochen hatte, war ein letztes Aufflammen jener Intuition, die ihn in einer nebligen und kühlen Märznacht von der Geschichte terroristischer Verschwörungen und den Betrachtungen über Nietzsche unfehlbar auf die Pariser Seine-Brücke geführt hatte.

Am Tag, als ich die Notiz über Wassiljews Tod las, kleidete ich mich hastig an, um möglichst früh aus dem Haus zu gehen; doch Suzanne tauchte trotzdem vorher bei mir auf. Ohne Gruß, ohne Frage schrie sie, die Zeitung in der Hand: »Er ist tot! Er ist tot!« Dann schöpfte sie Atem und fragte: »Weißt du es schon?«

»Aber ja«, sagte ich. »Ich überlege gerade, wie die Sache weitergeht.«

»Fjodor sagt, sie hätten ihn umgebracht, man müsste etwas unternehmen. Er ist außer sich, er hat schon die zweite Nacht nicht geschlafen. Ich flehe dich an, komm und rede mit ihm.«

»Lass mich in Frieden«, sagte ich. »Ich denke nicht daran. Mir ist das alles gleichgültig, die ganze Geschichte. Ich will nichts damit zu tun haben. Wenn ich mir alles Unglück, das ich sehe, zu Herzen nehme, findet das ja nie ein Ende.«

»Nur du kannst mich retten.«

»Du übertreibst, ich kann da überhaupt nichts machen.«

»Ich mache alles, was du willst«, sagte Suzanne. »Alles, verstehst du? Willst du Geld? Kannst du haben. Willst du das andere? Kannst du auch haben.«

»Ich will nur eins«, sagte ich gereizt. »Und zwar, dass du mich in Ruhe lässt. Sie stehen mir schon bis obenhin, deine Verrückten und entführten Generäle. Das alles geht mich nichts an. Warum klammerst du dich so an mich?«

Sie setzte sich in den Lehnstuhl. Ich sah sie an, sie war blasser als sonst. Sie warf den Kopf zurück und schloss die Augen; ihre Arme hingen seitlich herab.

»Du, Suzanne, den Trick mit der Ohnmacht kenne ich, weißt du?«, sagte ich.

»Nein, nein, das ist es nicht«, murmelte sie kaum hörbar, »das hier ist wichtiger.«

»Was denn?«

»Ich glaube«, wisperte sie und seufzte auf, »ich bekomme ein Kind.«

Nur mit Mühe konnte ich den Besuch bei Fedortschenko abwenden; ich riet Suzanne weiterhin, aufs Land zu fahren. Als sie endlich fort war, atmete ich auf und ging nach kurzem Abwarten auf die Straße. Es war ein strahlender Frühlingstag, in der durchsichtigen Luft lag bebende Frische – und ich überlegte voller Behagen, dass ich diese ganze lästige Tragödie nun vergessen und an andere, mir ferne und schöne Dinge zurückdenken konnte, die je ferner desto schöner waren und je schöner desto ferner.

In der nächsten Nacht erzählte ich Platon die Geschichte von Wassiljew. Er hörte mit seiner üblichen anmaßend-gleichgültigen Miene zu, mit jenem »Schutzausdruck«, den er desto häufiger und routinierter zur Schau trug, je hoffnungsloser seine sozialen und finanziellen Verhältnisse wurden. Während die Gesichter der meisten Unglücklichen, die schon seit geraumer Zeit in Armut leben, eine abstoßende Ungeniertheit zeigen, die oft in Servilität übergeht, folgte Platons Gesicht genau dem entgegengesetzten Prinzip. Dabei war er liebenswürdig wie eh und je. Er gehörte zu den fünf oder sechs Menschen – in meinem ganzen Leben –, mit denen ich mich lange unterhalten konnte, und war jedenfalls der einzige Franzose, der mir nicht wie ein ideal fremder und ferner Gesprächspartner erschien. Ich weiß nicht, ob das auch so gewesen wäre, wenn ich ihn als gutsituierten Bürger kennengelernt hätte. Doch jetzt, nachdem er eine Vielzahl von Fehlschlägen erlitten hatte und in Not und tiefes Elend geraten war, besaß er ein seelisches Einfühlungsvermögen und Verständnis, das man wohl mit einer besonderen persönlichen Begabung, mit künstlerischem Talent oder der Fähigkeit zu komponieren vergleichen könnte. Wie bei den meisten wirklich denkenden Menschen lag seine Stärke mehr in der Kritik als in der Zustimmung. Solange es nicht um politische Programme ging, neigte er – wie er mehr als einmal gesagt hatte – dazu, die Authentizität all jener Systeme und Theorien anzuzweifeln, die eine bestimmte Logik und Geschlossenheit für sich beanspruchen, denn in fast allen Fällen schien ihm deren Künstlichkeit auf der Hand zu liegen. Was nun aber die Politik betraf, so waren Platons Prinzipien – Religion, Familie, König – so hilflos naiv, dass man nur darüber staunen konnte. Übrigens verteidigte er seine Ansichten auf diesem Gebiet nie und sprach in entschuldigendem Ton darüber, als wären ihm seine Worte selber peinlich. Als ich ihm von Wassiljews Leben und Sterben erzählte und meine Überzeugung ausdrückte, der Mörder des französischen Kaufmanns sei niemand anders gewesen als er, schüttelte Platon skeptisch den Kopf.

»Ihre Theorie dazu, auf welchem Weg er in den Tod ging«, sagte er, »ist vielleicht fundiert, ja letzten Endes sogar recht wahrscheinlich. Aber was den Mord angeht, halte ich Ihre Vermutung für fragwürdig.«

»Doch die Umstände oder, besser gesagt, das Zusammentreffen …«

»Ich behaupte ja nicht, dass es sich anders abgespielt hat«, sagte Platon. »Aber kann man ganz sicher sein? Wassiljew hat womöglich eine andere Brücke benutzt; er ist womöglich nicht von einer Brücke aus ins Wasser gegangen; und nach Ihrer Beschreibung zu urteilen, hatte er etwas Behäbiges an sich, und zu so einem Charakter passt ein Sprung im Grunde nicht, eher ein Rutschen oder ein Gleiten.«

»Sie reden, als ginge es um eine Ballettfigur.«

»Ja«, antwortete Platon gelassen, »der plastische Ausdruck ist kein Privileg von Music Hall und Theater. Schlüsseln Sie das Leben eines bestimmten Subjekts in eine Abfolge von Bewegungen auf, und Sie werden sehen, dass bestimmte Figuren zu ihm passen und andere nicht. Sie zum Beispiel ziehen die Füße nach – das kommt daher, dass Sie beim Gehen denken. Ihre Bewegungen wirken nur dann leicht, wenn Sie laufen oder Gymnastik machen. Würden Sie währenddessen versuchen zu denken, wären Sie ein miserabler Sportler. Wassiljew kann ich mir besser vorstellen, wie er langsam zum Ufer hinuntergeht und ins Wasser steigt.«

»Und wer hat dann Dubois getötet?«

»Was wissen wir von Dubois' Leben?« Platon zuckte die Achseln. »Nichts, außer banalen Tatsachen in ihrer banalen Abfolge. Womöglich hatte er Bekannte, von denen keiner etwas ahnte, womöglich gab es ein Drama, das im Verborgenen blieb; schließlich – obwohl höchst unwahrscheinlich, ist das nicht völlig unmöglich – mag in derselben Nacht ein anderer Verrückter über die Brücke gegangen sein. Sie als Nachtchauffeur müssten wissen, dass es in Paris sehr viele davon gibt.«

Für mich stand im Vordergrund, wie unglaublich absurd diese Tragödie war und dass ausgerechnet Suzanne darunter litt, doch Platon stimmte mir auch hier nicht zu. Seiner Meinung nach eröffnete allein der Umstand, dass Suzanne Prostituierte war, ein weites Feld an möglichen tragischen Schicksalsverläufen.

»Wir haben schon am Ausgangspunkt eine Anomalie«, sagte er. »Warum soll da alles Weitere normal sein?«

»Ja, natürlich. Aber trotzdem – Suzanne, das Verschwinden des russischen Generals und Nietzsche? Was könnte absurder sein?«

»Wären wir nicht tagtäglich Zeugen von Kombinationen, die auf den ersten Blick vollkommen unlogisch und unerwartet scheinen, liefe das Leben auf algebraische Formeln hinaus. Nietzsche?«, sagte er plötzlich, als richte er die Frage an sich selbst. »Er war natürlich ein schlechter Philosoph und so primitiv, dass man es schon naiv nennen kann. Doch in einem haben Sie recht, er war trotz allem weniger primitiv als Suzanne.«

»Und Fedortschenko mit seinen Fragen, warum wir leben und was das Morgen bedeutet?«

»Das sind Symptome einer seelischen Agonie«, sagte Platon. »Ein Glas Weißen, bitte. Ja, das sind ebenso Symptome einer Agonie wie eine geschwächte Herztätigkeit oder eine rapide sinkende Körpertemperatur.«

In dem Moment berührte mich jemand an der Schulter. Ich drehte mich um und sah einen Unbekannten, der fragte, ob ich der Chauffeur des Taxis sei, das vor dem Café stand.

»Ich wünsche Ihnen eine gute Nacht, werter Freund«, sagte ich zu Platon. »Wir kommen noch auf dieses Thema zurück, wenn Sie nichts dagegen haben.«

Platon drückte mir die Hand, ich ging mit meinem Kunden hinaus, der zum Boulevard Barbès wollte. Er war Journalist und hatte ein spöttisches Gesicht mit flinken kleinen Augen. Nachdem er neben mir Platz genommen und seine Adresse genannt hatte, sagte er beim Anfahren des Autos:

»Entschuldigen Sie die Dreistigkeit, aber kann man erfahren, worüber Sie mit Ihrem Gesprächspartner reden wollten?«

»Über Nietzsche«, sagte ich knapp.

»Haben Sie sich mit Ihren Verwandten zerstritten?«

»Ich? Nein, ich hatte nie Streit nie mit ihnen.«

»Warum fahren Sie dann Taxi?«

»Ich würde lieber einen Rolls-Royce fahren, doch leider steht mir diese Möglichkeit nicht offen.«

»Schon gut, schon gut, ich sage nichts mehr.«

Und als wir dort ankamen, wo er aussteigen musste, fragte er plötzlich:

»Sind Sie vielleicht Ausländer?«

»Nein«, sagte ich, »ich bin in der Rue de Belleville geboren, mein Vater hat dort eine Metzgerei, in Nr. 42, kennen Sie die vielleicht?«

»Nein«, antwortete er.

Und ging kopfschüttelnd fort. Ich fuhr den Boulevard Barbès hinunter, dann weiter zur Place de la République. In der dunklen Luft erschienen und verschwanden, eine nach der anderen, die runden Laternen, am fernen Himmel waren Sterne sichtbar, auf der Scheibe vor mir funkelten und rieselten, wie in einem Kaleidoskop, die mal näherkommenden, mal sich entfernenden Lichter der Autos, und ihre tanzenden, leuchtenden Linien spiegelten sich auf dem transparenten schwarzblauen Hintergrund. Im Laufe der Zeit kostete es mich immer mehr Mühe, wenigstens für einen Moment zu erfassen, wie schön diese nächtliche Verflechtung der leuchtenden Fäden war, oder die gleichmäßige Perspektive des Boulevards, oder die dunkelgrünen, grell von den Autoscheinwerfern angestrahlten und jäh wieder ins Dunkel versinkenden Äste und Blätter an der Biegung der schwarzen Allee im Bois de Boulogne. Paris welkte in meiner Wahrnehmung langsam dahin; es war, als würde ich nach und nach erblinden und immer weniger Gegenstände sehen können – bis zu dem Moment, da alles in Finsternis gehüllt sein würde. Indessen war die Blindheit an meinen freien Tagen, wenn ich nicht arbeitete und zu Fuß durch Paris schlenderte, plötzlich verschwunden; dann kam die Stadt mir anders vor, und dieselben Straßenbiegungen und abgeschrägten Häuserecken, die ich auswendig kannte, zeigten sich mir in einer neuen Gestalt, in der ein ungewohnter steinerner Zauber lag. Sogar wenn ich mir ein Taxi nahm und nicht am Steuer, sondern hinten im Auto saß, stellte sich alles anders dar, und ich konnte mich lange nicht an den Gedanken gewöhnen, dass die eine oder andere Sicht auf Paris letzten Endes von so geringen Veränderungen abhing und dass sich infolge so geringer Verschiebungen – nicht mehr als anderthalb Meter in der Horizontale und einige Zentimeter in der Vertikale – der ganze städtische Kosmos verwandelte.

Dieser Gedanke hatte eine logische und unbestreitbare Konsequenz: Die gigantische Ansammlung von Menschen und der unglaubliche Umstand, dass dieses ganze falsche und ungerechte System von Unterdrückung, Sklaverei und Armut – die Rikschas, die Arbeiter in Reisplantagen, Quecksilber- und Schwefelgruben, die Millionen von Sklaven und Dutzende Millionen von Arbeitern – viele Jahre lang vergleichsweise ruhig fortbestehen konnte und die riesenhaften Fabriken und die Luxusviertel nicht in die Luft flogen, diese ganze zerbrechliche und zufällige, doch in ihrem zufälligen Gleichgewicht beständige Ordnung gründete sich letzten Endes ebenfalls auf der unbewussten Anwendung ebendieses Gesetzes überall auftretender räumlicher Verlagerungen von ein paar Zentimetern, die das Leben der riesigen Menschenmassen bestimmten. Doch ich versuchte, mich nicht bei dieser Überlegung aufzuhalten; sie schien mir fast ebenso unergründlich wie damals, auf dem Gymnasium, die Vorstellung von der Unendlichkeit. Und oft wünschte ich mir, alles, was ich je gesehen, erlebt und erfahren hatte, auf einen Schlag für einen kurzen Tag zu vergessen – damit dieses beklemmende Bild der Welt verschwände und von einer brillanten und harmonischen Idee abgelöst würde, von einer Art vielschichtiger und stimmiger Symphonie einer glücklichen Menschheit, oder zumindest von jenem naiven Modell, an das viele Menschen glaubten, auch solche, die auf ihre Art klug waren: die romantische, armselige und aussichtslose Theorie des Sozialismus.

Von den ganz unterschiedlichen Leuten, denen ich begegnete, beneidete ich nicht wenige um ihre treuherzigen Überzeugungen; die meisten hatten zu allem feste Ansichten – zu Politik, Kultur, Kunst. Befremdend fand ich die Auftritte von berufsmäßigen politischen Rednern, die zumeist naive und ungebildete Leute waren und ebenso fest an ihre Programme glaubten wie mein alter Professor an die inexistenten Gesetze jener Pseudowissenschaft, die er sein ganzes Leben gepredigt hatte. Sie alle erinnerten mich an einen älteren Franzosen, einen Taxichauffeur, den ich fast jede Nacht am Stellplatz sah. Er hatte seine Laufbahn in den fernen Zeiten begonnen, als es noch kaum Automobile gab – damals lenkte er ein Pferd. Autofahren lernte er bis zum Schluss nicht richtig, seine übliche Geschwindigkeit von dreißig Stundenkilometern überschritt er nie. Trotz seines schweren Lebens hatte er sich die Liebe zum Lesen und Philosophieren bewahrt – und in seiner Vorstellung ließen sich alle Probleme im Handumdrehen lösen. Ihn bekümmerte, dass die Menschen so böse waren und in beständiger Feindschaft miteinander lebten; seiner Meinung nach war die ineffektive Nutzung der Erdoberfläche schuld daran. »Wenn es von mir abhinge«, erklärte er, »würde ich den Leuten sagen: Ihr wollt arbeiten? Fahrt nach Sibirien, Argentinien, da wartet jungfräuliches Land auf euch, das für alle reicht. Was könnte einfacher sein?« Alle anderen Erwägungen – zu Nationalität, Sprache, Vererbung, dem Verhältnis von Industrie und Ackerbau – hielt er für zweitrangig. »Das haben sich alles die Kapitalisten ausgedacht, um uns zu unterdrücken«, sagte er. »Du verstehst das nicht, weil du jung bist; aber wenn du erst einmal dreißig Jahre gefahren bist wie ich, dann wird dir alles klar.« Nach seinen Worten ließ sich also die schlichte politische Weisheit, die er errungen hatte, durch seine lange Dienstzeit mit Pferd und Auto erklären; und wäre jeder Staatsmann zu etwas Derartigem verpflichtet, liefe alles viel besser als heute. Kurz und gut, sein Ideal war eine nebulöse, prächtige Ackerbaurepublik, vorzugsweise von älteren Männern geleitet, am besten von Chauffeuren. Dann wären auch die Gesetze anders und der Kontakt zwischen den Innungen, und die professionellen Lumpensammler würden ihn nicht mehr mit ihrem glühenden Hass verfolgen, weil er, der nicht zu ihrem Verband gehörte, sich das Vergnügen nicht versagte, frühmorgens auf dem Heimweg von der Nachtschicht die Mülltonnen zu untersuchen, die aus irgendwelchen Gründen seine Aufmerksamkeit erregten. »Da siehst du, wie ungerecht der Staat aufgebaut ist«, sagte er, »wie ungleich die Privilegien verteilt sind. Er hat das Recht, in Mülltonnen zu wühlen, weil er professioneller Lumpensammler ist, und ich habe es nicht, weil ich Chauffeur bin. Ist das etwa in Ordnung? Wenn ich in der Regierung wäre, würde ich das ausnahmslos allen Berufen gestatten.«

Und genau so, oder fast genau so, wie in seiner Vorstellung alle komplexen Menschheitsprobleme letztlich auf die Befriedigung seiner persönlichen Wünsche hinausliefen – er war Amateur-Gärtner, Amateur-Lumpensammler, sogar

Amateur-Architekt, denn er hatte sich selbst ein Haus gebaut, aus Konservenkisten, Ziegel- und Holzstücken, Eisen- und Blechteilen, und gemäß seinem Ausspruch: »Siehst du, Abfall darf man nicht verachten, ich habe mir daraus ein Haus gebaut«, war tatsächlich mit der Zeit sein Heim entstanden, indem es aus Mülltonnen herauswuchs, und hätte es die nicht gegeben, gäbe es auch das Haus nicht –, genau so errichten die meisten Theoretiker dieser Probleme ihre erdachte Welt der Zukunft auch, wie er es tat, aus zufälligem und unvollkommenem Material.

* * *

Der unangenehmste, aber auch der lukrativste Tag der Woche war der Samstag. Im Winter stand ich nächtelang in Taxischlangen vor hellerleuchteten Aufgängen – wo Bälle stattfanden. Gleichzeitig mit den Chauffeuren versammelten sich dort Menschen, die auf andere Weise ihren Lebensunterhalt verdienten: säuerlich riechende, unrasierte Zerlumpte, die die Autotüren öffneten, eine Blumenfrau mit drei oder vier Veilchensträußchen, die sie Herren zu verkaufen suchte, die in Damenbegleitung herauskamen, ein Mann in Arbeiterkleidung, der geschäftig seine Hilfe beim Starten eines erkalteten Motors anbot. Bei russischen Bällen waren außerdem unweigerlich ein paar russische Schnorrer anwesend, die wir alle kannten; unter ihnen fiel ein rotbärtiger Mann auf, der stets mit finsterer Miene zu arbeiten begann. Hatte er aber ein paar Francs bekommen und zwei, drei Gläser Wein im nahen Café getrunken, geriet er in Hochstimmung, wackelte mit dem Kopf, tänzelte im Frost herum und sagte laut: »Ha, Moskau ist nach Paris gekommen!«, und wandte sich fast schreiend an die herauskommenden Ballgäste: »Ein Franc tut Ihnen nicht weh, Euer Wohlgeboren! Bei Gott, hier steht ein Ex-Student der Petersburger Universität!«

Und als ich ein paar Mal selber aus solchen erleuchteten Aufgängen trat, spät in der Nacht, und die parkenden Automobile betrachtete und die Chauffeure erkannte, mit denen ich am Tag vorher gearbeitet hatte und am nächsten Tag arbeiten würde, fühlte ich mich beklommen – als hätte ich die Berufsethik verletzt und wäre nicht an dem Platz, der mir zukam.

Je länger meine Chauffeursarbeit dauerte, desto häufiger konnte ich feststellen, wie sehr jede Kategorie von Menschen eine geschlossene, ein für alle Mal organisierte Welt bildete. Am meisten galt das für die Pariser Obdachlosen und die Zuhälter. Ich konnte mich nie endgültig an die Mischung von Neugier, Abscheu und Mitgefühl gewöhnen, die diese Leute bei mir hervorriefen. Sie hatten natürlich einiges gemeinsam, obwohl die Obdachlosen wie mittelalterliche Vagabunden aussahen und die Zuhälter sich sehr sorgfältig kleideten. Was die Clochards trugen, fiel vor allem durch eine sonderbare Formlosigkeit auf – schwer zu entscheiden, wo der Mantel aufhörte und das Jackett anfing und welche Farbe der Stoff einst gehabt hatte, der nun ein speckiger Lumpen war. Sie hatten jedoch ihre eigene Vorstellung davon, wie man sich anziehen sollte, ich fragte mich sogar, ob nicht auch sie – in einigen Fällen – einer spezifischen Mode folgten, wie sie bei den Zuhältern so ins Auge sprang. Ich traf einmal einen alten Bettler, der vor Gram über den Verlust seines Hutes fast weinte und mir vorjammerte: »Ein ganz und gar schwarzer Hut, ein wunderbarer Hut! Was soll ich jetzt machen?« Und es schien, als litte er deshalb, weil er gegen eine bestimmte Etikette verstieß, weil jetzt etwas mit ihm nicht stimmte und er sich in etwa so fühlte wie jemand, der ein Jackett übergeworfen hat, während er einen Smoking tragen müsste.

Es waren ganz unterschiedliche Leute; die meisten blickten finster, lachende oder lächelnde Clochards sah ich selten. Doch ihr finsteres Aussehen rührte keineswegs daher, dass sie begriffen, wie entsetzlich ihre Lage war. Sie litten überhaupt nicht darunter, sie waren nicht imstande, vergleichend zu denken: Das Wort »Welt«, würde es denn in ihrer Vorstellung auftauchen, enthielte nichts, was über ihre eigene Existenz hinausginge. Die finstere Stimmung war ihnen eigen wie Raubtieren die Grausamkeit oder einigen Nagetieren die Flinkheit. Doch ebenso, wie die Zoologie Albinos kennt, gab es unter ihnen auch fröhliche Subjekte.

Einmal stand ich nachts, im Winter, auf der Place du Trocadéro, es war ganz still – und plötzlich drang von der Avenue Kléber her eine laute und heisere Stimme zu mir, die die berühmte Arie aus *Faust* sang. Es war ein alter Clochard; er kam an mein Auto und bat mich um eine Papirossa. Ich fragte ihn, woher er Opernmelodien kenne und warum er sie singe. Er erklärte, er habe diese Arie ausgewählt, weil sie seiner Meinung nach auf Polizisten Eindruck mache. »Wenn sie hören, dass du so etwas singst, denken sie gleich – das ist nicht irgendwer, der kennt die Oper.« Er setzte mir sogar in wenigen Worten seine Philosophie auseinander: »Sich nichts zu Herzen nehmen, auf alles pfeifen, dann geht der Rest von alleine.« Ich fragte ihn, ob er schon lange auf der Straße lebe, er antwortete, es seien jetzt dreißig Jahre. »Und du bist noch nicht tot?« Nein, er wisse gar nicht, was Krankheit sei, er sei sogar niemals erkältet, obwohl er die Nacht meist auf Baustellen oder Metrotreppen verbringe – er schlief sommers und winters auf Brettern oder Steinböden und hatte lange vergessen, was ein Bett war. Früher hatte er in einem Pariser Luxushotel gearbeitet, als Abfüller im Weinkeller, dann war er zum Trinker geworden und auf der Straße gelandet, und jetzt, in hohem Alter, fand er, so sei es viel besser.

Ich habe sorglose Clochards getroffen, kannte aber auch solche, die Geld beiseite legten. Einmal sah ich an der Cafétheke einen stinkenden Alten, der düster murmelte, er habe kein Geld zum Bezahlen, und der Garçon bestehle ihn – weil er sich von seiner Tausendfrancnote nicht trennen wollte; er trug sein Vermögen mit sich herum, vierzehntausend Franc. Ich weiß nicht, was ein größerer Zufall in seinem Leben war – dass er Clochard oder dass er kein Bankier war. Er zog sich an wie alle Clochards, aß den gleichen Abfall, den er in den Halles Centrales aufsammelte, und schlief genau wie sie auf der Metrotreppe. Aber ich glaube, der Verband der Geldverleiher oder der Aktionäre hätte in ihm ein wertvolles Mitglied gehabt.

Viele Clochards bettelten gar nicht, andere streckten die Hand aus und klagten, ihnen fehlten die Mittel, die kranke Frau und die zahlreichen Kinder zu ernähren. Einer – der aus irgendeinem Grunde Tourbigot genannt wurde – zeigte allen eine Babyphotographie, die er aus der Zeitung ausgeschnitten hatte, und schrie: »Sehen Sie, meine Herren, mein letzter Neugeborener, seine Mutter kann ihm keine Milch kaufen. Schauen Sie, meine Herren, wie hübsch er ist! Ein paar Centimes für seine Milch, meine Herren!« Die Photographie hatte er aus der Abendzeitung, aus der Rubrik »Schönheitswettbewerb der lieben Kleinen«.

Tourbigot war über sechzig, er war natürlich nie verheiratet gewesen. Überhaupt ließen sich die normalsten Begriffe mit den Clochards nicht zusammenbringen: Heirat,

Wohnung, Dienst, politische Überzeugung. Es war immer schwer herauszubekommen, woher sie eigentlich kamen, aus welcher Umgebung, aus welcher Stadt, und was ihr unendlich trauriges Los verursacht hatte. Sie schienen niemals anders gelebt zu haben und nur dazu auf der Welt zu sein, um sich langsam, mit zitternden Beinen, durch die nächtlichen Straßen von Paris zu schleppen, auf ihrer langen Wanderung, die sie unweigerlich ins Gefängniskrankenhaus oder in die Anatomievorlesung brachte. Wozu und von wem wurden sie gebraucht, diese Tausende von Menschen in der Kloake? Platon meinte einmal, die Clochards seien nützlich als »dialektisches Material«, ähnlich wie Bibelzitate, und eine Lehre für die menschliche Eitelkeit: Sie könnten so sein wie wir, wir könnten so werden wie sie, und es wäre dafür nichts weiter nötig als ein winziger Zufall oder ein »Hauch sozialer Pigmentierung«. Aber bei diesem Thema konnte man von ihm natürlich keine Unvoreingenommenheit erwarten.

Und dennoch, trotz der tragischen, animalischen Nichtexistenz, in der die Clochards verharrten, waren sie für mich würdige Bürger des Universums im Vergleich mit den Zuhältern. Immerhin verdienten sie wenigstens theoretisch Mitleid, und sie litten nicht an einer Art moralischer Syphilis wie die Zuhälter. Ich konnte mich nie an das gewöhnen, was ich jede Nacht sah, an diese armen, auf besondere Weise gekleideten Frauen und an ihre Begleiter, die im Café auf sie warteten, während sie das Programm des morgigen Rennens und die Vorzüge des einen oder anderen Pferdes besprachen. Sie waren alle modisch gekleidet, mit einem besonderen Chic, schäbig und herausfordernd zugleich. Ich hörte ihre Unterhaltungen – miteinander und mit den Frauen. Übrigens hatten sie einen Hang zur Bürgerlichkeit – die Wohnung einrichten, in den Sommerurlaub fahren –, und sie lebten in ihrer eigenen leprösen Welt, zu der niemand Zugang hatte außer ihnen selbst. Einige von ihnen, die mehr Erfolg hatten als andere und nicht für immer im Zuchthaus oder bei einer finsteren Vergeltungsaktion verschwanden, erwarben ein Vermögen und wurden zu ehrenwerten Leuten. Dann eröffneten sie über Mittelsmänner ein Bordell oder ein Kabarett. Doch das passierte äußerst selten. Letztlich richtete ihre Gier nach Reichtum sie zugrunde; sie gaben sich nicht mit den Einkünften zufrieden, die ihnen die Frauen beschafften, sondern verlegten sich auch auf andere Tätigkeiten, auf Diebstahl und Raub, und genau dort warteten die Gefahren. Solange sie sich mit reiner Zuhälter-»Arbeit« begnügten, ließ man sie in Ruhe. Doch sobald sie sich in unstatthafter Weise am heiligen Eigentumsrecht vergriffen, bekamen sie es mit Polizeiinspektoren, Justizbehörden und dem ganzen riesigen Verteidigungsapparat zu tun, der den materiellen Wohlstand oder die Illusion des materiellen Wohlstands seiner Bürger schützen sollte.

»Wir wollen das Thema nicht vertiefen«, sagte Platon, immer noch in dem bewussten Gespräch. »Sie streben nach Reichtum, das ist ihr Recht, es ist sogar ihre Bürgerpflicht. Doch in der Wahl der Mittel sind sie sehr eingeschränkt. Man kann ja schließlich nicht von ihnen verlangen, dass sie Symphonien schreiben oder Bildhauer werden! Und Minister sind sie auch nicht, wie Sie wissen.«

Er trank einen Schluck Wein und fügte hinzu:

»Das heißt, bislang sind sie nicht Minister – vielleicht erleben wir auch das noch, denn die Welt ist zur Gänze verrückt geworden, widersetzt sie sich doch der einzig möglichen Rettung.«

»Welcher denn, mein werter Freund?«

»König, Familie, Heimat«, sagte Platon.

»Ach ja, natürlich«, sagte ich, »das hätte ich fast vergessen.«

* * *

Fast ebenso regelmäßig, wie ich zu dem Café gegenüber vom Bahnhof fuhr, steuerte ich jede Nacht einen Taxi-Stellplatz in Passy an. Zum ersten Mal hatte ich das getan, weil ich auf einen erbitterten Streit zwischen zwei Chauffeuren aufmerksam wurde, sie fuchtelten mit den Fäusten, schrien und waren überhaupt dermaßen erregt, dass eine Schlägerei unvermeidlich schien. Ich hielt an, und während ich auf sie zuging, hörte ich schon von weitem:

»Erlauben Sie …«

»Das kann ich nicht erlauben: Die russische Justizreform bedeutet …«

Ich trat näher und musste einer langwierigen Diskussion beiwohnen; zum Glück waren keine Kunden da, und ich erfuhr viel Interessantes. Der Wortwechsel zeichnete sich nicht gerade durch Stringenz aus; nach der Justizreform kamen die Dekabristen an die Reihe, nach den Dekabristen der Deutschritterorden, nach dem Deutschritterorden die Slawophilen und die russische Geschichtsphilosophie, danach Attila, seine Bedeutung, seine Kultur und schließlich dann die zeitgenössische englische Literatur, bei der der Dialog unterbrochen wurde, weil Kunden kamen und der Chauffeur, der die Justizreform verteidigt hatte, sie für sechzehn Franc von Passy zur Porte d'Orléans fuhr.

In der Folge lernte ich ihn – und auch seine üblichen Gesprächspartner an diesem Stellplatz – näher kennen. Der Mann tat mir aufrichtig leid. Er hatte sich in Russland auf eine Professur vorbereitet, während des Krieges im Außenministerium gearbeitet, weil er mehrere Fremdsprachen beherrschte, und bis zu seiner Ausreise sein ganzes Leben lang studiert. Er besaß ein phänomenales Gedächtnis und ein herausragendes, fast enzyklopädisches Wissen. Doch er war dermaßen daran gewöhnt, mit Begriffen anderer Art zu operieren als mit denen, die er jetzt handhaben musste, dass er an dem Leben, das er führte, nie tatkräftig mitwirken konnte und viele einfache Praktiken des Chauffeurhandwerks nie lernte. Jene Begriffe – kategorischer Imperativ, Ethik und Kultur, die Geschichte diplomatischer Beziehungen, Wertehierarchie, Sozialstruktur, Genese, Synthese, die Herausbildung von Rechtsnormen – waren ihm so in Fleisch und Blut übergegangen, dass alles, was außerhalb dieser Themen lag, für ihn kaum existierte oder jedenfalls nicht die geringste Bedeutung hatte. Er fuhr Auto wie andere russische Intelligenzler – seine Gefährten im Unglück –, aber die Arbeit blieb ihm völlig fremd, er wusste im Grunde nichts damit anzufangen und erledigte sie rein mechanisch. Nach langen Gesprächen mit ihm stellte ich fest, dass er dasselbe Problem hatte wie die meisten Menschen, die mit einem sehr leistungsstarken Gedächtnis begabt sind: Die schiere Menge seiner Kenntnisse führte zur Überlastung, er hatte Mühe, logische oder historische Zusammenhänge herzustellen, weil er über Massen von Fakten verfügte und es nicht selten vorkam, dass jede Sache für sich genommen unstrittig war, sie aber einander widersprachen. Er kam jedoch auch damit zurecht; und jede seine Analysen war eine Art geistige *tour de force*, weil sie zunächst die Hindernisse zahlreicher Widersprüche und einander ausschließender Thesen zu überwinden hatte.

Wäre er mir in den ersten Jahren meines Lebens in Frankreich begegnet, ich hätte mich vermutlich gewundert, dass Leute wie er nichts Besseres finden konnten als das Taxigewerbe. Doch vor der Bekanntschaft mit diesem Mann hatte ich schon mehrere Jahre in Paris verbracht, mit Fabrikarbeit, Bürotätigkeit, Universitätsstudium – und nun wunderte ich mich nicht mehr, sondern hielt das für völlig normal. Erstens war er Ausländer, zweitens ließ sich aus seiner ungeheuren Bildung kein direkter materieller Nutzen ziehen, drittens, das wusste ich schon lange und genau, hatten Bildungswerte generell keine Bedeutung, wenn sie nicht praktisch zu gebrauchen waren. Daher auch die unwillkürlich ungerechte Haltung Frankreich gegenüber, die mir bei den meisten dieser Leute auffiel; im besten Falle äußerte sie sich in Herablassung und Spott. Ich fand das absolut verständlich; es erklärte sich in hohem Maße daraus, dass sie keinen Unterschied machten zwischen dem ganzen Land – das sie nicht kannten – und der widerwärtigen Außenseite des nächtlichen Paris, die sie nur zu gut kannten. Die Unvoreingenommenheit ihres Urteils wurde zusätzlich noch dadurch behindert, dass sie Taxichauffeure waren – und folglich nach einem oder zwei Jahren derartig viele menschliche Scheußlichkeiten gesehen hatten, dass es für ein Dutzend Leben reichen würde. Das war wohl das Allertraurigste und Heilloseste an ihrem Gewerbe. Einige von ihnen fanden allerdings genügend Kraft in sich, um den Einflüssen ihres Umfelds und ihrer jetzigen Lebensbedingungen zu widerstehen; sie widmeten sich irgendeiner Geistesarbeit, etwa historischen Studien, und gewöhnten sich allmählich an ihr anormales Leben, in dem ein Gutteil uneigennütziges und vielleicht unnötiges Heldentum steckte. Doch das war eine winzige Minderheit, einer von hundert; die anderen wurden Trinker oder professionelle Chauffeure. Auf dem Stellplatz in Passy, den ich wegen der bedrohlichen Gesten zweier Streithähne aufgesucht hatte, arbeiteten fast nur Chauffeure der seltenen Art; wenn ich ihnen zuhörte, erfuhr ich vieles, was ich früher zu lesen oder zu hören versäumt hatte.

»Wir wissen«, sagte einer von ihnen, der, der über die Justizreform diskutiert hatte, »dass die Welt, in der wir gelebt haben, nur noch in unserer Einbildung existiert. Unser persönliches Leben ist zu Ende; wenn wir jetzt mit Müh und Not unsere letzten Jahre hinbringen, wollen wir dabei nicht in den Zustand verfallen, in dem sich das moderne Europa befindet. Dieses Europa, wissen Sie, woran mich seine geistigen Ausdrucksformen erinnern?, an Maupassants Umnachtung, als er seine Exkremente aß. Das ist Europas heutiger Zustand. Wir sind dafür nicht verantwortlich. Doch man soll uns nicht vorwerfen, dass wir kein Interesse an der Gegenwart haben; wir ziehen es vor, unsere antiquierte Lebensweise zu bewahren und zu lebenden Hieroglyphen zu werden.«

Danach begann er, über den Kulturwandel zu sprechen. Ich hörte zu und betrachtete sein sehr typisches Gesicht – ein breites russisches Gesicht –, bedeckt von zwei Tage alten Bartstoppeln, und seinen Hals, der bereits voller Falten war, und ohne richtig zu hören, was er sagte, stellte ich ihn mir an einem großen Schreibtisch vor, in einem Büro, das an einen Beamten wie an einen Gelehrten denken ließ und wo er über die Einzelheiten eines Abkommens oder eines Reformprojekts verhandelte. Diese Vorstellung war so lebhaft, dass es auf mich, als ich mir einen Ruck gab und sah, wie sich alles in Wirklichkeit verhielt, plötzlich wie der reine Irrsinn wirkte, dass er ein abgetragenes, speckiges Jackett trug, dass er am Steuer eines längst schon – wie ein lausig gebautes Häuschen – windschiefen Automobils saß; Nacht, Stille, die hohen Gebäude des Reichenviertels, und hinter geschlossenen Fensterläden der friedliche Schlaf der dort wohnenden Menschen, Angehörige ebenjener »ungebildeten Bourgeoisie«, die dieser bettelarme Mann so aufrichtig verachtete.

Er jedoch fuhr fort, mir einen Vortrag über das heutige Europa zu halten, über die Gründe für Russlands militärische Niederlagen im 19. Jahrhundert, über totalitäre Systeme, zu denen er unter anderem bemerkte:

»Wir sind die Erben einer reichen kulturellen Tradition, Sie wissen, welcher. Und nun schlägt man uns vor – nach dem sechsten Jahrhundert vor Christus, nach dem Christentum, der Renaissance, dem deutschen Idealismus und dem 19. Jahrhundert –, man schlägt uns vor, auf all das freiwillig zu verzichten, radikal zu verblöden, alles zu vergessen, was wir wissen, und auf das Niveau eines Handwerksgesellen herabzusinken, der kaum lesen und schreiben kann. Freilich, auf der anderen Seite bietet das Nachkriegseuropa einen dermaßen ekelerregenden Anblick ...«

In dem Moment trat ein betrunkener Arbeitsloser auf uns zu und bat meinen Gesprächspartner, er solle ihn für fünf Franc in einen abgelegenen Vorort fahren. Er greinte ihm lange etwas vor, klagte über sein schweres Leben, sagte, er leide schon vier Jahre Not, denn er sei krank und nicht in der Lage zu arbeiten, seine Frau sei auch krank, und sie hätten sechs kleine Kinder. Der Kommentator der Justizreform setzte ihm in höflichem Französisch auseinander, erstens könne er ihn nicht für fünf Franc fahren, und zweitens hätte der Mann, wenn er wirklich krank sei, besser keine Kinder. Als Beweis brachte er hieb- und stichfeste Argumente vor, und er nahm gerade eine allgemeine Erörterung des

Malthusianismus in Angriff, als ich ihn unterbrach und auf Russisch sagte, dass er bloß seine Zeit verliere. Der Arbeitslose sah mit betrunkener Neugier zu mir hin.

»Hören Sie«, sagte ich, »erstens stehen die Chancen neunzig zu hundert, dass er lügt. Und außerdem werden Sie, selbst wenn alles wahr ist, was er sagt, mit Ihren Argumenten nichts beweisen; genauso gut könnten Sie ihm Aristoteles zu lesen geben, das hätte den gleichen Effekt.« Danach riet ich dem Arbeitslosen, sich zum Teufel zu scheren.

Mein Gesprächspartner schüttelte den Kopf und sagte: »Wie können Sie, ein gebildeter Mann, so sprechen?«

Ich zuckte die Achseln und führte zu meiner Rechtfertigung an, ich sei überzeugt davon, man müsse mit jedem in seiner Sprache sprechen, weil er einen sonst nicht verstehe. »Denken Sie an die Hamlet-Anekdote«, sagte ich. Er kannte sie nicht; da erzählte ich ihm, wie ein Regimentskommandeur, um seine Untergebenen zu bilden, eine anständige Schauspieltruppe engagiert hatte, die das berühmte Shakespeare-Stück vor dem Regiment aufführte. Den Soldaten gefiel das Stück ungemein: Von der ersten bis zur letzten Minute ertönte brüllendes Gelächter.

»Was für ein bösartiger Unsinn!«, entgegnete er. »Was für eine hanebüchene Verleumdung!«

In derselben Nacht, eine Stunde nach diesem Gespräch, begegnete ich Platon, der mir besonders finster erschien. Auf meine entsprechende Frage sagte er, ihn beeindrucke schon lange, seit seiner Jugend, *Doktor Jekyll und Mister Hyde*, und je weiter die Zeit voranschreite, desto mehr verschwinde der Doktor, und bald komme wohl der Moment, wenn nur noch Mister Hyde in ihm übrig sei. Diese Überlegungen hätten ihn gerade bedrückt. Um ihn zu trösten, bemerkte

166

ich, meiner Ansicht nach sei er, allgemein gesprochen, nicht aggressiv in seinem Antagonismus und vom sozialen Standpunkt aus vollkommen ungefährlich.

»Ich kann Ihre Überzeugung nicht ganz teilen«, antwortete Platon. »Sie wissen, dass ich aller Wahrscheinlichkeit nach als Verrückter enden werde; und wer wollte sich dafür verbürgen, dass meine Geisteskrankheit ungefährlich sein wird? Ich könnte ein Haus anzünden oder jemanden umbringen, obwohl mich ein derartiges Vorhaben jedenfalls zum jetzigen Zeitpunkt ebenso wenig interessiert wie verlockt.«

Nach Hause zurückgekehrt, wurde ich, nachdem ich ein paar Stunden wie ein Toter geschlafen hatte, mittags wach, rauchte im Bett eine Papirossa, stand sofort auf und begann mit der Gymnastik, um den brennenden Wunsch zu bezwingen, noch ein paar Minuten im Bett zu bleiben. Ich wusste, dass ich nach den schwierigen Übungen, dem Druck auf die Gelenke, der halbstündigen ununterbrochenen Anspannung meiner Muskeln und der kalten Dusche, die den Schweiß von meinem Körper spülte – ich wusste, dass ich nach alledem in einer Verfassung sein würde, in der für meine belastenden und fruchtlosen Grübeleien kein Platz mehr wäre, und ich würde entweder in die Badeanstalt oder zur Mittagsvorführung des Kinematographen gehen oder ein Buch vom Regal nehmen, lesen und für ein paar Stunden zum gefügigen Begleiter längst vertrauter Helden werden. Die Tage dagegen, an denen ich dann doch im Bett blieb, statt gleich aufzustehen, waren die düstersten meines Lebens, weil ich nicht aufhörte, die Präsenz der nächtlichen Welt zu spüren, in der meine Arbeit vonstatten ging, und nicht aufhörte, an sie zu denken; mit den Jahren fiel es mir immer schwerer, davon loszukommen und den Übergang zurück zu jenem anderen Leben zu vollziehen, das ich mir trotz allem jeden Tag zu schaffen versuchte. In den vielen Jahren meines Nomadentums vor der Pariser Zeit hatte ich mich daran gewöhnt, dass alles häufig wechselte – Lebensbedingungen, Städte und Länder. Schließlich glaubte ich sogar, der an sich mechanische, aber unablässige Ortswechsel berge für mich persönlich einen Sinn – und ich würde dem Reisen selber ein Ende setzen, wenn ich müde geworden sei oder plötzlich sähe, dass die Umstände, unter denen ich in dem betreffenden Zeitraum lebte, idealer nicht sein könnten. Und nun war es in Paris zu Ende gegangen, und zwar ohne, ja sogar gegen meinen Willen. Ich konnte nichts tun, es war eine Zeit fortwährender Misserfolge, bei allem, was ich unternahm, und auch, was mein Seelenleben betraf. Kraft welcher unglaublichen Verkettung von Umständen mündete meine jugendliche Irrfahrt – Winter, Russland, die riesige rote Sonne überm Schnee, der Kaukasus, der Bosporus, Dickens, Gerhart Hauptmann, Edgar Allen Poe, Ophelia, *Der eherne Reiter*, Lady Hamilton; die Drei-Zoll-Kanone, durch deren Panoramafernrohr so viele Stadtmauern und Haine vorbeizogen, hinter denen feindliche Batterien standen, und schließlich der entsetzliche Wust menschlicher Gesichter, jenes Regiment, das in einer irrsinnigen Kavallerieattacke gegen unseren Panzerzug anstürmte und das ich jetzt schon viele Jahre vor mir sehe; Shakespeare, *Der Großinquisitor*, Fürst Andrejs Tod, Budapest und die Donaubrücken, Wien, Sewastopol, Nizza, die Brände in Galata, Schüsse, das Meer, die Städte und die unhörbar dahinströmende Zeit: diese unwiederbringliche und lautlose Bewegung, die ich zuletzt dort, in dem Café an den Grands Boulevards erhascht hatte, zur Musik des zufälligen Ensembles, während ich Alice in ihr gerade umwölktes, bildschönes Gesicht blickte – kraft welcher unglaublichen Verkettung von Umständen mündete diese Vielzahl fremder und herrlicher Existenzen, diese ganze unendliche Welt, in der ich so viele ferne und wundersame Leben gelebt hatte, in dieser Situation, in der ich mich hier wiederfand, in Paris, am Steuer eines Autos, im hoffnungslosen Gewirr von Straßen, auf den Fahrdämmen einer feindseligen Stadt, unter Prostituierten und Säufern, die verschwommen vor mir auftauchten, inmitten eines leichten, mir überallhin folgenden Verwesungsgeruchs? Doch die Frage meines persönlichen Geschicks war nicht die einzige und nicht einmal die wichtigste. Mir schien immer häufiger, dass jene lautlose Symphonie der Welt, die mein Leben begleitete, etwas schwer Bestimmbares, aber stets Vorhandenes und Veränderliches, ein riesiges und kompliziertes System von Begriffen, Vorstellungen, Bildern, das sich durch imaginäre Räume bewegte – dass sie immer schwächer erklang und bald ganz verstummen würde. Wenn ich darüber nachdachte, verspürte ich fast körperlich die Erwartung jenes tragischen und unbekannten Schweigens, das an die Stelle der ungeheuren und langsam erlöschenden Bewegung treten würde. Vielleicht, überlegte ich, verfolgte dieser Gedanke mich deshalb, weil ich so oft den Todeskampf mir nahestehender Menschen gesehen hatte und sie alle vor meinen Augen gestorben waren; und kraft der grausamen Anomalie meines Gedächtnisses durchlebte ich ihre letzten Minuten fast jedes Mal von neuem, wenn ich allein und zu meinem Unglück mit nichts beschäftigt war. Besonders hart, ja unerträglich war es für mich, an den Tod einer Frau zurückzudenken, die mir besonders nahestand. Sie war fünfundzwanzig Jahre alt gewesen. Nach mehreren Monaten quälenden Siechtums erstickte sie, sie hatte etwas Wasser getrunken, und ihre geschwächten Lungen konnten diesen letzten Schluck nicht aus der Luftröhre bekommen. Nackt bis zum Gürtel, auf den Knien über ihren sterbenden Körper gebeugt, beatmete ich sie, doch nichts konnte ihr mehr helfen, und ich trat zurück, als der Arzt mich an der Schulter berührte und sagte, ich solle von ihr ablassen. Ich stand neben ihrem Bett, keuchend nach der langen Anstrengung, und blickte ihr verzweifelt in die ungeheuerlichen, weit geöffneten Augen mit diesem erbarmungslosen bleiernen Häutchen, dessen Bedeutung ich so gut kannte. Ich dachte damals, für ein Wunder, für die Möglichkeit, diesem Körper etwas von meinem Blut, meinen nutzlosen Muskeln, meinem Atem zu leihen, würde ich alles hergeben. Tränen strömten über meine Wangen und liefen mir in den Mund; ich stand so, ohne mich zu rühren, bis sie starb, dann ging ich ins Nebenzimmer, legte mich mit dem Gesicht nach unten aufs Sofa – und schlief augenblicklich ein, denn in den letzten Monaten hatte ich nie mehr als anderthalb Stunden am Stück geschlafen. Ich erwachte in dem Bewusstsein, Verrat begangen zu haben, mich ließ der Gedanke nicht los, ich hätte sie im letzten, schrecklichsten Moment im Stich gelassen, und sie hatte immer gedacht, sie könne sich bis zum Schluss auf mich verlassen. Und ich habe es nie geschafft, jemanden zu retten und am Rand des tödlichen Raumes festzuhalten, dessen kalte Nähe ich so oft empfunden habe. Deshalb beeilte ich mich jeden Tag nach dem Aufwachen, sofort aus dem Bett zu springen und mit der Gymnastik zu beginnen. Doch bis heute hat sich nichts geändert: Sobald ich vollkommen allein bin und weder ein Buch habe, das mich schützt, noch eine Frau, an die ich mich wenden kann, noch, schlussendlich, die glatten Papierbögen, auf denen ich schreibe, spüre ich, ohne mich umzudrehen und ohne mich zu rühren, in meiner Nähe – vielleicht an der Tür, vielleicht weiter weg – das Phantom eines fremden und unabwendbaren Todes.

* * *

Mir fiel auf, dass ich Raldy lange nicht gesehen hatte – seit sie mir erzählt hatte, dass Alice weggegangen war. Auf der Suche nach ihr fuhr ich ein paar Mal den Abschnitt der Avenue de Wagram entlang, wo sie normalerweise unterwegs war, doch fünf oder sechs Abende hintereinander sah ich sie nicht. Ich traf sie, wo ich sie überhaupt nicht erwartet hätte – auf der Place de Clichy, um kurz nach vier Uhr morgens. Sie stand – in ihrem mittlerweile völlig zerlumpten Herrenmantel und weichen Hausschuhen – am Eingang eines großen Cafés und blickte, den schweren Kopf tief gesenkt, aufs Trottoir. Als ich ihr gegenüber den Wagen anhielt, hob sie ihre müden und wie immer zärtlichen Augen zu mir.

»Hallo, mein Lieber, dich schickt die Vorsehung«, sagte sie. Es stellte sich heraus, dass sie auf die erste Metro wartete, um nach Hause zu fahren, und nicht ins Café gehen konnte, weil sie kein Geld hatte.

»Gehen wir, gehen wir«, sagte ich, »wir reden im Café.« Sie nickte. Als wir am Tisch saßen, wurde sie ein paar Mal fast ohnmächtig, sie presste die Hand aufs Herz und hörte auf zu essen. Danach schöpfte sie mühsam Atem und kam wieder zu sich.

»Was haben Sie?«, fragte ich.

Sie antwortete, ihr Herz sei angegriffen, sie habe zwei Tage zu Hause verbracht, weil es ihr schwer gefallen sei, aufzustehen, erst gestern abend sei sie zur Arbeit gegangen – und natürlich umsonst. Sie wollte nicht zu Fuß nach

Hause laufen, obwohl es ganz nah war, aus Angst, es nicht zu schaffen. Die halbe Nacht hatte sie dort gestanden, ihr war sehr elend, sie fühlte sich wie im Delirium; vor ihr brannten trübe Lichter und bewegten sich Leute mit unklaren, schwankenden Umrissen. Als sie sagte, sie sei satt, fuhr ich sie nach Hause und half ihr die Treppen in den vierten Stock hinauf; sie trat in ihr Zimmer und legte sich angezogen, im Mantel, aufs Bett.

»Legen Sie sich doch richtig hin, ziehen Sie den Mantel aus«, sagte ich.

»Nein, nein, schon gut, ich verschnaufe etwas. Dann ziehe ich mich aus.«

Ihr Kopf lag auf dem hohen Kissen; ihr Gesicht, gleichzeitig gelb und bleich, hob sich im Morgenlicht deutlich von dem weißen Leinen ab.

»Sie müssten ins Krankenhaus«, sagte ich. »Wollen Sie, dass ich das organisiere? Ich rufe dort an …«

»Nein, nein, ich will nicht ins Krankenhaus.«

»Aber dort geht es Ihnen besser.« Sie weigerte sich.

»Versteh doch«, sagte sie, »dort werde ich eine Nummer sein, eine Kranke wie alle. Ich bin aber nicht wie alle.« Sie hob den Kopf vom Kissen. »Ich bin trotz allem die Raldy. Ja, die Raldy, mit den Brillanten, den Verehrern, dem großen Vermögen. Ich weiß, dass nichts davon übrig ist und ich einfach eine alte Frau bin, die stirbt, weil ihr Herz die vielen Betäubungsmittel nicht mehr verkraftet, die sie ihm verabreicht hat. Verstehst du? Und dennoch bin ich die Raldy. Ich sterbe allein.«

Ich saß schweigend, die Finger verschränkt, auf dem einzigen Stuhl in ihrem Zimmer, der knarrte und wackelte.

»Du musst nicht glauben, dass ich fest vorhabe zu sterben«, sagte sie. »Vielleicht bleibe ich dieses Mal noch am

Leben. Solche Anfälle hatte ich schon; so schlecht wie jetzt ging es mir freilich nie.«

Ich verließ sie, nachdem ich ihr Geld dagelassen und versprochen hatte, in ein oder zwei Tagen wiederzukommen. Während der nächsten vierundzwanzig Stunden dachte ich häufig an sie und machte mir klar, dass ich womöglich zu spät käme. Doch ich irrte mich. Als ich sie am nächsten Tag besuchte, lag sie noch immer im Bett, doch ihre Augen waren heller als beim letzten Mal, und sie klagte nur über Schwäche. Jetzt musterte ich gründlich ihr Zimmer, das ich zum ersten Mal an dem Tag gesehen hatte, als Alice sich in meinem Beisein umzog und nackt vor mir stand, in der ganzen grausamen Pracht ihres wunderschönen Körpers. Deutlich sah ich jetzt die verblassten Photographien von Raldy, aufgenommen in ihrer Blütezeit – eine zeigte das perlenbesetzte Stadtwappen von Nizza und ein Ölbild des Pier-Casinos und trug die Unterschrift »Karneval in Nizza, Erster Preis« mit einer Jahreszahl: eine der ersten unseres Jahrhunderts. Und umrahmt von Satin, der trotz des langen Lebens seine Frische nicht verloren hatte, hing daneben eine große Photographie: eine mit weißen Blumen geschmückte Kutsche, dekorative Schimmel, und in der Kutsche in voller Lebensgröße eine lächelnde Schönheit mit einem Kranz auf dem Kopf: Raldy damals, Anfang des 20. Jahrhunderts.

»Dir muss das lächerlich erscheinen«, sagte sie, »aber ich bewahre sie auf, weil es das beste Jahr meines Lebens war.«

Dann sah sie mir so durchdringend und konzentriert ins Gesicht, dass ich mich unbehaglich fühlte und den Blick abwandte, weil ich fürchtete, sie könnte erfassen, was vermutlich in meinen Augen lag und was sie nicht erfassen sollte.

»Bist du verheiratet?«

»Nein.«

»Hast du eine Geliebte?«

»Ja.«

»Liebst du sie sehr?«

»Ja.«

»Und sie dich?«

»Nein.«

Ich überwand mich, lächelte und sagte:

»Wieso stellen Sie mir diese Fragen? Das hört sich ja an wie eine Übung aus dem Französisch-Lehrbuch.«

»Ich frage bloß, weil ich etwas verstehen will; wenn ich mehr über dich weiß als bisher, hilft mir das vielleicht. Ich glaube sogar, langsam verstehe ich es.«

»Was denn?«

»Ich hatte viele Geliebte«, sagte sie, ohne zu antworten, und ihre Augen füllten sich mit Tränen. »Sie stehen alle in meiner Schuld, weil sie ohne mich nie erfahren hätten, was Glück ist, was Seligkeit ist. Und nun, in diesen Tagen, vielleicht den letzten meines Lebens, denkt keiner von ihnen an mich, ich bin allein – und nur du, um ein Vierteljahrhundert zu spät gekommen und keineswegs in meiner Schuld, du sitzt bei mir, an meinem Bett. Wenn du wüsstest, wie schön ich war und wie ich lieben konnte! Doch das wirst du nie erfahren.«

Ich hörte ihr zu und überlegte, dass sie sich trotz ihrer unbestreitbaren Intelligenz und ihrer riesigen Erfahrung nur eine Art Glück vorstellen konnte, nämlich die, die sie während ihres ganzen langen Lebens verkauft und verschenkt hatte und wozu alles andere bloß eine zufällige Ergänzung darstellte. Und selbst jetzt, am Ende ihres Lebens, als die Muskeln ihres Körpers längst alle Straffheit und Geschmeidigkeit verloren hatten und tödliche Kälte bereits langsam zu ihrem Herzen hochstieg, aufwärts, vom Boden aus – sie klagte über eiskalte Füße, die nicht mehr warm wurden –, selbst jetzt drang das jugendliche Aufwallen eines längst zur Neige gegangenen, intensiven sinnlichen Weltgefühls als ein letztes ersterbendes Plätschern zu ihr hin. Die Interpretation mochte richtig oder falsch sein; doch weil Raldy gerade jetzt davon sprach, gab es zweifellos die Möglichkeit einer solchen Deutung; genau darin lag ihre ungeheure und ausdauernde Kraft, so sinnlos, so fahrlässig von ihr verschwendet. Und von neuem sah ich die durchsichtige Frühlingsnacht vor mir, als Platon und ich nach Montparnasse zurückkehrten, und erinnerte mich an das, was Platon damals über Raldy gesagt hatte.

»Jetzt weiß ich es«, sagte sie, »mir scheint, ich weiß, warum gerade du hier bist und niemand anders. Dein Unglück in der Liebe ist daran schuld, mein Junge. Du kannst mehr geben, als man von dir verlangt. Und was übrigbleibt, das bringst du mir.«

Sie streckte die Hand zum Nachtschränkchen aus und ergriff ein Glas Wasser. Doch ihre Finger zitterten so sehr, dass sie es nicht zum Munde führen konnte. Ich gab ihr mit einem Löffel zu trinken und beugte mich über sie. In der feuchten Stille ihres Zimmers hörte ich ihren rasselnden Atem und das dumpfe Gluckern der Flüssigkeit in ihrer Kehle. In diesem Moment spürte ich mit aller Deutlichkeit, dass ihr Tod unmittelbar bevorstand. Gewusst hatte ich das natürlich schon vorher; doch damit es nicht Gedanke blieb, sondern Gefühl wurde, waren anscheinend diese Sekunden grausamer Stille vonnöten, dieses Rasseln in ihren Lungen, dieses Gluckern des Wassers.

Als ich aufbrach und sagte, ich käme am nächsten Tag

wieder, bat sie mich, den Schalter eines kleinen Radioapparats zu betätigen, der auf der Kommode stand. Sie sagte, das sei ihre einzige Unterhaltung, und erklärte, ein junger Elektrotechniker habe ihn ihr geschenkt, der eine Zeitlang im selben Haus wohnte. Ich schaltete das Radio ein; und als ich ging, sang in Raldys Zimmer eine hohe Männerstimme, sehr leise und rein, auf Italienisch die Arie aus *La Forza del Destino*. Schon dämmerte es, die Umrisse der Gegenstände verloren ihre Schärfe, die kleinen Wellen des Nizza-Satins waren unsichtbar geworden; auf dem Photo von Raldy in der Blumenkutsche wurde die endlose Kombination von weißer Farbe trübe und dunkel, und die Rundung des riesenhaften Kranzes ließ sich kaum vom malerischen Schwung des Pferdehalses unterscheiden. Durch das hohe und schmale Fenster, das seiner Form nach an ein Kirchenfenster mit Glasmalerei erinnerte, sah man noch eine mit verschiedenfarbigen Ziegeln ausgebesserte blinde Mauer und, von den unregelmäßigen Konturen unterschiedlich hoher Häuser begrenzt, ein Stück Himmel von einem reglosen, immer stärker dunkelnden Tiefblau.

»Bis morgen, mein lieber Junge«, sagte Raldy, »ich fühle mich jetzt viel besser.«

Unter meinen Freunden war ein junger, sehr fähiger Arzt, an den ich mich mit der Bitte wandte, Raldy zu untersuchen. Ich schilderte in wenigen Worten ihre Geschichte und beschrieb, so gut ich konnte, ihre Krankheit. Am nächsten Morgen fuhren wir mit seinem Auto zu ihr. Als wir die Treppe hinaufgestiegen waren und einen Moment vor der Tür verharrten, drang Musik aus dem Radioapparat zu uns. Ich klopfte, es kam keine Antwort. Da öffnete ich die Tür, und wir traten ein.

Raldy lag in ihrer ganzen schrecklichen letzten Reglosigkeit auf dem Bett. Neben ihr, auf dem Nachtschränkchen, lag umgestürzt und zerbrochen das Glas, aus dem das Wasser ausgelaufen war. Ihre offenen toten Augen mit der verdrehten Iris blickten zur Decke, der Unterkiefer hing herab, erstarrt im Todesseufzer. Aus dem Apparat strömten nach wie vor Melodien, und ihr nutzloser Zauber konnte die unwiderrufliche Stille im Zimmer auf keine Weise stören; die Sonne schien matt durch das hohe und schmale Fenster, das einem Glasgemälde glich. Ich betrachtete Raldy lange; und durch die tiefe Trauer hindurch, die ich empfand, bemerkte ich, dass sich ihr volles weißes Gesicht fast nicht verändert hatte; was ihm das besonders schreckliche und tote Aussehen verlieh, war das Verschwinden ihres zärtlichen Blicks, anstelle dessen das blinde Weiß der Augäpfel, auf steinerne und stumpfe Weise reglos, in seiner ganzen Breite sichtbar war. Ich bedeckte ihr Gesicht mit einem Laken, und wir gingen hinaus, bemüht, keinen Lärm zu machen, wie man es im Zimmer von Verstorbenen macht. Unten angekommen, suchte der Arzt die Concierge auf und teilte ihr mit, dass Raldy gestorben sei.

»Das gibt's doch nicht!«, antwortete die Concierge, warf sich einen Mantel über und verschwand; das Wasser in einem Topf, der auf dem Feuer stand, in der Küche neben ihrem Zimmer, brodelte und lief über, bis es die Flamme zischend gelöscht hatte.

Der Arzt fuhr mich nach Hause, wir schwiegen während der ganzen Fahrt. Dann stieg ich die Treppe zu meinem Zimmer hoch. Der hölzerne Laden war ein Stück herabgelassen, das Zimmer nur zur Hälfte erhellt. Ich setzte mich in den Lehnstuhl, steckte mir eine Papirossa an – und plötzlich gesellte sich die Melodie zu mir, die im Zimmer der verstorbenen Raldy erklungen, in der feuchten Luft neben ihrer Leiche dahingeströmt war. Ich hörte Wasserrauschen und Vogelrufe darin, sah einen Schatten, der zurückwich und der Sonne Platz machte, sah glitzernden Tau auf grünem Gras und leichten Dunst über Bäumen, die ganze Morgenwelt, die sie nicht mehr erleben konnte, weil ihr die letzte Luft in den Lungen fehlte. Es war der »Morgen« von Grieg.

Einige Tage später fiel mein Blick auf eine Überschrift in der Abendzeitung, die ich gerade gekauft hatte:

»Jeanne Raldy, ehemals ungekrönte Königin von Paris, gestern im Zimmer einer Absteige tot aufgefunden.«

Das war falsch: Das Haus, in dem sie wohnte, war kein Hotel gewesen. Doch das hatte keine Bedeutung. In dem Artikel wurde ihre Lebensgeschichte erzählt – und ich las dort all das, wovon sie mir erzählt hatte; sogar Dachdecker-Dédé kam vor. Der Anfang ihrer Karriere wurde beschrieben, ihre Empfänge in Ville-d'Avray – und wieder die Fürsten, Senatoren, Bankiers, dann das Stundenhotel, das ihr gehört hatte, dann ihre Verhaftung unter dem Vorwurf des Drogenhandels – davon hatte sie mir nie erzählt; ich glaube, nicht weil sie es für nötig hielt, das zu verschweigen, sondern weil sie dem keine Bedeutung zumaß –, dann ihr langsames, allmähliches Verblühen, das Trottoir der Avenue de Wagram, derselben Avenue de Wagram, durch die sie einst in ihrer Kutsche gefahren war, und schließlich, nicht weniger klassisch, der melodramatische Tod im Elend, mit einem Wort, ein fertiges und dankbares Sujet für die Boulevardliteratur. Nach dem Lesen des Artikels dachte ich, Raldy hätte etwas Besseres verdient. Ihr Unglück bestand darin, in die Gesellschaft von trägen und ungebildeten Roués geraten zu sein, die alle so leben wollten wie die Helden von Moderomanen – und angesichts der Erbärmlichkeit dieser

Groschenästhetik und dieser Gesellschaft hatte sie keine Chance. Außerdem trug sie, wie Platon gesagt hatte, natürlich immer schon den destruktiven Hang zum Unglück in sich, das ständige Bewusstsein, zum Untergang verurteilt zu sein, das ihren unvergleichlichen, tragischen Liebreiz hervorrief. Und ich dachte an ihre Worte:

»Aber ich bin nicht wie alle. Ich bin trotzdem die Raldy. Und ich sterbe allein.«

Sie starb allein, an einem frühen Sommermorgen oder vielleicht in einer leichten und durchsichtigen Nacht, in den Stunden vor der Morgendämmerung. Und mit ihr entschwand eine ganze von ihr geschaffene Welt – Selbstmordversuche, Duelle ohne tödlichen Ausgang, ein paar schlechte Gedichte, ihr durchsichtiges azurblaues Hemd, in dem sie dalag, als Fürst Nerbatow auf den Knien vor ihrem Bett weinte, der Satin vom Karneval in Nizza, immer noch frisch wie ein von Wünschen unberührtes Chagrinleder, und dann noch, womöglich das Einzige, was sie in ihrem Leben erreicht hatte – jenes ferne und, wie verklingende Musik, langsam schwächer werdende Bedauern, das alle verspürten, die ihre traurige und unvergessliche Nähe genossen hatten.

* * *

Einer der Gründe für meine unablässige und ziellose Gereiztheit bestand darin, dass ich, gezwungen zu leben, wie ich nun einmal lebte, mir nicht den Luxus erlauben konnte, irgendwelchen Impulsen zu folgen, nicht so viel lesen konnte, wie ich wollte, nicht die erforderliche Zeit für diesen oder jenen Gegenstand aufwenden konnte, der mich in dem Moment interessierte. Um Zeit für das zu haben, was mir am unentbehrlichsten erschien, sparte ich am Schlaf –

und während vieler Jahre schlief ich täglich fünf Stunden und manchmal weniger. Daran kann man sich gewöhnen; einmal in zwei oder drei Wochen jedoch wurde ich zur üblichen Zeit wach, beschloss dann, liegenzubleiben, und stand erst am nächsten Tag auf – und schlief also sechzehn bis zwanzig Stunden wie ein Stein, ohne auch nur einmal aufzuwachen. Das geschah regelmäßig, wenn ich eine Arbeit hatte, und darin lag eine ärgerliche Absurdität, mit der ich mich nicht abfinden konnte. Die meisten meiner Kameraden vom Taxigewerbe hatten nicht das geringste Bedürfnis nach Freizeit, im Gegenteil, Mußestunden belasteten sie. Solchen Leuten begegnete ich auch in Fabriken und in anderen Milieus, mit denen ich in Kontakt kam; einige von ihnen wussten an freien Tagen einfach nichts mit sich anzufangen. Da war zum Beispiel Pierre, ein alter Arbeiter, in einer der ersten Fabriken, wo ich eine Beschäftigung annehmen musste; er wohnte sehr weit weg, acht oder zehn Kilometer von Paris entfernt, und stand jeden Tag um vier Uhr morgens auf, um rechtzeitig, nämlich um sieben, am Arbeitsplatz zu sein. Er war seit dreißig Jahren in dieser Fabrik beschäftigt. Am Montagmorgen erschien er immer strahlend als erster und klagte unweigerlich, er habe sich am Tag zuvor tödlich gelangweilt. Das Überraschendste war indessen, dass er, wie die meisten alten französischen Arbeiter, fast nichts tat – er spazierte von einer Werkhalle in die nächste, plauderte und drehte mit Fingern, von denen der jahrealte Metallschmutz nicht mehr abzukriegen war, unentwegt Papirossy; hatte er eine gedreht, steckte er sie hinters Ohr, die nächste steckte er hinters andere, und erst die dritte rauchte er, offenbar weil er keine weiteren Ohren hatte. Überhaupt bekamen Leute, die schon seit Ewigkeiten an ihrem Arbeitsplatz waren, ihren Lohn meistens für nichts – und dieses Ziel strebte auch jeder an. Verständlicherweise: Bevor sie eine mehr oder weniger gute Stelle ergatterten, mussten sie viele Jahre arbeiten, und hatten sie sie endlich ergattert, ließen weder Alter noch Kräfte anstrengende Tätigkeiten zu. Doch je weniger sie arbeiteten, desto mehr sprachen sie darüber. Als ich nach Frankreich kam, verblüffte mich, dass ich zwei Wörter häufiger als andere und buchstäblich überall zu hören bekam: Arbeit und Müdigkeit, in unterschiedlichen Varianten. Doch wer wirklich arbeitete und wirklich müde war, sprach sie am seltensten aus.

Als ich in diversen Fabriken beschäftigt war, bestand mein ganzes Leben in der Erwartung des Sirenentons, der das Ende des Arbeitstages ankündigte, und was um mich herum geschah, interessierte mich wenig. Und dennoch musste mir auffallen, wie schlecht und ineffektiv die Arbeit in jeder beliebigen Fabrik aufgeteilt war, wie viel Zeit verschwendet wurde und welche Riesensummen man täglich Hunderten von Leuten zahlte, die nichts oder fast nichts taten. Dabei war diese Struktur noch ideal zu nennen, wenn man sie mit einer monströsen halbstaatlichen Institution verglich, die in ganz Frankreich und der ganzen Welt Bücher, Zeitungen und Zeitschriften vertrieb, bei der ich sehr viel später eine Stelle hatte. Ich arbeitete dort drei Monate im Büro, und in meinem ganzen Leben habe ich nie sinnloser meine Zeit vergeudet.

Als ich dorthin kam, wies man mir ein Lacktischchen zu, an dem ich arbeiten sollte, und nach einer Stunde quälenden Wartens rief mich mein direkter Vorgesetzter zu sich, ein kleiner älterer Herr mit schwarzem Bart, wächsernem Gesicht und gelblichem Weiß der Augäpfel.

»Ich vertraue Ihnen gleich eine ziemlich wichtige Arbeit an«, sagte er, »hier, bitte, stellen Sie nach diesen Heften eine Liste unserer Vertreter in Konstantinopel und Umgebung zusammen.«

Ich schrieb die Namen ab, es waren genau vierzig. Doch als ich ihm die Liste nach etwa zwei Stunden brachte, sah er mich an, als wäre ich wahnsinnig.

»Wollen Sie sagen, dass Sie die Liste zusammengestellt haben? Mit anderen Worten, dass der Auftrag, den ich Ihnen erteilt habe, ausgeführt ist?«

»Ja.«

»Aber begreifen Sie doch, dass das nicht sein kann!«, rief er. »Das kann nicht sein, verstehen Sie! Für diese Arbeit braucht man eine Woche, junger Mann. Gehen Sie, gehen Sie.«

Ich zuckte die Achseln und kehrte an meinen Tisch zurück. Die Angestellten sahen mich mitfühlend an. Ich vertiefte mich erneut in meine Liste: Arabaji, Avrikides … Ich saß bis zum Abend daran, las ein ums andere Mal die türkischen und griechischen Namen, und von der Wiederholung summte es mir in den Ohren. Als ich ging, klopfte mir mein Vorgesetzter auf die Schulter und fragte:

»Na, geht die Arbeit voran?«

»Ja, das tut sie«, antwortete ich. Und am nächsten Morgen saß ich wieder an der Liste. Ich lernte die Punkte und Kommata auswendig, ich unterstrich die Vor- und Familiennamen, und als ich die Liste um elf Uhr wieder zum Chef brachte, sah er mich von neuem missbilligend an:

»Sie wollen wohl sagen, dass Ihre Liste fertiggestellt ist?«

»Ja, absolut.«

»Großartig«, sagte er lächelnd, und dabei nahm sein Gesicht einen Ausdruck an, der gar nicht zu ihm passte, besorgt und verschlagen zugleich.

»Großartig. Also, hier ist Ihre nächste Aufgabe: Schauen

Sie die Liste bitte aufmerksam durch und kontrollieren Sie, ob sich nicht irgendein Fehler eingeschlichen hat. Machen Sie das gründlich, ohne Eile, mir ist aufgefallen, dass Sie ziemlich fahrig arbeiten. Ach, die Jugend!«

Abgrundtief verzweifelt ging ich weg. Arabaji, Avrikides … Ich saß an dieser endlosen Liste, las zum hundertsten Mal die Firmenadressen, schloss die Augen und sah Konstantinopel vor mir: Pera, Galata, Alt-Istanbul, Beşiktaş, Nişantaşı, der Bosporus, ratternde Straßenbahnen, die Abendlichter der Schiffe über der Bucht, der Beyazıt-Platz, der Taksim-Platz, Moscheen, Friedhöfe, Häuser mit Holzbalkonen, der Wind vom Meer, die Nacht, die riesigen Sterne am Himmel. Ich arbeitete fünf Wochen an dieser Liste. Jeden Morgen stand ich höllisch deprimiert auf, ich kannte sie längst auswendig, wie ein orientalisches Gebet aus einer absurden Scheherazade-Geschichte: Arabaji, Avrikides, Baranopulo, Bakribej … Schließlich, zu Beginn der sechsten Woche der Konstantinopel-Liste, rief der Chef mich wieder zu sich und sagte, diese Arbeit, obschon fast vollendet, müsse beiseitegelegt und einige Zeit später endgültig geprüft werden, doch inzwischen gebe er mir einen anderen Auftrag.

»Hier ist die Akte unseres Vertreters in Amsterdam«, sagte er. »Er ist mit irgendetwas unzufrieden und schreibt schon sieben Monate lang andauernd Protestbriefe. Bitte klären Sie, worum es geht.«

Die Sache war denkbar einfach. Vor acht Monaten hatte der Vertreter in Amsterdam fünfhundert Franc an die Adresse unserer Pariser Institution gesandt mit der Bitte, ihm die entsprechende Anzahl bestimmter Postkarten zu schicken; ich kannte diese Karten, er hatte Serie und Nummer genannt: Es waren Aufnahmen von splitternackten Frauen in verschiedenen Posen, alle mit demselben auffallenden Makel, der sich indessen nicht mit körperlicher Anormalität, sondern mit Zensurbestimmungen erklären ließ – auf keinem dieser Körper gab es auch nur ein einziges Haar, Haare waren bei den photographierten Frauen ausschließlich auf dem Kopf zulässig. Die Versandabteilung hatte ihm nur für dreihundert Franc Postkarten geschickt. Und so forderte der Mann monatelang, man solle ihm entweder zweihundert Franc zurückzahlen oder die Ware für diese Summe schicken. Die ersten Briefe waren in nüchternem, höflichem Geschäftston verfasst, in nicht sehr gewandtem Französisch – und jedem lag eine Antwort immer desselben, unveränderten Inhalts bei:

»Sehr geehrter Herr, wir bestätigen Ihnen den Empfang Ihres Schreibens vom Soundsovielten dieses Jahres. Die Direktion schätzt sich glücklich, Ihnen auf die darin dargelegte Bitte hin mitteilen zu können, dass diese Berücksichtigung gefunden hat, und drückt ihre Hoffnung aus, dass die Maßnahmen, die zu ihrer Erfüllung eingeleitet wurden, Ihre vollste Zufriedenheit finden.«

Der Vertreter in Amsterdam dagegen schrieb im Laufe der Zeit immer energischere Briefe, in denen von Nüchternheit und Höflichkeit nichts mehr zu spüren war. »Dass eine Firma von Weltruf sich erlaubt, dermaßen gegen elementare Prinzipien des Anstands zu verstoßen«, schrieb er unter Verwendung etlicher Ausrufungszeichen, »ist absolut empörend. Ich will hoffen, dass es nur ein paar verantwortungslose, niederträchtige Provokateure sind, die diesen Konflikt in die Länge ziehen, der sich allmählich zu einer Schweinerei auswächst.« Doch als Antwort auf alle seine Ausrufungszeichen kopierte die Direktion unerschütterlich den Text ihres ersten Schreibens:

»Sehr geehrter Herr, wir bestätigen Ihnen den Empfang

Ihres Schreibens vom Soundsovielten dieses Jahres. Die Direktion schätzt sich glücklich, Ihnen auf die darin dargelegte Bitte hin mitteilen zu können, dass diese Berücksichtigung gefunden hat, und drückt ihre Hoffnung aus, dass die Maßnahmen, die zu ihrer Erfüllung eingeleitet wurden, Ihre vollste Zufriedenheit finden.«

Der Vertreter aus Amsterdam antwortete:

»Meine Herren, ich kann mich des Eindrucks nicht erwehren, dass Ihre weltbekannte Firma einen Frechling von Papagei eingestellt hat, der des Schreibens kundig ist und meine Briefe beantwortet. Begreifen Sie doch, meine Herren, dass der ganze Vorgang das französische Prestige im Ausland mit Schande bedeckt, namentlich in den Niederlanden, wo ich vor meinen zahlreichen Freunden nicht mehr verbergen kann, dass ich das Opfer eines ebenso unerklärlichen wie unverhohlenen Diebstahls geworden bin.«

»Sehr geehrter Herr«, antwortete die Firma, »wir bestätigen Ihnen den Empfang Ihres Schreibens vom Soundsovielten dieses Jahres. Die Direktion schätzt sich glücklich …«

Ein Brief fehlte in der Akte, der allererste, den ich noch lesen wollte, um ein ruhiges Gewissen zu haben. Man sagte mir, er befinde sich im Archiv und sei dort zu entnehmen. Das Archiv lagerte in einem dreistöckigen Glasgebäude gegenüber von meinem Büro, etwa fünfzig Meter entfernt. Ich ging hin, dort herrschte eine Grabesstille; nachdem ich ein paar Mal gerufen hatte: »Ist hier jemand?«, drang in der staubigen Stille das Scharren langsamer Schritte an mein Ohr, und ein kleiner Greis, der aussah, als sei er einem deutschen Märchen entsprungen, stieg die eiserne Wendeltreppe zwischen den hohen Regalen herunter.

»Kein Grund, so zu schreien«, sagte er leise, aber streng, »ich bin Gott sei Dank nicht taub. Aber Sie scheinen nicht in Betracht zu ziehen, dass man in seine Arbeit vertieft sein könnte.«

»Ich bitte um Verzeihung«, antwortete ich. »Es geht darum, dass ich ein Dokument benötige, und ich bin hier, um es mit Ihrer Erlaubnis mitzunehmen.«

Der Alte schob sich die Brille auf die Stirn, trat näher heran und musterte mich sehr genau.

»Das heißt, Sie glauben womöglich, dass ich dieses Dokument unverzüglich herhole und Ihnen aushändige?«

»Genau so stelle ich mir das vor.«

»Na so etwas!«, sagte er verblüfft und empört. »Das hat ja die Welt noch nicht gesehen! Glauben Sie, ich verteile hier munter drauflos Dokumente?«

»Erlauben Sie«, sagte ich, »hier liegt offenbar ein Missverständnis vor.«

»Das meine ich auch, junger Mann.«

»Sind Sie der Archivleiter?«

»Seit zweiunddreißig Jahren, Monsieur. Als ich diese Stelle antrat, waren Sie noch gar nicht auf der Welt.«

»Ausgezeichnet. Ich benötige ein Dokument, ich sage Ihnen, welches. Können Sie es mir geben?«

»Nein.«

»Warum nicht? Wozu existiert das Archiv denn dann?«

Er betrachtete mich noch einmal und fragte, wie lange ich hier arbeitete. Ich sagte es ihm. Da schüttelte er den Kopf und erklärte, ich müsse ihm einen Brief schreiben und per Hauspost schicken, und erst dann erhielte ich Antwort sowie das Dokument – falls das Archiv das für möglich erachte.

»Ich bitte Sie«, sagte ich, »wieviel Zeit nimmt das denn in Anspruch?«

»Zwei bis vier Tage.«

»Hören Sie, ich arbeite dort drüben«, ich zeigte ihm mein Fenster. »Wieso soll ich Ihnen Briefe schreiben?«

Doch er schüttelte erneut den Kopf und antwortete, ich täte gut daran, die Firmenregeln nicht anzutasten, die es schon vor meiner Geburt gegeben habe und auch nach meinem Tode noch geben werde. Dann fügte er hinzu, er wolle mich nicht weiter aufhalten, stieg seine Eisentreppe hinauf und verschwand, einem kleinen alten Zauberer ähnlich.

In mein Kontor zurückgekehrt, sagte ich zu meinem Chef, der alte Archivar sei ganz einfach verblödet, und erzählte ihm vom Resultat meines Besuchs.

»Er hat recht, er hat vollkommen recht«, sagte der Chef. »Schreiben Sie ihm den Brief, und später berichten Sie mir, ob Sie die Sache mit dem Amsterdamer Vertreter klären konnten.«

»Die Sache ist ganz einfach«, begann ich, doch er unterbrach mich und bemerkte in leicht belehrendem Ton, man müsse sich vor übereilten Schlüssen hüten: Vielleicht enthalte dieser erste Brief Informationen, die …

Der erste Brief, der mir drei Tage später – per Hauspost – zugestellt wurde, unterschied sich von den übrigen nur durch seine Höflichkeit. Ich erklärte meinem Chef, worum es ging, und drückte meine Verwunderung darüber aus, dass eine solche Lappalie, an der es nichts zu deuteln gab, sich so lange hinziehen konnte

»Er muss entweder zweihundert Franc oder die Ware für diese Summe bekommen.«

»Das dachte ich mir.« Er sagte das ohne die leiseste Ironie. »Ja, den Eindruck hatte ich auch.«

»Und warum haben Sie dann keine Maßnahmen ergriffen?«

»Wissen Sie, solange er nicht vor Gericht geht … Und die

Summe haben wir ja erhalten, die erhöht die Firmeneinnahmen.«

»Die Firma setzt Millionen um, was bedeuten da zweihundert Franc?«

»Millionen bestehen aus einzelnen Francs, junger Mann. Jedenfalls sind Sie mit dieser Sache gut zurechtgekommen, ich danke Ihnen.«

Ich hatte Lust, mir die Augen zu reiben.

»Jetzt prüfen Sie bitte endgültig die Konstantinopel-Liste.«

Von da an tat ich in dieser Institution nichts mehr. Freilich gab es noch den Plan, mir die Klassifikation irgendwelcher Dokumente anzuvertrauen, und der Chef hielt mir sogar einen langen Vortrag über die Klassifikationsprinzipien, aber weiter gedieh die Sache nicht.

Ich stellte fest, dass ich keine Ausnahme war. In dem Kontor, wo ich arbeitete, gab es vierzehn Angestellte – aber die Arbeit hätte problemlos einer allein schaffen können, und er hätte noch Zeit übrig gehabt. Alles war dermaßen falsch und absurd eingerichtet, dass ich nicht begreifen konnte, wie dieses Witzunternehmen überleben und eine Menge Geld erwirtschaften konnte. Ich weiß noch, wie einmal ein junger Mann ins Kontor kam und sagte, er habe die Warenmuster geliefert.

»Bringen Sie sie herauf.«

»Sie sind auf dem Lastwagen.«

»Auf dem Lastwagen? Wieso?«, fragte ich. Als Ware kam nur eines in Frage – Postkarten; um Musterkarten zuzustellen, war kein Lastwagen nötig. Ich ging mit ihm hinunter: Dort, am Tor, stand tatsächlich ein Wagen, auf dem sorgfältig verpackt ein ganzer Berg Stahlmöbel lag.

»Was ist das?«, fragte ich erstaunt.

»Die Warenmuster.«

»Von was für einer Ware?«

»Stahlmöbel.«

»Wer hat die bestellt?«

»Keine Ahnung. Der Auftrag kam per Telefon.«

Daraufhin ging ich ins untere Kontor und fand heraus, dass ein allseits geachteter Angestellter am Telefon gewesen war, ein stattlicher, schon älterer Herr, Ritter der Ehrenlegion, der sehr schwer hörte, das aber keineswegs zugeben wollte, nicht einmal vor sich selbst, und häufig ans Telefon ging, um gleichsam die Haltlosigkeit einer derartigen Annahme zu demonstrieren. So war es auch in diesem Fall gewesen. Seine Kollegen teilten mir mit, das sei nicht zum ersten Mal passiert, einmal habe man ihnen Wurst aus dem Delikatessenladen angeliefert, ein anderes Mal elektrische Lampen und nun eben Stahlmöbel.

»Wie ist das bloß möglich? Der Mann ist doch finanziell eine Katastrophe.«

»Er genießt hohes Ansehen, er hat sich im Krieg ausgezeichnet.«

Auf diese Weise führten ideal ungebildete und ideal fahrlässige Menschen jahrzehntelang das Geschäft, alterten, erarbeiteten sich ihre Rente und starben. In meiner Abteilung herrschte zudem noch ein besonderes Chaos, weil die Angestellten mit ausländischen Namen umgehen mussten, aber keine Sprache außer ihrer eigenen beherrschten und jedes nichtfranzösische Wort nur mit Mühe lesen und kaum aussprechen konnten. Als ich ihnen, um der tödlichen Konstantinopel-Öde zu entfliehen, ein paar Mal half, wunderten sie sich, dass ich ohne Stocken deutsche, englische oder bulgarische Namen las, für sie war das unbegreiflich. Nachdem ich ihnen erklärt hatte, ich sei Ausländer und hätte lange in anderen Ländern gelebt, wunderten sie sich nicht mehr und fanden alles ganz normal.

Eines schönen Tages nahm ich mein Monatsgehalt in Empfang, ging fort – und kehrte nicht mehr an meinen Arbeitsplatz zurück. Die Institution reichte eine Klage gegen mich ein, wandte sich ans Gericht und schickte ihren eigenen Sachwalter, einen berufsmäßigen Querulanten in schwarzem Anzug, der dem Friedensrichter, einem sanften Greis, ins Gesicht schrie, das werde sich die Gesellschaft nicht bieten lassen, ich sei ohne Vorwarnung gegangen, er fordere von mir eine Zahlung von tausend Franc und die Gerichtskosten, mein Verhalten sei empörend, und er nehme Abstand davon, es näher zu qualifizieren. Ich zuckte die Achseln und antwortete, jedenfalls müsse er nicht so schreien; wenn er glaube, sein Geschrei werde mich beeindrucken, dann sei er im Irrtum, und wenn die Firma sich Hoffnungen auf tausend Franc von mir mache, dann sei das die reine Illusion. Da ich mich bei meinem Weggang auf Krankheit berufen hatte – nervliche Erschöpfung –, schlug der greise Richter mir vor, ein Gutachten vom Gerichtsarzt einzuholen. Ich war einverstanden – und erhielt sechs Wochen später eine Vorladung vom Arzt, zu der ich auch erschien, um lange in einem leeren Wartezimmer auszuharren; auf dem Tisch lagen einige Vorjahresnummern von *L'Illustration* und *Die Orientalen* von Victor Hugo, in denen ich aus Langeweile zu lesen begann. Endlich kam der Arzt; er sah mich erstaunt an und fragte, worum es gehe. Ich erklärte es ihm. Auch der Arzt war alt – wie mein Chef, der Archivar, der Richter –, und einmal mehr ging mir durch den Kopf, dass alle halbwegs sicheren und ruhigen Posten in Frankreich von hochbetagten Männern besetzt waren.

»Wie heißen Sie?«

Ich sagte es ihm.

»Warten Sie hier.«

Und er ging. Ich schlug erneut *Die Orientalen* auf und las weiter. Es vergingen etwa vierzig Minuten. Dann kam er geräuschlos wieder herein und sagte:

»Entschuldigen Sie, bitte, wie war noch einmal Ihr Name, etwas Ausländisches, nicht wahr?«

Ich wiederholte ihn.

»Gut, warten Sie, bitte.«

Eine weitere Stunde verging, ich rauchte drei Papirossy, las mehrere Artikel aus *L'Illustration* und wollte mich gerade wieder an *Die Orientalen* machen, als er schließlich eintrat, zum dritten Mal, und verkündete, dass er mich jetzt untersuchen werde. Doch da fiel ihm ein, dass er kein Handtuch mitgenommen hatte, er ging eins holen und verschwand erneut für etwa zehn Minuten. Ins Wartezimmer zurückgekehrt, bat er mich, ihm zu folgen, und wir gingen ins Behandlungszimmer, wo auf dem Tisch ein aufgeschlagenes Buch lag; ich warf einen flüchtigen Blick darauf und las die Zeile: »Der Graf aß, wie wir uns erinnern, wenig bei Tisch.«

Es war *Der Graf von Monte Christo* – und da begriff ich, warum der Arzt so lange weggeblieben war: Er konnte sich offenbar nicht von der Lektüre losreißen.

Er hörte mich ab, seufzte und fragte dann:

»Was haben Sie für Beschwerden?«

»Keine«, antwortete ich. »Ich bin auf Ihre Vorladung hin hergekommen, der Friedensrichter hat mich wegen eines Gutachtens zu Ihnen geschickt; mein Besuch ist also nicht privater, sondern juristischer Natur, verstehen Sie, Doktor?«

»Ah«, sagte er, »das ist etwas anderes. Entschuldigen Sie, bitte, ich habe wieder vergessen, wie Sie heißen.«

Mich erfasste plötzlich der Drang, eine dramatische Pause

einzulegen, dicht an ihn heranzutreten und bedeutungsschwanger zu raunen: Edmond Dantès.

Doch ich beherrschte mich.

»Die Untersuchung ist beendet, Sie können gehen.«

»Ich danke Ihnen, Doktor. Kann man das Ergebnis erfahren?«

»Nein, Monsieur, aber es wird dem Friedensrichter mitgeteilt.«

Es wurde tatsächlich mitgeteilt, und als ich später beim Richter war, sah ich in seiner Hand ein Blatt mit unleserlichem Gekritzel in jeder Spalte; die einzigen Wörter, die ich entziffern konnte, lauteten: »Allgemeiner Gesundheitszustand – ausgezeichnet.«

Der berufsmäßige Querulant triumphierte; seine sinnlose Begeisterung ließ sich nicht dämpfen, obwohl ich ihm sagte, das Gutachten sei nur ein Detail, das keine Bedeutung habe und nichts ändere. Die Zeit verging, das Verfahren nahm seinen Lauf; ich bekam eine Vorladung, verschlief aber an dem Tag und ging nicht hin. Dann bekam ich Briefe vom Gerichtsvollzieher, der mir in ungelenkem Juristenfranzösisch erklärte, er sei bevollmächtigt, von mir eine bestimmte Summe zu erhalten, ich glaube, etwa anderthalbtausend Franc, und ich wurde aufgefordert, sie zu entrichten – zuerst im Verlaufe von acht, dann von drei, dann von zwei Tagen; der letzte Brief warnte mich, am folgenden Morgen werde mein Besitz gepfändet. Doch ich hatte keinen Besitz, ich lebte im Hotel, war ganze Tage außer Haus – und so erfuhr ich nie, ob jener Besitz, der nur in der Vorstellung der französischen Justiz existierte, wenigstens symbolisch gepfändet worden war.

* * *

Aus dieser Zeit, von dieser Stelle mit der Vertreter-Liste aus Konstantinopel und dem Korrespondenten aus Amsterdam habe ich noch etwas anderes in Erinnerung: die ganzen drei Monate war ich an jedem einzelnen Tag todmüde. Ich hatte damals – durch einen dummen Zufall – ein Zimmer im jüdischen Viertel gemietet, im Pariser Norden, nicht weit von der Rue Marcadet, aß in verschiedenen Restaurants und war fast täglich im Quartier Latin, wo eine Frau wohnte, deren Gegenwart mir zu jener Zeit die ganze Welt ersetzen konnte. Meistens kehrte ich gegen halb vier mit dem Nachtbus heim, stand um sieben auf und fuhr zur Arbeit; und wenn ich nach dem Frühstück in mein Kontor ging, summte und schwankte alles vor mir, und ich wurde erst gegen Abend munter. Manchmal ertappte ich mich dabei, dass ich von dem, was ringsherum geschah, nichts hörte oder begriff; und eines Nachts, von Samstag auf Sonntag, als ich zu Fuß durch Paris lief, schlief ich zwei oder drei Mal im Gehen ein und wurde erst ein paar Schritte später wieder wach, wie ein Soldat auf einem langen Nachtmarsch. Es war eine Zeit endloser seelischer Auszehrung, vermutlich einmalig in meinem Leben, und die Orte, wo ich mich damals regelmäßig aufhielt, sehe ich klar und deutlich vor mir, sobald ich in Gedanken in diesen Zeitraum zurückkehre: der Boulevard Arago mit seinen dichten Baumkronen, die die runden Laternen verdeckten, Fontainebleau und Marly-le-Roi, wo ich sonntags hinfuhr, die Nachtkabaretts mit ihren musikalischen Wogen trivialer Romanzen und Melodien, in denen für mich ein hoffnungsloser und melancholischer Liebreiz lag; er existierte, glaube ich, nicht an sich, sondern stellte sich nur ein, weil es schon gegen drei oder vier Uhr morgens war – und nah bei mir die unvergesslichen, fernen Augen in dem vor Nacht und Musik erschöpften Gesicht.

Und dennoch war diese Zeit, trotz des chronischen Schlafmangels und der Büroarbeit, im Grunde ausgesprochen nützlich für mich, weil damals mein ganzes Leben auf eine Idee hinauslief, die Idee eines illusionären persönlichen Glücks, und die übrige Welt nicht mehr existierte. Dieses Gefühl war damals voller und intensiver als alles andere; es setzte sich auch später fort, noch jahrelang, doch dann wurde es durch die Arbeit, der ich zu viel Zeit opfern musste, und eine Reihe kleiner Missgeschicke beeinträchtigt, und dennoch erschien mir das, was ich sah, erfuhr und beobachtete, noch lange undeutlich und trübe, weil es von einem zu stürmischen Privatleben überdeckt wurde, das so egoistisch und atemlos war, dass ich nicht einmal ein Zehntel von dem sehen und verstehen konnte, was ich verstanden und erfahren hätte, wenn es diese seelische Überladenheit und Überbeanspruchung nicht gegeben hätte. Nützlich war das für mich, weil ich später – als sich, aus zahlreichen und komplizierten Gründen, die unstrittige Aussichtslosigkeit meines langen und vergeblichen Wartens und die fast gläserne Brüchigkeit all dessen herausstellte, worauf ich gerechnet hatte, als ich also langsam wieder zu mir kam – die Welt nicht so erblickte, wie sie mir vorher erschienen war; sie trat gleichsam allmählich aus dem Dunkel hervor. Es fühlte sich an, als wäre ich nach langer Abwesenheit in ein Land zurückgekehrt, das sich seitdem bis zur Unkenntlichkeit verändert hatte.

Zuvor hatte ich mein Leben etliche Male neu beginnen müssen, bedingt durch die außergewöhnlichen Ereignisse, die mich, wie meine ganze Generation, überrollten – Bürgerkrieg und Niederlage, Revolution, Emigration, Schiffsreisen im Laderaum oder an Deck, fremde Länder, zu rasch wechselnde Umstände, mit einem Wort, ein schroffer Ge-

gensatz zu dem, was ich mir nach alter Gewohnheit – seit Jahr und Tag, als hätte ich es in einem Buch gelesen – vorstellte: ein altes Haus, mit denselben Stufen vor derselben Türe, denselben Zimmern, denselben Möbeln, denselben Bücherregalen, mit Bäumen, die, wie das Archiv in meiner Firma, schon vor meiner Geburt existierten und nach meinem Tod weiter wachsen würden, und Lermontows Eiche über meinem stillen Grab, Schnee im Winter, Grün im Sommer, Regen im Herbst, der leichte Wind im unvergesslichen russischen April; viele Bücher, viele Male gelesen, die Rückkehr von Reisen und der bedächtige Zauber der Familiengeschichte, ein mächtiges und andauerndes Atmen, schwächer werdend in dem Maße, in dem mein Leben sich verlangsamt, die Stimme ihren Klang verliert, die müden Gelenke sich allmählich versteifen, das Haar ergraut, die Augen schlechter werden, bis ich eines schönen Tages, wenn ich für einen Moment Umschau halte, mich als Ebenbild meines Großvaters sehe, im warmen Frühlingswetter auf der Bank sitzend, unter dem Baum, mit Pelz und Brille, und ich werde wissen, dass meine Jahre gezählt sind, und auf das Blätterraschen lauschen, um es mir noch einmal und für immer einzuprägen und mich seiner zu entsinnen, wenn ich sterbe. Wenn es so gekommen wäre, hätte ich vermutlich weit mehr gewusst und verstanden als ich nun weiß und verstehe, und ich hätte mit ruhigen und aufmerksamen Augen in die Welt geschaut. Während ich nun, weit weg von meiner Heimat, von einer wie auch immer gearteten Möglichkeit ruhigen Nachdenkens, zu langsamer und allmählicher Erblindung verurteilt wäre, zu einem verminderten Interesse an allem, was mich nicht direkt betrifft, und die eintretenden Veränderungen vermutlich belanglos wären – eine Reihe kleiner Verschlechterungen, mehr nicht. Doch nach dieser seelischen Auszehrung, nachdem ich eine lange Zeit ganz ohne Reflexionen zugebracht hatte außer solchen privater Natur, die desto umfassender und intensiver ausfielen, je geringfügiger ihr Gegenstand war – nach dieser Zeit begann ich wieder zu sehen und zu hören, was ringsherum vorging, und es erschien mir anders als zuvor.

Ich dachte damals, meine Gedanken über das Leben, das ich beobachtete, und meine Urteile darüber rührten maßgeblich daher, dass ich als Chauffeur tätig war und auf der anderen Seite der Ereignisse stand, die ja immer die unattraktivere ist. Aber man konnte unmöglich annehmen, es handele sich bei alledem nur um Zufälligkeiten, um Abweichungen von irgendwelchen Regeln. Und das Leben, das meine nächtlichen Kunden führten, schien mir durch nichts und niemanden gerechtfertigt. In der Sprache der Leute, die so lebten, hieß das Arbeit. Aber in Frankreich heißt alles Arbeit: Homosexualität, Kuppelei, Wahrsagerei, Begräbnisse, das Sammeln von Zigarettenstummeln, Publikationen des Institut Pasteur, Vorlesungen an der Sorbonne, Konzerte und Literatur, Musik und der Verkauf von Milchprodukten. Als ich einmal Fahrgäste zu dem berühmten Bordell auf der Rue Blondel gebracht hatte – die Adresse kannten Tausende in allen Weltgegenden, in Melbourne und San Francisco, in Moskau und Rio de Janeiro, in Tokio und Washington –, traf ich einen Mann, der pornographische Postkarten verkaufte und mir natürlich bekannt war wie die meisten Profis der Pariser Nacht.

»Läuft das Geschäft?«, fragte ich. Er gab aufgebracht zurück: »Ach was, alter Junge, das kann gar nicht laufen. Gestern verhaftet, vorgestern verhaftet, vor drei Tagen verhaftet. Wie soll man da arbeiten?«

Auf dem Montmartre wartete ich nie vor Etablissements;

dort hatte jede Kneipe ihre eigenen Chauffeure, eine Art Clan für sich; sie duldeten keine Konkurrenz. Außerdem war diese Arbeit besonders trist und widerwärtig. Ich zog generell die abgelegenen Stadtviertel vor, wo es keine Taxischlangen gab. Am leichtesten war die Arbeit in den wohlhabenden und stillen Bezirken von Paris, wo weniger Autos fuhren als im Zentrum. Samstags tauchte dort eine besondere Kategorie von Kunden auf, respektable ältere Männer, die schöne junge Frauen zum Auto begleiteten, gewöhnlich spätnachts, gegen zwei, drei Uhr. »Fahrer, bringen Sie Mademoiselle zum Boulevard Arago, Nr. 34. Auf Wiedersehen, meine Liebe. Also bis Mittwoch, nicht wahr?« »Ja, ich rufe dich im Büro an.« »Ausgezeichnet. Sei ein kluges Kind, schlaf schön.« »Gute Nacht.« Und kaum war das Auto angefahren, sagte eine veränderte Frauenstimme schroff:

»Pigalle.«

Bisweilen hieß es Blanche oder Montparnasse. In Montparnasse geschah es auch einmal, dass mich ein Mann und eine Frau anhielten, die aus einem Privathaus in der Rue Sainte-Beuve gekommen waren – das Haus kannte ich gut. Die Frau, hochelegant gekleidet und blutjung, war völlig verstört; ein Blick reichte, um zu erkennen, dass sie zum ersten Mal nachts in einem Stundenhotel gewesen war, vermutlich mit ihrem ersten Liebhaber. Ihre Hände zitterten, die Lider flatterten, sie atmete heftig. Nachdem sie sich von ihrem Begleiter verabschiedet hatte, nannte sie mir die Adresse: Ihre Wohnung lag an einem der Seine-Quais. Als wir dort ankamen, bekam sie mit ihren vor Aufregung fliegenden Fingern das Geld nicht aus dem Täschchen; schließlich hatte sie zehn Franc herausgeholt, doch nun fand ich keine Münzen. »Schnell, schnell!«, sagte sie hysterisch. »Schnell! Mein Gott, was ist denn los, beeilen Sie sich doch!«

Ich sah sie an und entgegnete:

»Regen Sie sich nicht auf, Madame, dafür ist es zu spät. Das Unwiderrufliche ist ohnehin schon passiert.«

»Gemeiner Kerl!«, schrie sie mit tränenerstickter Stimme und stürzte fort, ohne auf das Wechselgeld zu warten.

Nachts war Paris überschwemmt von Leuten, die keine sexuellen Hemmungen kannten. Nicht selten benahmen sie sich im Auto, während der Fahrt, als wären sie im Hotelzimmer. Einmal fuhr ich eine hochgewachsene junge Frau in einem herrlichen Pelzmantel, die von einem Ball kam; begleitet wurde sie von einem etwa siebzigjährigen Herrn. Er ließ mich vor einem Haus auf dem Boulevard Haussmann halten – und da sie nicht ausstiegen und nicht redeten und ich andererseits nicht annahm, dieser Kandidat für den Père Lachaise sei in der Lage, sich irgendwie anstößig zu benehmen, wandte ich den Kopf, um zu sehen, was los war. Sie lag auf dem Sitz, ihr Kleid war bis zur Taille hochgeschoben, und seine bläulichrote Greisenhand mit den dicken Adern und den gichtknotigen Fingern glitt über die leuchtend weiße Haut langsam den Schenkel hinauf.

Ich musste mich häufig über die Haltung der Chauffeure gegenüber Fahrgästen aus Auteuil oder Passy wundern; obwohl sie eine Art Klassenfeindschaft gegen sie hegten, erkannten sie stillschweigend und unbewusst ihre vorgebliche Überlegenheit an. Wir hatten mehrere Gespräche über dieses Thema. Ich wartete einmal mit den Kollegen auf das Ende einer Theatervorstellung; wir wussten, dass wir viele Kunden haben würden, das war an der Anzahl der Privatautos, die auf ihre Besitzer warteten, immer unschwer zu erkennen. Es wurde *L'Arlésienne* gegeben. Ich sagte, es sei erstaunlich, dass ein solches Stück so vielen Menschen gefalle. Der alte Chauffeur, an den ich mich wandte, entgegnete:

»Hör zu, alter Junge. Das sind keine Leute wie wir. Du kannst das Stück nicht verstehen und ich auch nicht. Dafür muss man gebildet sein, alter Junge. Da kommen vielleicht Wörter vor, die du noch nie gehört hast. Für dich ist das nichts als Unsinn. Bei denen ist es anders, und so wie die werden wir nie. Da gibt's nichts dran zu rütteln.«

Ein anderer, ein massiger Mann um die Fünfzig, den ich schon mehrmals auf Stellplätzen getroffen hatte, sagte einmal zu mir:

»Da heißt es: die Russen, die Russen. Mir tun sie leid, verstehst du? Ich sag dir warum. Unsereins arbeitet von klein auf. Ich zum Beispiel habe mit vierzehn angefangen, und du sicher auch. Die Russen kenne ich nun mal. Du guckst sie an und schätzt sie ein wie alle anderen und verstehst nicht, wie unglücklich sie sind. Die waren doch Anwälte, Mann, die waren Ärzte, Offiziere, hatten Diener und alles, was reiche Leute so haben, und jetzt fahren sie Taxi wie du und ich. Das ist hart. Ich glaube, dafür braucht es Tapferkeit. Ich weiß, was ich sage, Mann.«

Und er erzählte mir, seine Frau sei vor dem Krieg bei einem Russen in Paris Stubenmädchen gewesen, und nun habe er diesen Russen getroffen, und der arbeite als Chauffeur. »Und das, mein Lieber, ist einfach eine Katastrophe!«

Dieser einfache und großmütige Mann kam nie auf die Idee, dass auch er das Recht haben könnte, nicht schlechter zu leben als die Reichen oder das wenigstens anzustreben. Doch weder er noch seine Kollegen dachten über solche Fragen nach. Nie zuvor hatte ich die Gelegenheit gehabt, aus so großer Nähe eine so schroffe soziale Kluft zwischen den Menschen zu sehen und vor allem eine so anstandslose Hinnahme des eigenen Loses – ich konnte mich einfach nicht daran gewöhnen. Und wenn ich noch fünfzig Jahre hier leben würde, ändern würde sich das nicht, das fühlte ich. Ich kann mich erinnern, wie perplex die Kunden mich anstarrten, wenn ich ihnen, wie ich fand, völlig normal antwortete; wegen meiner Art, mit ihnen zu reden, landete ich ein paar Mal auf dem Kommissariat, doch zum Glück ging die Sache immer gut aus.

Der erste dieser Konflikte – ich hatte eine Menge davon – begann damit, dass ein Fahrgast, der mit zwei Riesenkoffern zum Bahnhof fuhr – wie sich später herausstellte, war er Arzt –, erklärte, mein Taxameter zeige zu viel an. Ich antwortete, er irre sich, und zu der Summe, die der Taxameter anzeige, kämen noch zwei Franc hinzu, für jeden Koffer einer. Er schlug Lärm und begann zu schreien, das sei Diebstahl, und zumindest die zwei Franc werde er unter gar keinen Umständen bezahlen.

»Das ist Diebstahl!«, schrie der Arzt. »Sie bekommen keinen einzigen Centime von diesen zwei Franc!«

»Gut«, sagte ich, »Sie wollen, dass ich sie Ihnen schenke? Zwei Franc gebe ich gewöhnlich einem Bettler, der mich um eine milde Gabe bittet. Ich wüsste nicht, warum ich Ihnen diese Summe verweigern sollte. Aber zunächst müssten Sie mich wie jeder andere Bettler auch darum bitten.«

Er sah mich verblüfft an und sagte schließlich, das Ganze sei ein Missverständnis, er sei Arzt – so erfuhr ich davon –, und ich hätte alles ganz falsch aufgefasst.

»Sie sind Arzt«, antwortete ich, »doch Sie haben die Psyche eines Bettlers, das ist paradox, aber es kommt vor.«

»Aber nein«, sagte er verlegen, zahlte und ging fort, wobei er sich mehrmals umdrehte.

Ein Polizist, der dem Gespräch beigewohnt hatte – für den Fall, dass es sich zu einem Skandal entwickeln sollte –, sah mich an und fragte:

»Entschuldigen Sie, aber sind Sie vielleicht verrückt?«

»Ich finde nicht«, sagte ich. »Jedenfalls weniger als meine Kunden.«

Dann gab es eine andere Geschichte mit einem Mann, der fünf Koffer dabei hatte und den ich frühmorgens zur Avenue Victor-Hugo fuhr. Er stieg aus und sagte, als sei es das Selbstverständlichste von der Welt:

»Tragen Sie jetzt die Koffer in den vierten Stock.«

Er machte sich nicht einmal die Mühe, ein »bitte« oder »seien Sie so nett« hinzuzufügen, und sein Ton verriet weder den leisesten Zweifel noch die geringste Höflichkeit.

»Jetzt hören Sie mal zu, Freundchen«, sagte ich; er fuhr herum wie von der Tarantel gestochen. »Ich hoffe doch, dass Ihre Arme nicht gelähmt sind?«

»Nein, wieso?«

»Ich begreife einfach nicht, warum ich plötzlich Ihre Koffer in den vierten oder was für einen Stock auch immer tragen sollte. Wenn ein Radwechsel nötig wäre, glauben Sie etwa, ich würde mich an Sie wenden und Sie bitten, das statt meiner zu erledigen? Vermutlich nicht, oder?«

Er sah mich an und fragte dann:

»Sind Sie Ausländer?«

»Nein«, antwortete ich.

Bei derartigen Konflikten kam jedes Mal alles in Ordnung, sobald sich herausstellte, dass ich Russe war; und das klärte sich immer sofort, ich brauchte ja nur einem Polizisten meine Papiere zu zeigen. Die Konflikte blieben folgenlos, weil ich mich strenggenommen keines Vergehens schuldig gemacht hatte und die Leute, die sich bei der Polizei über mich beschwerten, das nicht zur Wahrnehmung ihrer Interessen taten, sondern einzig und allein deshalb, weil ihre festen Grundsätze darüber, wie die Beziehungen zwischen verschiedenen Kategorien von Bürgern auszusehen hätten, erschüttert waren. Mit einfacheren Fahrgästen – Arbeitern, kleinen Kaufleuten, Marktfrauen – hatte ich derartige Unterredungen nie, sie sprachen mit mir wie mit ihresgleichen, und wenn sie stritten, dann stritten sie wie mit ihresgleichen. Doch Kunden in Abendkleidung aus den teuren Pariser Wohnvierteln konnten den ruhigsten Menschen aus der Haut fahren lassen – wie die Dame, die ich einmal zur Avenue Foch fuhr und die nach ein paar Hundert Metern mit dem Schirm an die Scheibe pochte, die ihren Sitz von meinem trennte, und rief:

»Wir fahren nicht zu einer Beerdigung, hoffe ich! Etwas schneller, bitte.«

In solchen Fällen trat ich meistens voll auf die Bremse und sagte:

»Wenn Ihnen etwas nicht passt, steigen Sie aus und nehmen sich ein anderes Taxi.«

Doch an dem Tag war ich besonders schlechter Laune. Ich gab Gas und fuhr so schnell, wie es überhaupt möglich war. Wir überholten andere Autos, rasten über Kreuzungen, hätten beinahe einen Bus gerammt; sie schrie, das sei Selbstmord, ich sei verrückt geworden, doch ich stellte mich einfach taub. Schließlich, als wir in der Avenue Foch angekommen waren, verlangsamte ich die Fahrt.

»Sie sind wahnsinnig!«, schrie sie. »Sie wollten mich umbringen! Ich werde Sie anzeigen!«

»Sie müssen sich in Behandlung begeben, Madame«, sagte ich, »mir scheint, Ihre Nerven sind in einem besorgniserregenden Zustand. Soll ich Ihnen die Adresse einer Klinik nennen?«

»Was soll die Komödie?«, sie war hellauf empört. »Sie wissen wohl nicht, wer ich bin?«

»Das weiß ich tatsächlich nicht.«

»Ich bin die Frau von …«, sie nannte den Namen eines bekannten Anwalts.

»Sehr gut. Und warum glauben Sie, das müsste mich irgendwie beeindrucken?«

»Ach, Sie kennen den Namen meines Mannes nicht?«

»Doch, ich habe ihn schon mal gehört, er ist Rechtsanwalt, oder?«

»Ja, jedenfalls kein Taxichauffeur.«

»Madame, ich würde sagen, der Beruf des Chauffeurs ist wohl der ehrlichere von den beiden.«

»Ah, Sie sind ein Revolutionär!«, sagte sie. Trotz der unschönen Wendung, die das Gespräch so rasch genommen hatte, stieg sie nicht aus und zahlte nicht; der Taxameter lief weiter. »Ich hasse diese Sorte Leute.«

»Weil Sie vermutlich weder von Revolutionären noch von sozialen oder wirtschaftlichen Themen etwas verstehen«, sagte ich. »Wohlgemerkt, ich bin weit entfernt davon, Ihnen das zum Vorwurf zu machen. Aber seien Sie wenigstens so taktvoll, nicht von Dingen zu sprechen, von denen Sie keine Ahnung haben.«

»In meinem ganzen Leben hat noch nie jemand so zu mir gesprochen«, sagte sie. »Was für eine unglaubliche Frechheit!«

»Ganz einfach, Madame«, antwortete ich. »Jeder, der Sie kennt, ist bemüht, sich Ihre Bekanntschaft, Ihre Freundschaft oder Ihre Gunst zu erhalten. Mir ist das alles vollkommen gleichgültig, in ein paar Minuten fahre ich weg und sehe Sie hoffentlich nie wieder. Warum sollte ich – unter diesen Umständen – nicht sagen, was ich denke?«

»Und Sie denken, ich wäre einfach ungebildet und dumm?«

»Auf letzterem würde ich nicht bestehen; aber es würde mir schwerfallen zu verhehlen, dass ersteres mir zutreffend erscheint.«

»Gut«, sagte sie. »Für den Moment bezahle ich Sie und gebe Ihnen sogar ein Trinkgeld.«

»Sie können es behalten, Madame, ich schenke es Ihnen.«

»Nein, nein, Sie haben es verdient, und sei es nur für die charmante Unterhaltung.«

»Ich bin entzückt, dass sie Ihnen gefallen hat, Madame.«

Und dann stellte sie mir eine letzte Frage:

»Entschuldigen Sie, aber sind Sie Ausländer?«

»Nein, Madame«, erwiderte ich. »Ich bin im Haus Nr. 42 in der Rue de Belleville geboren, mein Vater hat dort eine Metzgerei, vielleicht kennen Sie die zufällig?«

Wenn ich an diese Zeit denke, kommen mir oft Zeichnungen vom Längsschnitt eines Motors oder einer Maschine in den Sinn. Dank unzähliger Umstände, zu denen mit gleichem Recht historische Ereignisse, geografische Gegebenheiten und alle möglichen Marginalien zählen – die man weder einkalkulieren noch vorhersehen kann, ja von denen sich nicht einmal sagen lässt, wie wahrscheinlich ihr Eintreffen ist –, verlief mein Leben gleichzeitig in unterschiedlichen Sphären, die in keinerlei Kontakt miteinander standen. Es kam nicht selten vor, dass ich im Verlauf einer Woche bei einer Diskussion über Literatur und Philosophie zugegen war, mich abends im Café mit dem ehemaligen Außenminister eines Balkanlandes unterhielt und seinen Diplomatenwitzen zuhörte, im russischen Restaurant mit Ehemaligen dinierte, die zu Arbeitern oder Chauffeuren geworden waren – und andererseits in Stadtvierteln landete, wo finsteres Pariser Elend herrschte, mit russischen Schnorrern oder französischen Clochards sprach, zu denen man einen gewissen Abstand halten musste, weil sie einen strengen säuerlichen Geruch verströmten, der sie so zwangsläufig und hartnäckig umgab wie Moschusgestank bestimmte Tiere, Prostituierte fuhr, die sich über ihren schlechten Verdienst beklagten, an der Zinktheke neben Zuhältern stand, die einander jede Minute ablösten und die ich alle von Montparnasse her kannte, und schließlich stundenlang in einem tiefen weichen Sessel in einer Wohnung in Passy saß und hörte, wie eine weibliche Stimme – ich kannte sie seit Jahren und habe nie auch nur eine ihrer Modulationen vergessen – sagte:

»Wiederholen Sie den Satz noch einmal, den Sie kürzlich zitiert haben, ich glaube, er war von Rilke, über das Gefühl. Gefühle sind das einzige Gebiet, auf dem Sie sich ein wenig auskennen, für alles andere sind Sie blind und taub.«

Und in der nächsten Nacht, als ich mein Auto auf der Rue de Rivoli parkte und die Augen schloss, um mir das Gespräch zu vergegenwärtigen und mir jede Nuance ihrer Stimme ins Gedächtnis zu rufen, trat ein zerlumpter Neger auf mich zu, bat um eine Papirossa, steckte sie sich an und sagte:

»Wenn man überlegt, dass ich schachtelweise Papirossy verteilt habe – und jetzt muss ich Sie um eine einzige bitten.« Und gleich darauf wandte er den Kopf nach rechts und fügte hinzu:

»Ist sie schon wieder da, das Drecksstück!«

Auf dem Trottoir ging stark hinkend eine Frau an uns vorbei.

»Schauen Sie nur«, sagte der Neger verächtlich, »und das nennt sich Frau!«

»Was hast du gegen sie?«

»Sie ist eine Trinkerin, Monsieur, das habe ich gegen sie;

ich werfe ihr vor, dass sie säuft.« Und er schrie ihr nach:
»Bist du wieder besoffen?«

»Stinkender Neger«, antwortete sie.

»Was? Du willst wohl, dass ich dir die Fresse poliere?«

Er schrie in wildem Ton, rührte sich aber nicht vom Fleck,
und als er sich zu mir umwandte, sahen seine schwarzen Augen mit dem gelblichen Weiß mich träge an.

»Wissen Sie, wie hier gearbeitet wird?«

»Nein, alter Junge, keine Ahnung.«

»Also, Monsieur, hier gibt es keine Hotels. So ist das in
diesem Viertel. Es gibt das Ritz und das Meurice, aber das ist
für Könige und Herzöge, da kann man sich kein Zimmer
nehmen.«

»Ja, und?«

»Hier muss man auf den Bänken im Tuileriengarten arbeiten. Der Freier setzt sich auf die Bank, die Frau setzt sich
rittlings auf ihn.«

»Ach, ja?«

»Ja, so wird hier gearbeitet. Also, dieses Stück Dreck war
gestern nacht derartig besoffen … Ihr Freier saß da und
wartete auf sie, und sie hat es einfach nicht geschafft, sich
ordentlich auf ihn zu setzen. Es war richtig peinlich, das mit
anzusehen, Monsieur – eine Frau in einem solchen Zustand, dass sie nicht mal ihre Arbeit tun kann.«

* * *

Bisweilen, alle paar Jahre ein Mal, wurde diese steinerne
Landschaft einige Abende und Nächte lang von jenem herz-
beklemmenden Frühlingszauber erfüllt, den ich seit meiner Ausreise aus Russland fast vergessen hatte und dem eine
besondere, durchscheinende Traurigkeit meines Gefühls

entsprach, ganz anders als meine ständige zähe, mit Ekel gemischte Schwermut. Dann änderte sich alles, als würde ein Flügel neu gestimmt, und befreit von den starken, groben Gefühlen, die mich gewöhnlich peinigten – die unstillbare und anhaltende Begierde, die Blut in meine schwer werdenden Muskeln pumpte, oder die blinde Leidenschaft, die mich mein Gesicht nicht wiedererkennen ließ, wenn mein Blick in dem Moment auf den Spiegel fiel, oder das unüberwindliche, unaufhörliche Bedauern darüber, dass alles nicht so war, wie es hätte sein sollen, und außerdem die ständige Empfindung eines fremden Todes neben mir –, betrat ich, ohne zu wissen, wie und warum, eine andere Welt, eine leichte und gläserne, wo alles klangvoll und fern war und wo ich endlich, wenigstens ausnahmsweise, diese wunderbare Frühlingsluft atmen konnte, ohne die ich wahrscheinlich erstickt wäre. An diesen Tagen und Abenden empfand ich einen Umstand besonders stark, dessen ich mir immer vage bewusst war, über den ich aber selten nachdachte – nämlich, dass es mir, wie beinahe allen von uns, schwerfiel, die europäische Luft zu atmen, wo es weder die eisige Klarheit des Winters gab noch die zahllosen Düfte und Klänge des nördlichen Frühlings noch die ungeheuren Räume meiner Heimat.

Doch dafür existierten hier in Paris Dutzende von russischen Geschäften und Restaurants. In den Geschäften wurden russische Lebensmittel verkauft, in den Restaurants russische Speisen angeboten: Bliny, Golubzy, Pelmeni, der allgegenwärtige Borschtsch. In meinen langen Pariser Jahren habe ich fast alle diese Restaurants durchstreift und kannte die Garçons und Kellnerinnen, die von einem Viertel ins nächste zogen, vom Sehen; manchmal wurden sie selber Wirte und eröffneten ein Restaurant, tranken zur Eröff-

nung Champagner und setzten eine Anzeige in die russische Zeitung:

»Pjotr Wassiljewitsch Sidorow hat die Ehre, seine geschätz-
ten Freunde und Kunden davon in Kenntnis zu setzen, dass
er sein eigenes Restaurant ›Zum Hähnchen‹ auf der Sowie-
so-Straße eröffnet hat. Küchenchef: Wassili Iwanowitsch Ko-
marow. Breites künstlerisches Programm. Täglicher Auftritt
des Publikumslieblings Sascha Semjonow. Große Auswahl
an kleinen Speisen. Tagesgericht. Heute: Rasstegai. Morgen:
Ferkel in saurer Sahne.«

Ich schloss die Augen und sah die starren Metall- und
Glasblumen auf den Tischen vor mir, die kleinen Schirm-
lampen. Pjotr Wassiljewitsch Sidorow, sehr sorgfältig gekleidet, seine Frau mit klassisch verhangenem Blick – und die
Musiker, und der Publikumsliebling Sascha Semjonow, mas-
sig, schütteres Haar, tiefer, leicht heiserer Bariton, die Halb-
glatze sorgfältig mit einigen Haaren bedeckt; er sang, wobei er an den pathetischsten Stellen eckig und unbeholfen
die Arme ausstreckte, und sagte gegen Morgen, kurz bevor
das Restaurant schloss, zu seinen Freunden, für ihn sei die
Italienische Schule maßgeblich, und die Freunde stimmten
zu und schworen auch auf die Italienische Schule, obwohl
sie genau wussten, dass Sascha Semjonow seinerzeit Stabs-
rittmeister einer reitenden Batterie gewesen war und rein
gar nichts mit der Italienischen Schule zu tun gehabt haben konnte, jedoch eine große Schwäche für das weibliche
Geschlecht gehegt und zahlreiche Liebschaften unterhalten hatte. Was er sang, klang stets gleichermaßen schwermütig, unabhängig vom Text, und in seiner Stimme bebte
eine dicke und, wie seine Verehrerinnen sagten, unsichtbare Träne. Mit den Jahren wurde er fülliger, kahler, bewegte sich schwerfälliger, doch seine Stimme verlor nicht an

Kraft und veränderte sich nicht, trotz seines jahrelangen Weingenusses. Er sagte bisweilen: »Das ist natürlich nicht mehr meine alte Stimme – kein Vergleich mit 1922!«, doch das war falsch; ich hatte ihn damals gehört, und er sang heute genauso. Überall, in jeder europäischen Stadt, in den Balkanmetropolen, in Shanghai oder Amerika – wohin er auch kam, immer war es dasselbe, trotz der Unterschiede zwischen den Ländern: die Wände des Restaurants, die Musiker, die Bühne, dieselben Texte derselben Romanzen, dieselbe Musik, dasselbe Wiener Schnitzel, derselbe Wodka; es änderten sich nur die Gesichter der Frauen, der Ausdruck ihrer Augen, das Haar, die Stimme, der Körper. Er selber sagte immer wieder, wenn man über sein Leben nachdenke, bekomme man den Eindruck, er fahre in einer Schiffskajüte an unterschiedlichen Küsten und unterschiedlichen Ländern vorbei; sie wechselten sich ab, aber in der Kajüte und auf dem Schiff bleibe alles gleich. Und er klagte – meist schwer betrunken und mit tränenerstickter Stimme – über die Monotonie seines Daseins, und seine Freunde zuckten die Achseln und konnten sich später, in Gesprächen untereinander, die Bemerkung nicht verkneifen, wie versoffen der Mann doch geworden sei: Da hatte er so viele Länder gesehen, in so vielen Städten gesungen und klagte noch über die Monotonie seines Daseins. Recht hatte indessen Sascha Semjonow und nicht sie. Sein Personengedächtnis war ausgezeichnet, doch wie alle oder fast alle seine Fähigkeiten kam es nur dann zum Tragen, wenn er eine erhebliche Menge Wodka getrunken hatte; in nüchternem Zustand war er stets schlaff und unfähig zu geistiger Anstrengung. Sein Gedächtnis kann ich beurteilen, weil er sich einmal – es war gegen halb fünf Uhr morgens, wir waren nur noch zu zweit im Restaurant, die Frau, die ich begleitete, und ich –

zu uns setzte und mich fragte, ob ich nicht in dem-und-dem Jahr an dem-und-dem Ort in Konstantinopel gewesen sei, in Begleitung der-und-der Leute. Er konnte sich genau an ihre Gesichter, ihre Kleidung, ihr Aussehen erinnern. Das verblüffte mich, ich antwortete ihm; er wurde sofort redselig, und als ich ihn fragte, warum er sich für die Restaurant-Laufbahn entschieden habe, sagte er in einem Anfall von Offenherzigkeit und Aufrichtigkeit:

»Weil ich nicht genug Talent für eine andere Laufbahn habe. Hätte ich es, würde ich nicht im Restaurant singen. Schauen Sie, es käme doch niemandem in den Sinn, sich Schaljapin im Kabarett zu denken. Und genauso wenig kann man sich Sascha Semjonow im Konzertsaal oder in der Oper denken. Guter Mann, ich bin doch, was Gesang und Musik betrifft, ein Partisan.«

Er besaß allerdings, wie viele andere Russen, eine völlig aufrichtige Exaltiertheit, jene reine und selbstlose Traurigkeit, die eher zu einem Dichter oder Philosophen passen würde und bei einem ehemaligen Rittmeister, der zum Kabarettsänger geworden war, seltsam anmutete und in gewisser Weise illegitim wirkte. Frappierend war daran, dass diesem Gefühl von eindeutig vornehmer Natur ebenso erhabene Anschauungen hätten entsprechen müssen, die Sascha natürlich nicht hatte. In gewissem Sinne war das ebenso erstaunlich, als würde sich ein einfacher Bauer oder Hausmeister plötzlich als Liebhaber von Rembrandt, Beethoven oder Shakespeare entpuppen. Doch es war weder zufällig noch vorübergehend; mir ist bei vielen einfachen Russen dieser spezifische seelische Reichtum aufgefallen, der in Europa insgesamt vergleichsweise selten ist. In der Natur dieser Russen war ein gewisses ethisches Element angelegt, eine organische Grundlage für die Entstehung schöpferischer Kultur, deren Quellen hier, im Westen, fast völlig verschüttet zu sein schienen.

Während einer Unterredung mit meinem ständigen Gesprächspartner Platon sagte ich einmal, was das betreffe, stehe es hier anscheinend überall so schlecht wie im Bereich Musik oder Gesang, wo mich zum Beispiel der Begriff *chanteur à voix* frappierte, der in der russischen Terminologie keine Entsprechung hat. Platon sprach daraufhin lange über den fatalen Einfluss von Descartes, den er zutiefst verachtete, und meinte, dass neben Baudelaire keine französische Lyrik existiere. »Und Rimbaud, François Villon, Ronsard?« Rimbaud war seiner Meinung nach bloß ein steckengebliebenes Experiment, die Bedeutung von Villon und Ronsard bestritt er rundheraus – und in diesem Gespräch erfuhr ich voller Verwunderung, dass Platon fast allem, was als Ausdruck französischen Genies galt, negativ gegenüberstand. Er sprach abfällig über Hugo und Flaubert, Montaigne und Lamartine, La Rochefoucauld und Voltaire, dessen Intellekt er freilich nicht in Zweifel zog. Die einzigen, die er anerkannte, waren Stendhal, Balzac, Baudelaire und noch jemand, dem keiner von ihnen das Wasser reichen könne – er nannte mir den Namen, aber ich habe ihn mir nicht gemerkt; ich weiß nur ganz sicher, dass ich ihn weder vorher noch nachher jemals gehört habe. Als ich ihm sagte, mich wundere seine Meinung über die französische Kultur, zuckte er die Achseln und entgegnete, der Ausdruck sei ein Anachronismus, es gebe keine französische Kultur, wenigstens zur Zeit nicht; vor dem Kriegsausbruch 1914 hätten ihre letzten Reste noch ein jämmerliches Dasein gefristet, aber heute?, es wäre absurd, sie innerhalb der privilegierten Klasse Frankreichs zu suchen, die ein Pack von Banausen sei.

Mit einem Teil seiner Äußerungen konnte Platon durchaus überzeugen, was erstens an seinen dialektischen Fähigkeiten lag und zweitens noch einen weiteren Grund hatte: In seinem irreversiblen persönlichen Verfall stellte sich ihm die Welt tatsächlich düsterer dar als anderen Menschen, die keine so stichhaltigen Gründe für eine pessimistische Haltung hatten. Das spiegelte sich in allen Ansichten Platons wider, ob es nun um Fußball ging – auf diesem Gebiet kannte er sich besonders gut aus, weil er während seines Studiums in England zwei Jahre Goalkeeper der Universitätsmannschaft gewesen war –, um Philosophie, um Landwirtschaft oder um Industrie. Im Grunde lief seine Position des permanenten Selbstschutzes darauf hinaus, dass die Welt, die er verlassen würde, kein Bedauern verdiene. Das hielt ich für den Hauptimpuls, doch natürlich lag in seiner Kritik auch etwas von jener objektiven Wahrheit, ohne die seine fatalistischen Äußerungen völlig haltlos gewesen wären.

Sascha Semjonow hörte ich später noch sehr oft. Samstags sang er von sieben bis neun Uhr in dem kleinen Restaurant, wo ich gewöhnlich dinierte – und wo ich alle Gäste, die Wirtin, die Kellnerinnen kannte, ihre Biographien, ja ihren Lebensstandard in den vergangenen fernen Zeiten, im vorrevolutionären Russland. Die meisten waren Millionäre, Gutsherrn und Lebemänner gewesen, und fast alle hatten zu den Adelskreisen der Gesellschaft gehört; auch das war ein Schutzreflex, bloß von tröstlicher Art und im Grunde völlig harmlos, denn alles, was sie erzählten, war auf ideale Weise unplausibel und hätte nicht einmal den naivsten Menschen in die Irre führen können. Meine Tischnachbarn waren regelmäßig zwei russische Chauffeure, nicht mehr junge und äußerst beschäftigte Leute, Iwan Petrowitsch und Iwan Nikolajewitsch, und wenn ich mit ihnen sprach, konnte ich nur staunen, wie sinnlos die beiden ihre Energie verschwendeten. Iwan Petrowitsch gründete politische Parteien. Etwa fünfzehn enge Freunde von ihm bildeten den Kern einer Organisation, die, obwohl sie ständig den Namen wechselte, im Prinzip immer dieselbe blieb. Wenn es galt, Vereinigungen ins Leben zu rufen, war Iwan Petrowitschs Phantasie unerschöpflich. Nacheinander stand er an der Spitze des »Bundes der jüngeren Offiziere der Ulanen-Regimenter«, des »Komitees zur Rettung Russlands« – ohne jede Konkretisierung –, der »Vereinigung ehemaliger Zöglinge der Nördlichen Kadettenschulen«, der »Bruderschaft der Ingenieurtruppen«, der » Gesellschaft zur Koordination des Transportwesens an der Westfront«. Jedes Mal entwarf er ein Statut, das im Gründungskomitee diskutiert wurde, stellte einen Finanzplan auf, bestimmte die Höhe des monatlichen Mitgliedsbeitrags und fuhr dann zur Präfektur, um die neue Gesellschaft registrieren zu lassen. Danach wurden Referate, Gesprächsrunden und Vorträge organisiert: »Die Lage im gegenwärtigen Europa«, »Die Lage im gegenwärtigen Russland«, »Russland und Europa«, »Der ökonomische Faktor in der gegenwärtigen Politik« und so weiter. Wiederum einige Zeit später betrat dann ein alter Freund von Iwan Petrowitsch um die Mittagsstunde das Restaurant, ein früherer Kampfgenosse aus dem Krieg und Kamerad aus der Militärschule, ein magerer kleiner Mann mit nichtssagendem Gesicht. Er setzte sich an unseren Tisch, bestellte eine Tasse Kaffee und sagte:

»Iwan Petrowitsch, ich will offen mit dir sprechen. Als Mitglied der Kontrollkommission muss ich dir – auch im Namen der Kollegen – sagen, dass du deine Vollmachten überschreitest. Das ist unstatthaft, und du weißt es.«

Eine lange Diskussion begann, und schließlich spaltete sich eine Gruppe von Iwan Petrowitschs Partei ab. Die Splittergruppe bombardierte die Mitglieder der Vereinigung mit getippten Handzetteln, auf denen sehr hochtrabend die Gründe für den Konflikt dargelegt wurden, der schon lange gegärt habe, wenn auch nur latent. Die Partei brach auseinander. Daraufhin setzte sich Iwan Petrowitsch mit jedem Mitglied einzeln zu Verhandlungen hin, und nach diesen Beratungen versammelte sich von neuem ein Gründungskomitee, wurde ein Statut entworfen, und alles begann von vorne. Iwan Petrowitsch war immer schlecht gekleidet und verdiente wenig, weil er einen Großteil seiner Zeit diesem eigenartigen politischen *perpertuum mobile* widmete. Bei Tisch beschrieb er mir die Schaltstellen der politischen Macht, die Prinzipien der Propaganda und sogar das Geheimnis des Erfolges; doch im Grunde wusste ich wenig über ihn, da er nur von diesen Dingen und von nichts sonst redete und nur einmal die Bemerkung fallenließ, er halte Gogol für einen guten Schriftsteller.

Iwan Nikolajewitsch betrieb keine Politik im eigentlichen Sinne, sondern war besessen von einer sehr sonderbaren Administrationsmanie. Sein Leben bestand darin, dass er allen möglichen Aktiengesellschaften beitrat, natürlich nur solchen, die von russischen Emigranten gegründet worden waren, zu den Versammlungen ging, abstimmte, sich enthielt, Erklärungen abgab, Erklärungen verlangte, Aktien erwarb und schließlich Vorstandsmitglied wurde. Damit endete der positive Teil seines Programms, woraufhin mit unausweichlicher und unerbittlicher Konsequenz der zweite, negative Teil einsetzte. Er fand plötzlich heraus oder begann plötzlich zu glauben, er sei das Opfer einer betrügerischen Manipulation geworden, und den meisten Mitgliedern der Aktiengesellschaft sei es ebenso ergangen. Die Phase des Verdachts wurde von der Phase der Gewissheit abgelöst – Iwan Nikolajewitsch verließ den Vorstand, blieb demonstrativ den Versammlungen fern und suchte einen Anwalt auf, um gegen den Vorstand der Gesellschaft einen Prozess anzustrengen. Über sämtliche Personen, die er zur Verantwortung ziehen wollte, trieb er, wo er nur konnte, Informationen auf und stellte für jeden ein Dossier zusammen. Dann machte er sich an die Arbeit: zog Schlussfolgerungen und Vergleiche, schnitt Zeitungsartikel aus, schrieb Dutzende von ellenlangen Berichten, die er anschließend auf der Schreibmaschine abtippte und geheftet dem Anwalt übergab. Die meisten Leute, gegen die er Prozesse führte, waren – nach seinen Dossiers zu urteilen – hochgefährliche Elemente, in moralischer wie politischer Hinsicht. Und wenn sie nach langen Verfahren freigesprochen wurden, deutete Iwan Nikolajewitsch an, es seien hohe Bestechungsgelder geflossen. Doch während des Prozesses war er bereits wieder Vorstandsmitglied einer anderen Gesellschaft geworden. In der Regel kam er gut mit Menschen aus, bis die Beziehungen geschäftlich wurden; dann ging er an seine Prozessvorbereitungen. Obwohl er fleißig arbeitete, lebte er mehr als bescheiden; ihn ruinierten die ständigen Gerichtskosten, die Wechsel, die er aus Gefälligkeit unterschrieb, die ungedeckten Schecks und die Ausgaben, die die Suche nach Informationen mit sich brachte. Ansonsten war er freundlich und entgegenkommend, er hatte nur eine ärgerliche Angewohnheit: Wenn im Restaurant das Grammophon mit Lautsprecher in Betrieb gesetzt wurde, konnte er sich nicht verkneifen mitzusingen, er schaffte es sogar, das während des Essens zu tun – was ziemlich verschroben wirkte und woran ich mich nie gewöhnen konnte.

Letztlich widmeten diese beiden Männer ihr Leben fast denselben Dingen; in jedem Falle war ihre Tätigkeit vollkommen nutzlos. Wenn ich ihnen zuhörte, dachte ich oft, dass sich aus Leuten wie ihnen wohl politische Kader, Funktionäre, Justizräte rekrutierten; das einzige, was sie von dieser Sorte Menschen unterschied, war ihre Erfolglosigkeit und natürlich ihre Uneigennützigkeit. Doch der blinden und unbegreiflichen Liebe zu ihrem törichten und unnötigen Tun, die kein Misserfolg erschüttern konnte – zweifellos ein reiner, unermüdlicher Aktivitätsdrang in komischem Gewand –, hätte man natürlich ein besseres Los gewünscht. Zu Beginn meiner Bekanntschaft mit Iwan Petrowitsch und Iwan Nikolajewitsch war ich besonders von der Heftigkeit und Inbrunst verblüfft, mit der sie über das Verhältnis zwischen Staat und Privateigentum oder über die Kontrolle des Staates über das Kapital stritten.

»Ich werde diese illegale Einmischung nicht dulden«, sagte Iwan Petrowitsch, »niemals, Iwan Nikolajewitsch, hören Sie, niemals. Wenn nötig, werden wir unsere Rechte mit der Waffe in der Hand verteidigen.«

»Ich als staatsmännisch denkender Mensch«, sagte Iwan Nikolajewitsch, »bin heute und für alle Zeiten davon überzeugt, dass das kollektive Wohl unendlich wertvoller und wichtiger ist als das Recht des Individuums. Sie haben mit Gott weiß welchen Methoden kolossale Summen zusammengerafft, und wozu nutzen Sie sie?« Iwan Nikolajewitsch senkte die Stimme und sagte im Flüsterton: »Um Ihre kriminelle persönliche Macht auszuüben, um Ihren verderblichen Einfluss geltend zu machen, der dazu angetan ist, Tausende ins Unglück zu stürzen.«

»Verzeihen Sie, aber ich führe Ihrer Staatskasse kolossale Steuern zu«, sagte Iwan Petrowitsch. »Verzeihen Sie, aber

Sie zwingen mich, dreihunderttausend Franc für ein Automobil einer ausländischen Marke zu zahlen, das einhundertachtzigtausend kostet; Sie verdienen einhundertzwanzigtausend an mir. Verzeihen Sie, dass ich Sie daran erinnere, aber Sie bestehlen mich beim Kauf aller Produkte, vom Benzin bis zur Briefmarke. Ich wiederhole: Wenn nötig, werden wir unsere Rechte mit der Waffe in der Hand verteidigen, und das Blut auf den Barrikaden werden dann Sie zu verantworten haben.«

Sie saßen einander in dem kleinen Restaurant gegenüber, nach einem Mittagessen, das jeden von ihnen ungefähr acht Franc gekostet hatte, beide schlecht gekleidet, die Jacketts abgetragen, die Hemden nicht mehr frisch, die Hosensäume tragisch ausgefranst, und stritten über einen Staat, dessen Bürger sie nicht waren, über Geld, das sie nicht besaßen, über Waffen, die sie nicht besaßen, über Rechte, die sie nicht hatten, und über Barrikaden, die sie nicht bauen würden. Und letzten Endes lebten fast alle Besucher dieses Restaurants wie Iwan Petrowitsch und Iwan Nikolajewitsch in fiktiven Welten, und worum es auch gehen mochte, Vergangenes oder Zukünftiges, sie hatten ihre Vorstellungen griffbereit – schwärmerisch und grotesk und immer ideal weit von der Wirklichkeit entfernt. All die nie existierenden Landgüter, die vierzig Personen bei Tisch, die Pracht des früheren Lebens, die französischen Köche, die Gouvernanten, die Reisen nach Paris, oder irgendwelche Rechte, auch sie fiktiv, im fiktiven zukünftigen Russland, oder leicht verschwommene Impulse, halb Hoffnung, halb Gefühl: »Ich fahre hin und sage ihnen ins Gesicht: Leute, es reicht. Ich trage euch auch nichts nach …« Für das Europa, in dem sie lebten, interessierten sie sich überhaupt nicht, sie hatten keine Ahnung, was sich dort tat – und die besseren von ihnen wurden zu Träumern, die es vermieden, über die Wirklichkeit nachzudenken, da sie nur störte; die schlechteren, das heißt die, deren Phantasie schwächer entwickelt war, sprachen mit tränenerstickter Stimme von ihrem Leben und tranken sich allmählich um Kopf und Kragen. Schließlich gab es auch einige, die Erfolg hatten mit dem, was sie taten, so genannte vernünftige Leute im europäischen Sinne, doch sie waren am wenigsten interessant und am wenigsten russisch, und die Träumer redeten gewöhnlich mit Verachtung und Neid von ihnen. Der Unterschied zwischen den Russen, die es hierher verschlagen hatte, und den Europäern im Allgemeinen sowie den Franzosen im Besonderen bestand darin, dass die Russen in einer amorphen und chaotischen, schnell veränderlichen Welt lebten, die sie praktisch täglich neu erschufen und aufbauten, während die reale, tatsächliche Welt der Europäer seit langem gefestigt war und eine leblose und tragische Starre angenommen hatte, die Starre des Absterbens oder des Todes. Das ließ sich nicht nur dadurch erklären, dass die Träumer deklassiert waren und die Wirklichkeit freiwillig hinter sich gelassen hatten, weil sie ihnen nicht zusagte: Darin lag außerdem die rein slawische Bereitschaft, an jedem beliebigen Morgen, an jedem beliebigen Tag, zu jeder beliebigen Stunde das ganze Dasein von sich zu werfen und von neuem zu beginnen, als hätte es vorher nichts gegeben – jene barbarische Freiheit des Denkens, die jeder Europäer als Beleidigung auffassen würde. Selbst die Liebe der Träumer zur Vergangenheit, zum früheren herrlichen Leben im früheren herrlichen Russland, verdankte sich dem freien Flug der Phantasie, weil das, was sie mit selbstloser und aufrichtiger Rührung beschrieben, meistens nur in ihrer Einbildung existierte.

Aus dem Radiolautsprecher drang dicht und unaufhörlich ein Strom melancholischer Melodien, und ich bemerkte erstaunt, dass die lausigen, schlecht gereimten und albernen Texte der Romanzen mir fast nie auf die Nerven gingen, sie verloren sich in der Musik wie Unrat in einem breiten Fluss. Und wenn ich das Restaurant verließ, dachte ich sonderbarerweise stets an eine ältere Bretonin mit krächzender Stimme und bläulichrotem Gesicht, die sich exakt jeden dritten Tag im Hof des Hauses, in dem ich wohnte, einstellte und klappernde französische Weisen sang. Einige kannte ich schon auswendig, es waren erstaunliche Texte darunter:

Wir trafen uns, die Herzen zitterten,
Der Träume Leidenschaft bedrängte unsere Stirn,
Wie glich das Lächeln auf den Lippen sich,
Wie auch verheißungsvoll der süße Seufzer ...
Vorüber gingen Sie, im Herzen ließen Sie zurück
Die tiefe Spur, verlangend nach dem Glück.

Sie war immer sauber und ordentlich angezogen, sogar die Flicken auf ihrem Kleid waren gründlich gewaschen und sorgsam aufgenäht. Sie hatte ein schlechtes Gehör und eine sagenhaft heisere Stimme; und dennoch, in ihrem falschen Gesang, in der albernen Folge abgedroschener Wörter, die von einer tragischen Idylle erzählten, und in der immer gleichen Kombination von grauem Haar und bläulichrotem Gesicht lag irgendetwas, das Mitleid und Interesse zugleich hervorrief. All dies erweckte in mir ein seltsames und angespanntes Gefühl, schwer bestimmbar und keinem anderen ähnlich, das ich früher empfunden oder von dem ich gehört oder gelesen hatte. Sie war auf nüchterne Weise gewissenhaft; trat in den Hof, blieb stehen, begann zu singen, lächelte nie und machte keinerlei Gesten. Sie sah aus wie eine singende Holzfigur; nachdem sie drei oder vier Romanzen gesungen hatte, nahm sie das Geld entgegen, sagte »Merci, messieurs-dames« und ging mit ihrer ideal steifen, statischen Gestalt fort, ohne den Kopf zu wenden.

Ich wohnte damals in einem Haus, das den Passanten auffiel, weil es im maurischen Stil erbaut war, was in Paris zumindest überraschte; aber so hatte nun einmal der Wunsch des Besitzers gelautet, eines beleibten alten Juden, der als Subunternehmer reich geworden war und auf allen Gebieten der Kunst einen sehr eigenen Geschmack hatte. In der Architektur faszinierte ihn aus irgendwelchen Gründen der maurische Stil. Ich mietete ein Zimmer in der Wohnung einer recht attraktiven jungen Frau, die sich außerordentlich zerstreut benahm. In der ersten Zeit verblüffte mich, dass sie an bestimmten Tagen alles Mögliche fallen ließ: Sie zerbrach eine Salatschüssel, mehrere Teller, zwei Tassen, eine Untertasse und drei Gläser. Jedes Mal hörte ich nach dem Klirren zerbrochenen Geschirrs, wie sie leise ein Wort hervorstieß, immer dasselbe: »Bastard!« Ich erfuhr erst später, woher es kam, dass sie so viel fallen ließ, sie sagte es mir selbst. Mich interessierte das Problem, weil diese Missgeschicke ihr nur an drei bis vier Tagen im Monat zustießen, in der übrigen Zeit zerbrach sie nichts. Sie erklärte, das sei eine Begleiterscheinung ihres monatlichen Unwohlseins, sie trete ebenso unausweichlich auf wie Kopfschmerzen oder Müdigkeit. Eigentlich hatte ich keinen besonderen Grund, mich länger mit ihr zu unterhalten; doch nachdem Suzanne einige Male bei mir gewesen war, klopfte sie eines Tages an die Tür, kam herein und setzte mir ausführlich auseinander, warum mein Verhalten und der Umstand, dass ich Frauenbesuch empfing, ihr nicht gefielen. Sie fand, das sei generell nicht richtig, außerdem komme meine Wahl ihr, gelinde gesagt, merkwürdig vor, und ein solches Betragen gehöre sich nicht. Ihre Leidenschaft, anderen die Welt zu erklären, war unerschöpflich. Sie machte sich von einem Menschen ihre eigene, sehr konkrete Vorstellung und glaubte, infolgedessen müsse er exakt so leben und nicht anders, exakt dies mögen und nicht jenes, sich mit diesem beschäftigen statt mit etwas anderem und immer so weiter, bis hin zu Kleidungsstil und Krawattenwahl. Und sobald sich herausstellte, dass der Mensch, um den es ging und der oft überhaupt nicht ahnte, dass sie zu dem Thema irgendeine Meinung hatte, nicht das tat, was er ihrer Einschätzung nach tun sollte, oder sich nicht anzog, wie sie es für richtig hielt, rief das bei ihr im besten Fall Gereiztheit und im schlimmsten einen Wutanfall hervor. Ich war unfreiwillig Zeuge einiger ihrer Affären und hörte Gespräche mit an, die sie mit ihren Geliebten führte, jedes von ihnen haarsträubend und widersinnig. Einer von ihnen war Frauenarzt, und als ich einmal nachts aufwachte und mir eine Papirossa ansteckte, hörte ich durch die dünne Wand ihren Dialog.

»Versteh mich doch, Serjoscha«, sagte ihre Stimme, »ich will dich nicht kränken.«

»Gewiss«, sagte die Stimme des Arztes.

»Sieh mal, das Frauenfigürchen da, das aus Bronze. Was ist das deiner Meinung nach?«

»Ein Frauenfigürchen vermutlich?«

»Eben, das ist kein Nashorn, keine Sphinx und kein Pferd, oder?«

»Nein«, sagte der Arzt. Er war überhaupt ein eher melancholischer Typ, sehr anständig, still und höflich. Er antwortete ruhig, im voraus einverstanden mit allem, was sie sagte.

»Na, also. Und du bist Frauenarzt.«

»Ja.«

»Und das ist dein Fehler.«

Einer der beiden hatte sich auf dem Sofa umgedreht, eine Sprungfeder knarrte und sirrte, und dieses Sirren hörte ich, durch die Stimme meiner Vermieterin hindurch, ein paar Sekunden nachklingen.

»Warum?«

»Du müsstest Chirurg sein.«

»Warum denn gerade Chirurg? Dazu habe ich überhaupt keine Neigung.«

»Ach, du willst es bloß nicht einsehen«, sagte sie gereizt. »Es ist doch sonnenklar, dass du Chirurg sein müsstest.«

»Aber Lenotschka, das sind doch Hirngespinste.«

»Nein, mein Lieber. Denkst du, es ist gut, wenn jeden Tag Frauen zu dir kommen, sich auf deinen ekelhaften Stuhl setzen und dir ihre ganze Herrlichkeit zeigen? Was soll daran gut sein, frage ich dich?«

»Das ist doch meine Arbeit, Lenotschka.«

»Ach, du willst es nicht verstehen!«

»Still, Lenotschka, du weckst den Nachbarn.«

»Dieses Vieh?«, sagte sie. »Der schläft wie ein Sack. Weißt du, der schläft mit der brennenden Papirossa im Mund ein, in zwei Laken hat er schon Brandlöcher gemacht, Gott sei Dank ist kein Feuer ausgebrochen. Aber komm jetzt, zurück zum Thema.«

»Ich habe nichts dagegen«, antwortete der Arzt.

Man hörte eine Bewegung, wieder erklang das Sirren der Federn, und ein paar Sekunden später sagte ihre Stimme lachend und zugleich gereizt:

»Warte, ich muss dir das erklären. Chirurg ist der einzig wahre Beruf für dich. Au, das tut weh!«

Dann war die Papirossa zu Ende geraucht, und ich schlief ein und hörte nichts mehr.

Kurz darauf passierte etwas Merkwürdiges mit ihr: Sie verschwand. Tage und Wochen vergingen, sie kam nicht wieder. Nach einiger Zeit begannen allerlei Leute vorzusprechen – der Vertreter einer Nähmaschinenfirma, ein Versicherungsvertreter, der Mitarbeiter eines Möbelgeschäfts, der zwei unbezahlte Wechsel präsentierte, dann die Bäckerin, dann der Hausverwalter; sie kamen meistens morgens, wenn ich noch schlief. Ich stand auf, zog den Pyjama an, öffnete die Tür und erklärte mit immer denselben Worten, ich hätte mit alledem nichts zu tun. So verbrachte ich, völlig allein, ungefähr drei Monate in der schlussendlich fremden Wohnung und zog schließlich aus, weil die ständigen Visiten und erzwungenen Erklärungen unerträglich wurden; als ich den Vertretern morgens nicht mehr aufgemacht hatte, waren sie nach dem Diner gekommen.

Ich begegnete ihr zwei Jahre später wieder, im Süden, am Meer. Sie saß, halb im Sand eingegraben, im Badeanzug da und starrte unverwandt ins Weite. Kaum hatte ich sie gegrüßt, als sie, ohne mir zu antworten, gereizt sagte:

»Ich habe ihm erklärt, dass man hier nicht zu weit herausschwimmen darf, es kann alles Mögliche passieren – und begreifen Sie, in was für einer dummen Lage ich dann bin?«

Ich folgte ihrem Blick: Mal zeigte sich, mal verschwand weit draußen im Meer der Kopf eines Schwimmers. »Ach richtig, Sie wissen ja gar nichts. Sie schulden mir noch Geld für das Zimmer.«

Und sie erzählte, sie habe spontan geheiratet und sei in den Süden gereist; beziehungsweise nein, zuerst sei sie in den Süden gereist, dann habe sie geheiratet, und die Wohnung habe sie verlassen, weil es dort nichts von Wert gegeben habe.

»Verstehen Sie, nach dem, was wir in Russland verloren haben … Und stieren Sie mich nicht so wild an. Und warum tragen Sie diese idiotische Kappe, finden Sie das etwa schön?«

»Haben Sie einen Chirurgen geheiratet?«

»Warum gerade einen Chirurgen?«

»Keine Ahnung, ich dachte bloß.«

»Sie sind ein Bruder Leichtfuß, mein Lieber. Führen Sie immer noch so ein Lotterleben?«

Bevor ich antworten konnte, rannte sie ins Wasser, tauchte unter und schwamm auf den Männerkopf zu, der sich dem Ufer näherte. Ich legte mich in den Sand, schloss die Augen und blieb etwa zehn Minuten so liegen. Als ich sie wieder öffnete, war sie fort.

Ich weiß nicht, ob ich sie noch einmal treffe, und wenn ja, wo das sein wird. Manchmal tauchen in meiner Phantasie die vagen Umrisse eines Hauses in unbestimmtem Baustil auf, erklingen kaum hörbar die Sprungfedern unter ihrem Körper, ich sehe die verdrossenen Schatten ihrer Gläubiger und die traurigen Gesichter ihrer Liebhaber. Sie hat mein Leben durchquert – auf jäher und absurder Bahn – und ist wieder in ihrer ungereimten Welt verschwunden, die an mir vorbeisegelte wie ein Ausschnitt aus einem lange währenden und seltsam-komischen Wahnsinn.

* * *

Mir kam oft der Gedanke, dass das wichtigste und konstanteste Merkmal des Lebens, das ich zu führen gezwungen war, immer und überall in der Unsicherheit des Kommenden bestand, in seiner unvermeidlichen Ungewissheit. Ebenso wie ich in anderen Ländern, wo ich mal Landstreicher, mal Soldat, mal Gymnasiast, mal unfreiwilliger Reisender war, nie wusste, was aus mir werden würde und ob ich mich infolge all der ungeheuren Verwerfungen, deren Zeuge oder Teilnehmer ich war, in der Türkei oder in Amerika, in Frankreich oder in Persien wiederfinden würde – genauso hatte ich hier in Paris, ungeachtet der Monotonie der immer gleichen Arbeit, jeden Tag das Gefühl, einem Bach zu folgen, der im Sand versickerte. Während der langen nächtlichen Jahre glitten ständig Menschen durch mein Leben, mit denen ich eine bestimmte Strecke durchfuhr, mal eine größere, mal eine kleinere, und auf diese Weise wurde der zufällige Fahrgast für kurze Zeit zu meinem Begleiter; in den Minuten der Fahrt befanden wir uns gleichermaßen in Sicherheit oder in der Gefahr, Opfer eines Verkehrsunfalls zu werden, und letztlich hätte es passieren können, dass ich und mein unbekannter Begleiter oder meine unbekannte Begleiterin auf demselben Pariser Straßenpflaster gelandet wären, mit gebrochenen Rippen und versagendem Atem – und diese Sekunde hätte uns fester im selben Schicksal vereint als eine Verwandtschaft oder die längste Bekanntschaft. Doch die Fahrten endeten gut, und alle meine Kunden verloren sich in der Dunkelheit; jeder hatte sein eigenes, mir unbekanntes Leben, das ich in den wenigen Minuten unserer gemeinsamen Tour blind gekreuzt hatte. So war es immer – und deshalb zog mich das Geschick von Menschen, das ich bis zum Schluss verfolgen durfte, so unwillkürlich und machtvoll an, selbst in Fällen, wenn es für sich genommen nicht geeignet schien, mein persönliches Interesse zu wecken. In der ungeheuren stummen, mich wie ein wirbelndes Dunkel mit sich fortreißenden Bewegung einer täglich entstehenden und sterbenden Welt, in der es die Begriffe Anfang und Ende ebenso wenig gab wie eine Vorstellung von Sinn und Richtung – und deren gewaltigen, unaufhörlichen und unguten Rhythmus ich ohnmächtig empfand –, war jedes Leben, das sich in gewohnte und bedingt zutreffende Strukturen fügte – Eröffnung, Entwicklung, Abschluss –, von äußerstem Interesse für mich, und jedes Ereignis, das damit zusammenhing, prägte sich meinem Gedächtnis für immer ein, mit der Uhrzeit, zu der es passierte, mit dem Geruch der Luft, den Gesichtern der Menschen, die mich umgaben, die im Café saßen oder auf der Straße vorbeigingen. Über diese Dinge, so, wie sie in meinem Innern erhalten blieben, hatte die Zeit keine Gewalt, und das war wohl das Einzige, was ich aus der unentwegt verschwindenden, dahinströmenden Welt festhalten konnte, die immer mehr anwuchs, je mehr Zeit verging, und in deren abgründigen Räumen ganze Länder und Städte und schier unzählig viele Menschen zugrunde gingen, die ich niemals wiedersehen würde.

Ich dachte an all das, als ich an einem Frühlingstag, um die Mittagszeit, in einem zentralen Viertel von Paris das schreckliche Gesicht eines Menschen sah, den ich kannte – und seine Gegenwart an diesem Ort überraschte mich. Es war ein großer, dicker Mann, der an einer extremen Form von Wassersucht litt; sein Kopf glich einem riesigen, mit gelblicher Flüssigkeit gefüllten Ball, das Gesicht war so geschwollen, dass seine Züge sich darin verloren, die Augen wirkten winzig, und er ähnelte eher einem Ungeheuer aus einem Albtraum als einem lebendigen Menschen. Ich hatte ihn einige Jahre hindurch immer wieder gesehen, er ging stets die Rue Saint-Jacques entlang, nicht weit von der russischen Bibliothek im Quartier Latin, wo ich wohnte. Und plötzlich traf ich ihn in einer stillen Parallelstraße der Grands Boulevards, die um die Mittagszeit fast menschenleer war. Ich blieb stehen, und während ich ihm nachsah, empfand ich zum hundertsten Mal ein kurioses Mitleid mit seiner Person, mit seinem schwerfälligen, offenbar qualvollen Gang. Als er schließlich um die Ecke verschwunden war und ich weiterging, war die erste Frau, auf die mein Blick fiel, Alice.

Sie kam mir auf dem Trottoir entgegen, sehr gut gekleidet, stark geschminkt, an straffer Leine einen mittelgroßen Hund, scheußlich manieriert geschoren. Von weitem war Alice so wunderschön wie immer, aber mir schien, ihr Gang hatte nicht mehr die frühere großartige Geschmeidigkeit. Als ich ganz nah vor ihr stand, fand ich, dass ihre Augen etwas trübe wirkten; doch wer sie nicht so gut kannte und in Erinnerung hatte wie ich, dem wäre all das, glaube ich, nicht aufgefallen.

»Hallo, Alice«, sagte ich.

»Hallo, mein lieber Junge«, antwortete sie langsam wie immer, aber mit einer gewissen Lebhaftigkeit in der Stimme, die eigentlich nicht typisch für sie war. »Bin aufrichtig froh, dich zu treffen. Was treibst du so? Ich habe dich ewig nicht gesehen.«

»Bei mir ist alles beim Alten«, sagte ich. »Magst du etwas trinken?«

Wir gingen in ein Café.

»Heißt dein Hund nicht Bobby?«, fragte ich.

»Ja, ich habe ihn so genannt, aber jetzt heißt er Dick.«

Und sie erklärte mir, sie habe den Hund Bobby genannt,

aber derjenige, der ihn ihr geschenkt hatte, bestehe auf dem Namen Dick.

»Na schön, also Dick, als ob mir das nicht egal wäre.«

»Was machst du so?«

»Ich bin jetzt Künstlerin.«

»Künstlerin?«, fragte ich überrascht. »Magst du mir sagen, in welchem Bereich?«

»Ich bin in der Music-Hall«, sie sprach es »Musik-All« aus.

»Und was machst du da?«

»Ich tanze ein bisschen.«

»Nackt?«

»Nein, wie kommst du darauf? … Da trägt man so kleine Dinger auf den …«

»Ja, ich verstehe. Verdienst du gut?«

»Ach, darum geht es nicht, woher denn, Künstler sind doch so uneigennützig …«

»Ja. Und der Alte, was macht der?«

»Keine Ahnung, irgendwelche Handelsgeschäfte.«

»Erzähl doch, was du erlebt hast, seit wir auseinandergegangen sind«, sagte ich. »Mich interessiert alles, was dich betrifft, das weißt du.«

Sie erzählte. Zuerst hatte sie sich mit zufälligen Freiern begnügt, die sie selber aussuchte, dann wechselten sich ein paar – mehr oder weniger – feste Gönner ab. Sie erklärte den ständigen Wechsel damit, dass ihr keiner von ihnen gefiel, aber mir kam es vor, als sei das nicht wahr.

»Sag die Wahrheit«, sagte ich. »Mir kannst du alles sagen, das weißt du. Eine seltene Chance für dich, offen zu sein.«

»Na gut«, sagte sie. »Also, ich verheimliche dir nichts. Mich ekelt das an.«

»Was?«

»Mit einem Mann zu schlafen. Das interessiert mich überhaupt nicht.«

»Und dein Alter?«

»Das ist was anderes. Ich erklär's dir.«

Und sie erzählte, ihr jetziger Gönner sei alt und krank:
»Er will nicht viel von mir, und dann ist er nicht ganz normal.«

»Nicht normal? Warum nicht?«

Sie saß da, die Ellbogen aufgestützt, sah mich mit ihren
herrlichen ruhigen Augen direkt an und sprach davon, wie
ihr »Freund« jedes Mal, wenn er sie sehe, in eine ohnmäch-
tige, stille Ekstase gerate.

»Er sagt immer: ›Was für ein Traum! Du bist die Königin
der Träume.‹ Für diese Träume bezahlt er Geld, verstehst
du. Und dann sagt er noch, er würde ›vergehen‹, und dann
noch was von ›Rausch der Vereinigung‹ und lauter solchen
Mist. Aber was das Ergebnis betrifft – da sieht es anders aus,
es klappt vielleicht jedes vierte Mal.«

»Wenigstens ist er nicht anspruchsvoll.«

»Eben«, sagte Alice lebhaft, »dafür schätze ich ihn auch.
Wenn er wie die anderen wäre, würde es nicht lange halten.«

Sie wohnte jetzt in einer guten Wohnung nicht weit vom
Boulevard des Invalides, hatte ein bisschen Geld, fuhr
manchmal mit ihrem Gönner per Auto ins Grüne, und
überhaupt waren, wie es schien, alle Voraussetzungen erfüllt, damit sie sich glücklich fühlen konnte. Doch sie war
nicht glücklich, sie hatte an nichts Interesse. Sie versuche zu
lesen, sagte sie – und ich dachte daran, dass ich auf Raldys
Bitte hin Flaubert für sie beschafft hatte –, doch die Bücher
langweilten sie. »Es zieht sich alles so!«, klagte sie. »Da wird
beschrieben, wie ein Mann eine Frau trifft und wie sie sich

lieben, dann schläft er mit ihr, und das Ganze geht über dreihundert Seiten. Was soll das, bitte? Und er sagt, dass die Luft durchsichtig war, und dass sie ein Kleid mit einer Stoffblume trug, und was sie zu ihm gesagt hat, und sie erinnern sich an einen ganzen Haufen Sachen. Am Ende schläft sie mit einem anderen, und er zerquält sich, wie es da heißt, und dann geht er auf Reisen, trifft sie nach drei Jahren wieder, und sie begreift, dass sie außer ihm nie jemanden geliebt hat. Jetzt sag mir bitte, ist das etwa kein Vertrauensbruch?«

»Hat er dir das Buch gegeben?«

»Ja, natürlich. Er krepiert vor Vergnügen, wenn er so was liest.«

Sie erzählte von ihrem Leben, und während sie sprach, schien mir allmählich, dass ihr Schicksal einen eindeutigen und schlüssigen Sinn enthielt. In der Zeit, als ich sie zum ersten Mal bei Raldy sah, hatte es Raldy – offenbar durch Erzählungen von ihrer früheren Größe – geschafft, in ihr den Wunsch nach einem neuen, luxuriösen Leben zu wecken, und ich nehme an, das war das stärkste Gefühl, das Alice je verspürt hatte. Deshalb ließ sie Raldy im Stich, sie wünschte sich damals tatsächlich eine gute Wohnung, ein Auto, Kleider und Pelze. Doch dieser Wunsch war zufällig und untypisch für sie; im Allgemeinen hatte sie keine Wünsche.

»Am liebsten würde ich ganz ruhig irgendwo liegen, ohne dass mich einer mit ›Rausch‹ und ›Vergehen‹ und solchen Sachen anödet.«

Es schien, als hätte die Schöpferkraft, der sie ihre Existenz verdankte, diesen vollkommenen Körper und das wunderschöne Gesicht geschaffen – und wäre damit aufgebraucht gewesen, und weiter wäre Alice nichts zugefallen: keine Wünsche, keine Leidenschaften, nicht einmal Absichten. Was bei anderen Aufregung hervorrief oder ungeduldige Erwartung oder Begierde, ließ sie kalt. Bücher, Amüsements, Kinematograph – all das ermüdete sie nur. Dieser ruhige Abscheu gegenüber allem, was sie hätte interessieren können, brachte mich dazu zu sagen:

»Man bekommt den Eindruck, dass du bloß ein menschliches Aas bist, Alice, entschuldige, wenn ich vielleicht ein bisschen übertreibe. Hast du eigentlich jemanden?«

»Du weißt doch – den Alten.«

»Nein, jemand anderen, den du liebst, ohne den du nicht leben kannst.«

»Ich liebe niemanden, das fehlte mir noch«, sagte sie, »ich habe einen kleinen Freund, aber ich schlafe nicht mit ihm, das interessiert weder mich noch ihn.«

»Dass es dich nicht interessiert, ist klar, aber ihn auch nicht? Das ist nicht normal.«

»Doch, für ihn ist das normal. Er ist Musiker, er spielt so schön Klavier! Er ist bloß homosexuell, das ist seine Arbeit. Deshalb, du verstehst schon, sind Frauen für ihn … Aber ich mag ihn sehr, er ist schrecklich lieb.«

»Ein seltsamer Freund!«, sagte ich. »Aber wenn er dir gefällt …«

»O ja. Er will nichts von mir, er spielt seine Melodien, ich fühle mich so wohl mit ihm zusammen.«

»Weißt du, dass Raldy gestorben ist?«, fragte ich übergangslos.

Ihr ruhiges, wunderschönes Gesicht blieb unbewegt.

»Ja, es war sogar ein Artikel in der Zeitung, ich habe ihn gelesen.«

»Und hat dich das nicht beeindruckt?«

»Sie war alt.«

»Ja, du zum Beispiel wirst nicht so lange leben.«

Sie verzog plötzlich das Gesicht, der Ausdruck ihrer Augen veränderte sich – zum ersten Mal in der ganzen Zeit.

»Was hast du?«

»Mir geht es nicht gut«, sagte sie und blickte zur Seite.

»Hast du nichts gemerkt?«

»Doch, mir kam es vor, als …«

»Ich war drei Monate im Sanatorium«, sagte sie, »wegen der Lungen. Ich werde schnell müde, ich habe keine Kraft.«

»Na, und?«

»Also, ich weiß nicht, was daraus wird.«

»Aber das ist doch klar.«

»Ach, nein, ich will nicht, ich will nicht, verstehst du? Mein Leben hat doch gerade erst angefangen.«

»Lebst du so gerne? Wozu? Für deinen Alten, oder für den kleinen Homosexuellen, oder vielleicht für Bücher und Musik?«

Sie schwieg.

»Erinnerst du dich«, sagte ich im Flüsterton, von jäher Wut erfasst, »an den Abend im Café, als ich mit dir über Raldy sprach? Es gibt doch eine Art Gerechtigkeit in deinem Leben, findest du nicht, Alice? Ich habe gesehen, wie sie starb, sie war allein, und sie hatte keine Kopeke. Du hättest bei ihr sein müssen. Aber du hast sie nicht ein einziges Mal besucht, soviel ich weiß.«

Sie bedeckte das Gesicht mit den Händen, und plötzlich sah ich, dass ihre Finger tränennass waren.

Und da tat sie mir leid – ebenso unvermittelt, wie ich vor ein paar Sekunden Wut verspürt hatte. Nun empfand ich – zu spät – Reue: Wahrhaftig, was konnte man schon von Alice verlangen, von dieser armen Schönheit mit dem Häutchen der Idiotie auf den wunderbaren Augen, von ihrer banalen Existenz zwischen einem sentimentalen alten Trottel, der genauso banal über Rausch und Vergehen schwatzte, und ihrem Freund, dem passiven Homosexuellen, dem kleinen Musiker? Ich schämte mich meiner Gereiztheit, nahm eine ihrer heißen Hände und sagte:

»Verzeih mir, Liebes, es tut mir leid, dass ich das gesagt habe.«

»Sie hast du bedauert, und mich nie. Zu mir warst du bloß grausam. Überleg nur mal, was du dauernd zu mir gesagt hast.«

»Das hast du nicht vergessen?«

»Nein, weil es eine tiefe Wunde hinterlassen hat.«

»Na, na, das ist schon Geschichte. Vor allem – wein nicht mehr.«

Doch sie weinte leise weiter. Tränen, von der Wimperntusche geschwärzt, verschmierten ihre Wangen, sie tupfte sie sorgsam mit dem Taschentusch ab, presste es säuberlich in die Augenwinkel.

»Sei nicht traurig, Alice. Wirf den Laden hin, hör auf zu arbeiten, iss viel, dann geht das vorbei, es ist nicht so schlimm.«

»Glaubst du?«

»Ich bin mir sicher.«

Beim Fortgehen überlegte ich: Wie hatte Raldy sich so irren können? Alice besaß außer ihrer hinreißenden körperlichen Vollkommenheit nichts, keinerlei Anlagen, um zu der Halbweltdame zu werden, die Raldy aus ihr hatte machen wollen: weder Intelligenz noch Antrieb noch Ehrgeiz, nicht einmal die warme animalische Anziehungskraft, die Frauen mit Erfolg normalerweise auszeichnet. Ihre unglaubliche Schönheit wirkte vor allem auf die ästhetische Wahrnehmung – und deshalb hatte mir der Atem gestockt, als ich sie nackt sah. Doch ihr Körper barg trotz seiner äußeren Vollkommenheit eine unerklärliche kalte Ermattung, eine Ermattung, die Raldy nicht einmal in ihren letzten Lebenstagen eigen gewesen war. Nach dem Treffen mit Alice schien mir, ihre Zukunft stehe bereits fest und lasse nichts Gutes erwarten. Aber ich irrte mich im Zeitpunkt, wie ich es fast immer tat – vielleicht weil meine eigene Existenz in einem anderen Raum verlief, dessen Rhythmus nicht den äußeren Verhältnissen entsprach; und im Innern dieses vergleichsweise ruhigen und endlos währenden Wahns gab es extrem wenige Dinge, die dieselbe Bedeutung, denselben Wert oder dieselbe zeitliche Ausdehnung hatten wie die Dinge außerhalb von mir – kurz, die in einer Art Analogie zur Außenwelt standen.

Und wieder – Nacht, Pariser Straßen, Montmartre, Montparnasse, die Grands Boulevards, die Champs-Élysées und von Zeit zu Zeit die düsteren und malerischen Viertel in den Außenbezirken oder den ärmeren Gegenden im Zentrum. Gegen ein Uhr fuhr ich über den Boulevard Auguste-Blanqui; auf dem Trottoir schlug ein untersetzter Mann mit Schirmmütze einer Frau ins Gesicht, die ich nicht richtig sehen konnte. Ihr Schreien und Schluchzen hallte über die ganze Straße. Ich wusste, dass man sich hier besser nicht einmischte, ja nicht einmischen durfte und dass mein Beistand unpassend und nutzlos wäre. Aber ich konnte das nicht mit ansehen, mich quälte ein dumpfer und schlaffer Gram und das Verlangen, dem Mann – offenbar ein Zuhälter – in den Arm zu fallen, und außerdem verspürte ich einen unerträglichen Ekel, der fast einem Brechreiz glich. Ich bremste, stieg aus und ging hin. Aber ich kam nicht dazu, etwas zu tun. Von irgendwoher eilte ein hochgewachsener, gutgekleideter Mann ohne Hut herbei; er stieß das Subjekt mit der Schirmmütze zurück und sagte mit amerikanischem Akzent:

»Schämen Sie sich nicht, Sie Scheusal? Man schlägt keine Frauen.«

»Was?«, sagte das Subjekt mit Mütze drohend. »Du machst wohl Witze! Willst du auch eins in die Fresse?«

Er hob die rechte Hand, doch in demselben kurzen Sekundenbruchteil versetzte ihm der Mann mit dem amerikanischen Akzent einen Schlag gegen den Unterkiefer. Ich sah das von nahem und konnte den Schlag einschätzen, er war von äußerster, unfehlbarer Präzision, fast professionell: Das ganze Körpergewicht wurde mit einer unfassbar schnellen Bewegung nach vorne geworfen, die vom linken Fuß ausging, sich diagonal über Schenkel und Brust fortsetzte und in einem blitzartigen, kaum wahrnehmbaren Vorstoßen der zur Faust geballten rechten Hand endete. Das Subjekt mit der Schirmmütze schluchzte irgendwie sonderbar auf und fiel um, wobei sein Kopf mit voller Wucht auf das Trottoir knallte. Aus seinem Mund floss Blut, er blieb regungslos liegen. Und da stürzte die Frau, die er eben noch geschlagen hatte, auf den Amerikaner los und kreischte schrill:

»Hast mir meinen Kerl verkrüppelt … Schaut euch das an, er ist vielleicht tot! Du Bastard!«

Er sah sie verwundert an, zuckte die Achseln und ging rasch und geschmeidig fort. Sie rannte ihm nach und schrie, halberstickt vor Tränen und Raserei:

»Bastard! Bastard! Bastard! Mörder!«

Ich stand in der Nähe einer Laterne. Sie kniete neben dem Subjekt nieder, das weiter wie tot dalag, schluchzte, und aus ihrer Stimme hörte ich erstaunt etwas heraus, das einer animalischen, gutturalen Zärtlichkeit glich:

»Bébert, hörst du mich? Bébert, mein Liebster, Bébert!«

In dem Moment kamen gemächlich zwei Polizisten auf Fahrrädern aus der Dunkelheit gefahren.

Ich stieg ins Auto und fuhr weiter, und mir fielen Raldys Worte ein:

»Doch, mein Junge, es ist Liebe. Du wirst das vielleicht nie verstehen. Aber es ist Liebe.«

Das war an einem Samstagabend. Die Chauffeure standen vor den Ballsälen Schlange, und vor dem Hotel Lutetia bemerkte ich einen, der mich wegen seines Aussehens seit langem interessierte: ein kleiner Alter mit riesigem grauem Schnurrbart. Er glich so sehr einer Karikatur, dass ich jedes Mal, wenn ich ihn sah, ein Lächeln nicht unterdrücken konnte. Und jetzt sprach ich ihn also zum ersten Mal an. Seiner harten Aussprache nach zu urteilen kam er aus der Gegend von Grenoble. Solange es um rein berufliche Fragen ging, antwortete er einsilbig, aber bei der Erwähnung einer Aeroplan-Ausstellung, die vor ein paar Tagen zu Ende gegangen war, wurde er unerwartet lebhaft.

»Ja, ja«, sagte er wegwerfend, »einiges hat man erreicht, aber letztlich sind das Bagatellen. Um das Wichtigste kümmern sie sich nicht.«

»Und das wäre?«

Wir standen zu zweit beieinander, die anderen Chauffeure unterhielten sich ein Stückchen weiter weg über ihre Kunden. Es war nach drei Uhr morgens, die Laternen beleuchteten das menschenleere Trottoir; der Alte stand mir gegenüber – klein, mager, mit seinem Riesenschnurrbart, der zu einem Grenadier Anfang des vorigen Jahrhunderts gepasst hätte, und einer äußerst wichtigen und entschlossenen Miene, die mich frappierte.

»Das Wichtigste«, sagte er, »ist folgendes: Jeder Mensch kann und sollte fliegen.«

Ich sah ihn schweigend an. Er wiederholte:

»Jawohl, Monsieur. Kann und sollte.«

»Vielleicht sollte er«, sagte ich, »obwohl ich, ehrlich gesagt, nicht davon überzeugt bin. Aber er kann nicht, das ist ja das Problem.«

»Doch, Monsieur, er kann. Ich arbeite schon lange daran, und früher oder später werde ich fliegen, und Sie werden es selber sehen.«

Und er erzählte mir, er habe einen speziellen Apparat erfunden, ein System von Flügeln und Getrieben, doch natürlich verstehe seine Familie die Bedeutung seines Vorhabens nicht, und deshalb müsse er unter sehr ungünstigen Bedingungen arbeiten.

»Es gibt keinen Platz für mich, ich habe keine Werkstatt«, sagte er, »ich bin gezwungen, im Abort zu arbeiten, und das ist sehr unbequem. Erstens werde ich oft unterbrochen, zweitens ist der Raum zu klein und zu niedrig, ich muss eine besondere Haltung einnehmen – und nach einiger Zeit tun mir Rücken und Hintern weh. Der Flug besteht aus drei Phasen. Die erste sieht so aus«, und er schlug, ohne sich von der Stelle zu rühren, ein paar Mal mit den Armen. »Das ist der Aufstieg in die Luft. Die zweite geht so«, er machte dieselben Bewegungen, nur gleichmäßiger und langsamer. »Und die dritte ist das, was in der Aeroplantechnik Seitengleitflug genannt wird. So.«

Und er beugte sich nach links, streckte beide Arme der Länge nach aus, so dass sie eine Linie bildeten, und lief plötzlich hüpfend, mit kleinen raschen Schritten, über das Trottoir von mir fort. Eine Hand berührte fast die Erde, der Kopf presste sich an die Schulter. Das war so unerwartet und so komisch, dass ich da stand und Tränen lachte, unfähig, mich zu beherrschen. Er kehrte nach seinem Flug zu mir zurück und sagte zornig:

»Sie haben keine Ahnung. Sie sind einfach dumm.«

Doch ich konnte ihm nicht einmal antworten, mir liefen die Tränen herunter. Ich erinnerte mich später noch oft an die kleine greisenhafte Gestalt, zur Seite geneigt, und im rechten Winkel dazu die beiden parallelen Linien – seine Arme und die grauen Schnurrbartspitzen. Er war ein ruhiger und harmloser Irrer, erzählten mir seine Kollegen, die für dasselbe Unternehmen arbeiteten. Wie in jeder größeren Innung kamen auch bei Chauffeuren die unterschiedlichsten Typen vor, darunter Verrückte und Menschen, die im Begriff waren, verrückt zu werden: Die Eigenarten des Berufs, die ständige nervliche Anspannung, die Abhängigkeit des Verdienstes von zufälligen, völlig unkalkulierbaren Umständen – all das unterzog die seelische Balance dieser Leute Prüfungen, denen sie häufig nicht standhielt. Viele Chauffeure stellten schlicht eine Gefahr für die Fahrgäste dar, Alkoholiker zum Beispiel oder Kranke mit beginnenden Lähmungserscheinungen, deren Reflexe nicht mehr schnell genug funktionierten. Ich kannte sogar einen Chauffeur, der an Aussatz litt, Gott weiß, wo er sich diese seltene Krankheit zugezogen hatte; sein ganzes Gesicht war mit riesigen Pflastern verklebt wie ein Bauzaun mit zerfledderten Plakaten; außerdem war er sehr arm und sehr schlecht gekleidet, so dass ich ihn, als ich ihn zum ersten Mal auf der Straße sah – er ging gerade zur Garage, um sein Taxi zu holen –, für einen Bettler hielt. Später lernte ich ihn kennen, er war ein verbitterter Mensch und überzeugter Kommunist – obwohl er, anders als die meisten dieser Leute, keine Ahnung von politischen oder wirtschaftlichen Systemen hatte.

Im nächtlichen Paris fühlte ich mich während der Arbeit tagaus, tagein wie ein Nüchterner unter Betrunkenen. Dieses ganze Leben war mir fremd und weckte in mir nichts als

Ekel oder Mitleid, all diese Freunde von Nachtbars oder einschlägigen Etablissements, diese auf ihre Art Verliebten, um mit Raldy zu sprechen, die in ihrer Schamlosigkeit den Affen im Zoologischen Garten ähnelten – von alledem drehte sich einem der Magen um, wie ein Chauffeurkollege sich ausdrückte, der Fachmann für griechische Philosophie war und unverdrossen Aristoteles-Kommentare schrieb. Weggehen konnte ich nicht; und im Nachhinein kommt es mir vor, als hätte ich diese Jahre meines Lebens in einem riesenhaften und apokalyptisch stinkenden Labyrinth verbracht. Doch seltsamerweise erlebte ich das alles nicht, ohne zufällig und indirekt mein Dasein mit dem Dasein anderer Menschen zu verbinden – anders als zuvor in Fabrik, Büro und Universität.

So waren, unerwartet und unwahrscheinlich genug, drei Frauen in mein Leben getreten, Raldy, Suzanne und Alice. Die Bekanntschaft mit Raldy hatte sich aus einer Verwechslung ergeben, vielleicht hatte ihr visuelles Gedächtnis sie getäuscht, oder ich besaß tatsächlich die wenig beneidenswerte und wenig schmeichelhafte Eigenschaft, einem längst verschollenen Schurken zu ähneln, jenem unseligen Dédé. Doch Suzanne und Alice brachten mir beide eine Art kurioses Vertrauen entgegen, das sich letztlich nur mit einem glatten Irrtum erklären ließ, und zwar nicht einmal des Intellekts, sondern der Seele. Und obwohl ich weder der einen noch der anderen – da ich keinen Grund hatte, mich zu verstellen oder unaufrichtig zu sein – je auch nur mit schlichter Höflichkeit begegnet war, erzählten mir beide alles, was ihnen in den Sinn kam und wichtig erschien; und obwohl ich darauf unveränderlich schroff reagierte und nicht imstande war oder auch nur versuchte, ihnen zu helfen, wandten sie sich mit unbegreiflicher Hartnäckigkeit immer wieder an mich. Im Übrigen mochte diese Hartnäckigkeit auch daher rühren, dass ich nicht das geringste Interesse an ihrer käuflichen Intimität hatte und nicht zu dem Umfeld gehörte, in dem sie lebten. Jedenfalls bekam ich zwei Monate nach dem Wiedersehen mit Alice, es war bereits Sommer, einen Brief von ihr, den mir meine Firma nachschickte. Ich wunderte mich zuerst, weil sie nicht einmal meinen Familiennamen kannte. Die Sache war indessen ganz einfach: Sie hatte sich mein Autokennzeichen gemerkt, einen anderen Nachtchauffeur gefragt, woher der Wagen komme, die Adresse der Firma erhalten und geschrieben: »An den Fahrer des Taxis mit dem-und-dem Kennzeichen«. Der Brief war korrekt formuliert und enthielt keine Rechtschreibfehler, ich hatte gleich die Vermutung, ihr Freund, der kleine Homosexuelle, habe ihn geschrieben, was auch zutraf.

»Mein Lieber«, schrieb Alice, »ich würde Dich sehr gerne sehen, ich wäre Dir verbunden, wenn Du einmal bei mir vorbeischauen würdest« – hier folgte ihre Adresse – »egal wann, ob tagsüber oder nachts. Ich gehe nicht aus und fühle mich ziemlich schlecht. Ich würde gerne mit Dir reden. Ich hoffe, dass Du kommst, das bist Du mir irgendwie schuldig für all die unfreundlichen Dinge, die Du mir immer gesagt hast und die ich Dir keinesfalls vorwerfe. Also, kann ich Dich erwarten?

Herzlich, Deine Alice Fichet.«

Früher hätte ich weder dem Brief noch der Einladung Beachtung geschenkt. Doch nachdem Raldy gestorben war, hatte ihr Tod, ihr unwiderruflicher Weggang eine so große Bedeutung gewonnen, dass sich alle anderen Überlegungen darin auflösten – und war es danach nicht im Grunde gleichgültig, ob Alice sich in der Welt, die es nicht mehr gab und die in dem Moment gestorben war, als Raldys Herz stehenblieb, richtig oder falsch verhalten hatte? Ich fühlte mich seelisch erschöpft, wenn ich daran dachte, aber meine Wut auf Alice war bereits verraucht. Ich fuhr um kurz nach neun am Abend zu ihr. Ihre Wohnung war nicht groß, blitzsauber und anständig eingerichtet, und es fehlten allzu auffallende Beispiele schlechten Geschmacks. Überall standen Blumen – in der Diele, im Essraum, in ihrem Zimmer. Als ich kam, lag Alice im Bett.

»Warum hast du mir geschrieben?«, fragte ich.

Sie wusste nichts zu antworten und drehte den Kopf auf dem Kissen hin und her.

»Ich wollte dir sagen … Ich wollte dir sagen …«

»Nun?«

»Also … dass es mir jetzt leid tut.«

»Was tut dir leid?«

»Dass ich das getan habe.«

»Dass du mir geschrieben hast?«

»Ach was, du verstehst mich sehr gut. Ich meine Raldy.«

»Zu spät, Alice. Raldy ist tot.«

Sie begann zu weinen, verzog das Gesicht wie ein kleines Kind.

»Ich möchte gerne, dass du hin und wieder zu mir kommst.«

»Und wozu, um alles in der Welt?«

»Ich weiß es selber nicht. Verstehst du, ich bin ganz allein. Ich habe niemanden auf der Welt, nur den kleinen Musiker, und der ist ja kein Mensch, der ist wie ich.«

Verworren begann sie mir zu erklären, warum sie mich gerufen hatte. In dem kleinen und ärmlichen Gefühlsvorrat, über den sie verfügte – und der weder Liebe noch Leidenschaft noch Hass, ja nicht einmal Zorn oder starkes Bedauern enthielt –, gab es trotz allem irgendwo einen Hauch von Interesse an Dingen, die sie nicht unmittelbar betrafen oder berührten. Sie sagte, jeder, dem sie begegnete, wolle in der einen oder anderen Weise immer nur dasselbe von ihr, immer nur das Eine. Auch in dieser Hinsicht hatte die Natur kein Erbarmen mit ihr gehabt, als sie ihr jegliches Temperament versagte.

»Mit einem Mann zu schlafen, ist für mich die reinste Strafe. Wenn du nur wüsstest, wie ekelhaft das ist! Aber dich interessiert das nicht, du willst nicht mit mir schlafen. Und wenn du nicht mit mir schimpfst, dann sagst du Sachen, die ich von anderen nie zu hören kriege. Raldy hat immer gesagt, du wärest nicht wie die anderen Chauffeure. Stimmt es, dass du gebildet bist?«

Ich fühlte mich unbehaglich, und sie tat mir leid.

»Ich würde mir sehr wünschen, dass du hin und wieder herkommst. Das ist alles, worum ich dich bitte. Du kannst dort sitzen, wo du jetzt sitzt, im Sessel, und mit mir sprechen, wenn du magst. Du kannst über das reden, was du gerade denkst. Und dann sagst du mir auch, warum ich so eine Idiotin bin. Möchtest du? Verzeih die Umstände, die ich dir mache.«

Nach diesem Gespräch fuhr ich also ungefähr einmal im Monat zu Alice. Manchmal saß ich schweigend da, manchmal erzählte ich ihr allerlei Geschichten, vereinfacht und so abgeändert, wie ich sie für ein krankes Mädchen von zwölf, dreizehn Jahren abgeändert hätte. Und trotzdem verstand sie vieles nicht.

»Wenn man bedenkt, dass Raldy mit dir Flaubert gelesen hat!«, sagte ich.

»Sie fand das nützlich«, antwortete Alice. »Ich nicht, aber ich habe mich nicht getraut, ihr das zu sagen.«

Sie erholte sich langsam und ging nach einiger Zeit wieder aus. Ganz gesund war sie nicht; sie klagte eigentlich über nichts und fühlte sich im Großen und Ganzen leidlich, ermüdete aber schnell, hatte wenig Appetit, schlief dafür aber sehr fest.

»Gehst du in die Music-Hall zurück?«, fragte ich sie einmal.

»Nein«, sagte sie, »das brauche ich nicht mehr.«

Natürlich, die Music-Hall hatte sie ebenfalls nie interessiert, sie hatte ihr ermöglicht, ihren Gönner kennenzulernen, und damit hatte sie ihre Aufgabe erfüllt. Letzten Endes war Alice mit ihrem Leben zufrieden: mit der Wohnung, mit dem Gönner, der von Rausch und Vergehen sprach, was sie anödete, aus seinem Mund aber ganz harmlos klang, mit seiner Anspruchslosigkeit, mit den Melodien des kleinen Homosexuellen und damit, dass sie nichts zu tun brauchte und im Bett liegen konnte, solange sie wollte. Sie legte ein bisschen Geld beiseite und sparte an allem, nur Blumen gab es immer bei ihr, ein Meer von herrlichen Blumen; doch wie sich herausstellte, wurden sie täglich von eben jenem in seiner Fürsorge für sie unermüdlichen – und auf seine Weise rührenden – »Freund« geschickt.

»Ich weiß, dass er mich nicht fallenlässt«, sagte Alice, »verstehst du, er ist neunundfünfzig, in dem Alter läuft man nicht mehr den Mädchen nach. Was ihn betrifft, bin ich beruhigt.«

Trotz der Krankheit verblasste ihre Schönheit nicht, sie schien bloß eine Spur durchscheinender zu werden, und jetzt zeigte sich noch deutlicher, dass ihr gänzlich die lebendige warme Anmut fehlte, die eine Frau begehrenswert macht. Und letzten Endes konnte man verstehen, dass der kleine Musiker ihr engster Freund war, da ihm der männ-

liche Anteil ebenso fehlte wie ihr der weibliche. Einmal saß
ich bei ihr, abends im Frühherbst, im Sessel vor dem geöffneten Fenster; sie lag wie immer auf dem Sofa, die Hände
unter dem Kopf, der Radioapparat spielte kaum hörbar –
sie mochte keine laute Musik – eine undeutliche Melodie.
In alledem, von der Musik bis zum verwehenden Blumen-
duft, ja bis zur Luft in der Wohnung, lag etwas Einschläfern-
des, man wollte, alle Muskeln gelöst, in Schlummer sinken;
ich saß da und spürte, wie das, was mich gewöhnlich auf-
wühlte oder stark beschäftigte, allmählich zerrann und verschwand und nichts übrigblieb als diese unbegreifliche, fast
schmerzhaft süße Schläfrigkeit. Und wieder erinnerte ich
mich daran, wie ich im Frühling vor zwei Jahren in Raldys
Zimmer mit dem hohen und schmalen Fenster Alice nackt
gesehen hatte, ihren prachtvollen Körper in der flimmern-
den Sonne. Aus dieser Schönheit wollte Raldy damals eine
Halbweltdame machen. Jetzt glaubte ich zu verstehen, warum sie darauf verfallen war, Alice auf diese eigentümliche
Laufbahn vorzubereiten, und wozu sie das alles nötig hatte.
Es war Raldys letztes Wunschbild und vielleicht auch der
Drang nach Unsterblichkeit, unbewusst natürlich, sie war
sich darüber nicht im Klaren. Ihr Leben, ihre brillanten
Möglichkeiten – ohne die sie in ihrem Dasein keinen Sinn
sah –, all das hatte ein Ende, weil sie gealtert war und es kein
Mittel dagegen gab. Doch der ganze ungeheure Vorrat ihres sinnlichen und seelischen Reichtums – von dem nur die
riesigen zärtlichen Augen noch etwas verrieten – war keine
tote Fracht, weggefallen waren nur die Möglichkeiten, ihn
zu nutzen. Und diesen von ihr nicht mehr benötigten Reichtum wollte sie Alice vermachen, in ihr sollte er fortleben –
die Tränen, Erregungen, Duelle, Umarmungen, Gedichte
und die Bereitschaft, alles zu opfern für ein gleißendes

Glück, das es letzten Endes nie gab. Und dass sie sich trotz ihrer unvergleichlichen Erfahrung so in Alice geirrt hatte, bewies nur, dass sie, weil ihr eigener Wunsch sie derart blendete, nicht mehr imstande war, Alices wichtigste und markanteste Eigenschaft zu sehen – diese seltsame, bei ihr so unerwartete Leblosigkeit, die nicht weniger unwiderruflich war als Raldys Alter und Falten und weder von Englischkenntnissen noch von Flaubert-Lektüre noch von Tausenden von Ratschlägen wettgemacht werden konnte.

Ich saß bei Alice im Sessel, schlief fast ein und verglich, gefangen in dieser übermächtigen Schläfrigkeit, den heißen Sonnentag unserer ersten Begegnung mit dem stillen Abend jetzt, in diesem Moment. Dazwischen lag der schwankende und sachte Raum von zwei Jahren – wie Sand, der lautlos alles verschüttete, Hügel und Gräben, Felder und Ufer. Von dort wanderten meine Gedanken unmerklich zum Meer, zum Wald, zum Fluss, zu all den unzähligen Düften, dem geschmeidigen Schaukeln von Ästen, dem langsamen Segeln der Blätter – zu dem, was ich in Paris so lange schon entbehrte. Das waren Dinge, an deren Fehlen ich mich nie gewöhnen konnte, wie ich mich auch nicht an den Ausdruck in den Augen der meisten Menschen gewöhnen konnte, mit denen ich notgedrungen am häufigsten zu tun hatte. Sah ich in die Gesichter von Kaufleuten, Angestellten, Beamten und sogar Arbeitern, fand ich etwas, was ich früher, als ich jünger war, nicht bemerkt hatte, eine ideale und natürliche Abwesenheit abstrakten Denkens, eine berückende und beruhigende Trübheit des Blicks. Dann, beim näheren Hinschauen, überlegte ich, dass diese ruhige Abwesenheit von Gedanken sich offenbar durch die Abfolge mehrerer Generationen erklären ließ, die ihr ganzes Leben nahezu bewusst eine freiwillige geistige Dürftigkeit kultiviert hatten, so genannten gesunden Menschenverstand, eine Aversion gegen den Zweifel und die Furcht vor neuen Ideen, eine Furcht, die bei einem durchschnittlichen Ladenbesitzer ebenso stark war wie bei einem jungen Universitätsprofessor. Nie würde ich den Ausdruck vergessen können, der in den schwerfälligen und ruhigen Augen der Besitzerin des Hotels lag, in dem ich wohnte, im Quartier Latin. Sie erzählte mir von der Hochherzigkeit zweier Dauergäste, eines alten Mannes und einer alten Frau; sie hatten ihr Vermögen in irgendwelche Aktien gesteckt, deren Wert war gefallen, und als sie das erfuhren, erschossen sie sich beide.

»Denken Sie nur, Monsieur«, sagte sie, »sie waren so gut und freundlich mir gegenüber, dass sie das nicht in meinem Hotel taten – das heißt, sie nahmen sich nicht hier das Leben, sondern um die Ecke, bei meinem Nachbarn. Sie wollten meine Zimmer nicht verschmutzen – ich hatte ja erst kürzlich einen neuen Teppich legen lassen, wissen Sie, Monsieur, was heutzutage ein neuer Teppich kostet?, brandneu war er, gerade angeliefert – und sie wollten nicht, dass ich Ärger mit der Polizei bekam. Und so starben sie, wie sie gelebt hatten, edelmütig, jawohl, Monsieur, edelmütig.« Dabei strömten ihr die Tränen aus den Augen. Und ich dachte, so entsetzlich dieser zweifache Tod auch war, er hatte sich doch der Ordnungsliebe gebeugt und dem Wunsch, der Wirtin keine Unannehmlichkeiten zu bereiten und ihr gleichzeitig mit der Rufschädigung des Konkurrenten einen letzten Gefallen zu tun. Ich hatte mich noch nicht daran gewöhnt, dass sich alle um mich herum krampfhaft ans Geld klammerten, das sie nicht einmal für einen bestimmten Zweck beiseite legten, sondern einfach so, weil es eben sein musste. Und diese naive Bettlerphilosophie wurde mit demselben Eifer von ganz unterschiedlichen Menschen vertreten. Selbst Zuhälter und Prostituierte, selbst berufsmäßige Diebe, auch die hartgesottensten, auch die Halbverrückten unter ihnen, selbst Kommunisten und Anarchisten, mit denen ich zu tun bekam, zweifelten keinen Moment daran, dass das Recht auf Eigentum das heiligste aller Rechte war.

»Armer Proudhon!«, sagte Platon einmal, als ich ihm meine Gedanken mitteilte. Seine Kräfte hatten in letzter Zeit immer mehr nachgelassen, sein müder Kopf über der Theke sank immer tiefer, sein Mantel war noch verdreckter, er wurde noch schneller betrunken, versank noch häufiger in sein beharrliches Schweigen, dem auf keine Weise beizukommen war. Nur mit mir sprach er bisweilen noch, wenn er mich in dem fast undurchdringlichen Nebel, der ihn anscheinend ständig umgab, mit Mühe erkannt hatte. Und in dem Maße, wie sich sein Zustand verschlimmerte und unaufhaltsam der Tag heranrückte, an dem seine langwierige Tragödie an ihr Ende gelangen würde, zerbrach und verkam in Platons Augen die Welt – und Frankreich vorneweg –, und die Dynamik dieses Zusammenbruchs entsprach wohl in etwa dem Tempo seines eigenen Untergangs, der rapiden Abwärtskurve seines Verfalls. Jedes Mal, wenn ich längere Zeit nicht mit ihm sprach, in jeder dieser mehrtägigen oder mehrwöchigen Pausen wurden seine Ansichten von einer neuen Katastrophe heimgesucht: Mal verschwand die Philosophie, mal die Malerei, mal die Dichtung, mal die Bildhauerei. »Carpeaux war ja im Grunde ein bedauernswerter Mensch. Pascal war einfach krank, das wissen Sie so gut wie ich; was bedeutet, bitte schön, dieses ganze Gefasel über Jesus Christus? Und was bedeutet dieser Satz, der in seiner Banalität etwas Schreckliches hat, Sie wissen, der berühmte Satz: Allein wird man sterben? Und der Stuhl am Rande des Abgrunds, den er gesehen hat? Und dieses dämliche ›ewige Schweigen unendlicher Räume‹ – hol's der Kuckuck, was geht uns dieses Schweigen an? Ein klinischer Fall? Ja. Material zur Erforschung tobsüchtiger Irrer? Ja. Was auch immer – nur nicht Philosophie oder Wissenschaft, um endlich einmal Klartext zu reden.« Zuletzt verschwand in diesen Tagen – den Tagen mit Alice, am Vorabend eines neuen Unglücks, dessen Zeuge ich ebenfalls werden sollte – die Musik. »Aber wir hatten nie eine Musik, mein armer Freund. Was hätten wir auch damit machen sollen? Wir hören sie nicht, wir können genauso wenig etwas damit anfangen wie ein Höhlenmensch mit Renaissance-Malerei. Wir haben Tino Rossi, das ist unsere Musik!«

Es fiel mir schwer zuzuhören, wenn Platon so redete; er war einer der wenigen Menschen, dessen Schicksal mir nicht gleichgültig war. Hin und wieder wich ich deshalb egoistisch einem Gespräch mit ihm aus und begnügte mich mit einer Verbeugung. Jedes Mal folgte ich beklommen und aufmerksam seinen Bewegungen. Er erwiderte meine Verbeugung mit seiner üblichen Höflichkeit und sagte ein paar Worte; in meinem ganzen nächtlichen Paris war er der einzige Mensch, der ein wunderbares Französisch sprach – er und Raldy. Aber Raldy war tot, und er lebte noch.

Und darüber hinaus lag in seinem Schicksal etwas Lehrreiches für mich persönlich – soweit das Schicksal eines Menschen überhaupt etwas Nützliches für einen anderen enthalten kann –, es gab da ein paar Elemente einer auf den ersten Blick absurden und vielleicht tatsächlich nur eingebildeten Analogie. Seit unseren ersten gemeinsamen Gesprächen – wie viel hatte sich da in der begrenzten Welt, in der mein eigenes Leben ablief, verändert oder war verschwunden? Und gleichzeitig fiel mir meine alte Befürchtung wieder ein, die auf langer und trauriger Erfahrung fußte und im Wesentlichen auf den Gedanken hinauslief, dass dieses unheilvolle und elende Paris, durchschnitten von endlosen nächtlichen Wegen, bloß eine Fortsetzung meines fast immer halbwahnhaften Zustands war, in den zwar, seltsam und unverständlich genug, lebendige und existente Stücke eingefügt waren, aber umstellt von einer toten Architektur im Dunkeln, von Musik, die im wüsten und undurchdringlichen Raum erdröhnte, und von jenen menschlichen Masken, deren Falschheit und Scheinhaftigkeit vermutlich für alle offenkundig waren außer für mich. Dementsprechend war mein Dasein, ohne dass ich es wollte, gespalten; wenn ich durch die vertrauten Straßen fuhr, brauchte meine Konzentration nur für einen Moment zu erlahmen, und vor mir erhoben sich fremdartige Häuser, unbekannte Ecken mit schroffen steinernen Flanken, und plötzlich stellte sich heraus, dass ich eine tote nächtliche Stadt durchkreuzte, die ich nie zuvor gesehen hatte. Und erst in der nächsten Sekunde, wenn die Konzentration das entglittene und wie ein Lappen im Wind flatternde Bewusstseinsband von neuem zu fassen bekam, merkte ich, dass ich mich auf dem Boulevard Raspail befand und in die Rue Rennes abbog, wo ich alle Geschäfte, alle Häuser und scheinbar auch alle Bewohner kannte. Und genauso absurd, genauso schizophren war es, dass ich am Steuer eines Autos saß, eine graue Schlägermütze auf dem Kopf, eine Papirossa im Mundwinkel, und im Argot mit allem möglichen Nachtgesindel, wozu auch Freunde und Gesprächspartner von mir zählten, über Kunden, schwierige Verhältnisse, Vermieter, berufliche Interessen redete oder mit betrunkenen Fahrgästen oder verdächtigen Subjekten sprach, die eindeutig Diebesgut in meinem Wagen transportierten – und dass ich, nach Hause zurückgekehrt, wieder automatisch und augenblicklich in einer anderen Welt lebte, wo es kein einziges der Phänomene gab, aus denen mein falsches, nächtliches und fremdes Leben bestand.

Wenn es mir gelang, meine gesammelte Aufmerksamkeit auf eine Frage zu richten, die mich zu der betreffenden Zeit interessierte, fiel mir stets etwas Seltsames auf: Je länger das andauerte, desto mehr versank ich in eine Art tödliche Ruhe oder langsame vermeintliche Agonie. Ich glaube, so müssen sich Sterbende in jenen vorletzten Momenten fühlen, wenn ihre körperlichen Leiden aus irgendeinem Grund aufgehört haben, während die Außenwelt mit all ihren Fragen, Interessen und Empfindungen für sie schon nicht mehr existiert. Mir scheint, genau dann gewinnen ihre Augen jene besondere bleierne Undurchdringlichkeit, die man unmöglich falsch interpretieren kann und die ich viele Male gesehen habe; vielleicht geschieht das deshalb, weil die eingetrübten Pupillen nichts Lebendiges mehr reflektieren, so wie schlagartig angelaufene, erblindete Spiegel. Gewöhnlich lag ich, wenn ich in diesem Zustand war, in meinem Zimmer auf dem Sofa; und mir schien, ich würde mich auch dann nicht vom Fleck rühren, wenn ein Feuer ausbräche. Das war umso verwunderlicher, als ich nicht das leiseste physische Unwohlsein dabei verspürte, ich wusste überhaupt nicht, was Krankheit war; doch ich glaube, dass ich, wenn ich sterbe – falls ich dann bei Bewusstsein bin –, wohl kaum etwas Neues erfahren werde, und schon jetzt könnte ich, wie mir scheint, meinen Tod beschreiben – das allmählich verstummende Geräusch des Lebens, das langsame Vergehen von Kontrasten, Farben, Gerüchen und Vorstellungen, die kalte und unerbittliche Entfremdung von allem, was ich geliebt habe und nicht mehr liebe und kenne. Und eben weil mir dieser Zustand so vertraut war, gab es vermutlich all diese zwar gegensätzlichen, aber für mein Leben gleichermaßen typischen Dinge: die relative Gleichgültigkeit gegenüber dem eigenen Schicksal, Neid- und Ehrgeizlosigkeit und daneben ein stürmisches sinnliches Erleben und die tiefe Trauer darüber, dass jedes Gefühl unwiederholbar ist und seine scheinbar ebenso kraftvolle Wiederkehr mich bereits verändert antrifft und sich anders auswirkt als vor einem Jahr, vor zehn Jahren, vor zehn Tagen oder vor zehn Stunden.

Bisweilen verfiel ich nach einem derartigen Anfall in eine Art seelische Totenstarre, und dann lag ich häufig tagelang in meinem Zimmer, ohne auszugehen, etwas wahrzunehmen oder mich für etwas zu interessieren; danach versank ich in einen tiefen felsenfesten Schlaf, und nach dem Erwachen lebte ich von neuem wie zuvor.

An einem solchen Tag kam Suzanne wieder einmal zu mir. Ich hatte sie relativ lange nicht gesehen – ungefähr seit der Zeit, als Wassiljews plötzlicher Tod, über den sie aufrichtig froh war, eine gewisse Beruhigung in ihr Dasein gebracht hatte. Sie schien sogar zugenommen zu haben, war rundlicher geworden; doch soweit ich das im Halbdunkel erkennen konnte – die Holzläden in meinem Zimmer waren herabgelassen –, hatten ihre Augen den alten verwirrten und erregten Ausdruck. Ich kam gerade nach einer langen seelischen Paralyse wieder zu mir – und ich brauchte etwas Zeit, um mir die Geschichte von Suzanne, Fedortschenko und Wassiljew ins Gedächtnis zu rufen. Doch auch als ich mich mit großer Willensanstrengung dazu gezwungen hatte, kam es mir weiterhin so vor, als verdiente das alles keine gesteigerte Aufmerksamkeit.

»Was ist denn noch?«

»Es fängt wieder an«, sagte Suzanne.

Sie setzte sich auf den Lehnstuhl und klagte, wie damals lasse Fedortschenko sie ganze Tage und oft auch nachts allein, wie damals sei er nicht wiederzuerkennen, trinke viel, sitze im Café herum und gehe häufig – sie war ihm gefolgt – in das russische Nachtlokal in Montparnasse.

»Lass ihn in Frieden«, sagte ich, »und glaub ja nicht, ich könnte etwas tun. Offenbar interessierst du ihn nicht mehr, da kann man nichts machen.«

»Wenn du wüsstest, wie er mich vergöttert hat, bis dieser Verrückte aufgetaucht ist und mich ins Unglück gestürzt hat.«

»Tja, die Vergötterung hat aufgehört.«

»Weil er krank ist.«

»Welche Krankheit hat er denn?«

»Immer noch dieselbe.«

»Doch seitdem sind keine Generäle mehr entführt worden, soweit ich weiß.«

»Der General – das war doch nur ein Detail«, sagte sie in dramatischem Ton, »ein Detail war das, und weiter nichts.«

»Detail oder nicht, du fängst wieder mit denselben Dummheiten an.«

»Er ist dein Schulkamerad, du musst etwas tun.«

»Was denn zum Beispiel?«

»Sprich mit ihm, erklär ihm alles.«

»Ich bin kein Priester.«

»Lass mich nicht im Stich«, sie schluchzte auf. »Ich bin eine arme Frau, ich habe niemanden. Zu wem soll ich denn gehen?«

Es war klar, dass sie völlig phantastische und unerfüllbare Hoffnungen auf mich richtete; das glich schon fast einer Manie. Ich zuckte die Achseln und versprach, mit Fedortschenko zu reden, und daraufhin ging sie, unvermittelt und zu Unrecht getröstet.

Ich musste ihn nicht lange suchen – ich traf ihn in derselben Nacht in Montparnasse. Mich schockierte, wie abgemagert er war; sein Gesicht hatte einen verstörten und angespannten Ausdruck angenommen. Die Augen glänzten, ob unter der Einwirkung von Alkohol oder aus einem anderen, ernsthafteren Grund, wusste ich nicht. Als wir uns in dem leeren Nachtcafé an einen Tisch gesetzt hatten, spürte ich nach seinen ersten Worten – wie damals bei dem Gespräch mit Wassiljew –, dass nunmehr alles verloren war und nichts ihn auf seinem Weg aufhalten konnte. Er begann, indem er mit seiner tiefen Stimme – er hatte ein schlechtes Gehör und traf den Ton nicht – zwei Zigeunerromanzen sang. Der Garçon schaute mit teilnahmslos erstauntem Gesicht in den Raum, in dem wir saßen, doch Fedortschenko bemerkte ihn nicht. Dann sagte er: »Heute leben wir, morgen sterben wir, nicht wahr? Wissen Sie noch, wie wir gesungen haben, als wir mit dem Gymnasium fertig waren – was war das gleich? Ach ja, *nos habebit humus* … Und dann noch *nemini parcetur*.«

Ich fragte mich, aus welcher Tiefe diese Worte eines uralten Liedes in einer fremden Sprache in ihm aufgestiegen waren, an die er, hätte er weiter so gelebt wie früher, bis zu seinem Tode nicht mehr gedacht hätte. Er sprach jetzt Russisch, ohne französische Wörter einzuschieben, und auch das war ein beunruhigendes Zeichen; bisher hatte er das Russische gemieden.

Im Café hallte wie immer der charakteristische dumpfe Klang der Nachtstimmen, die so anders sind als am Tage. Einige Laute erinnerten mich entfernt an die Gesprächs-

und Satzfetzen, die man in der Dunkelheit hört, wenn der Zug nachts an einem Haltepunkt steht; dann erklingen aus dem frischen Dunkel der Felder die Wörter, die die Bahnbeamten wechseln, mit einer ungewöhnlichen, unvergesslichen Intonation. Wir saßen im Wirtsraum meines Cafés, und obwohl sich zwischen uns und der Bar eine Trennwand erhob, sah ich die Theke deutlich vor mir: Madame Duval mit ihrem künstlichen Gebiss, Platons reglose Gestalt vor dem Glas Weißwein, das gelbe Gesicht des Garçons, der glücklich war, weil er seinen Lebensunterhalt verdiente, und daneben die langsamen, apathischen Bewegungen der sorgfältig gekleideten Zuhälter und Prostituierten, die hierher kamen wie Tiere zum Wasserloch. Fedortschenko schwieg, den Kopf auf die Hände gestützt. Dann sagte er nur:

»Nicht auszuhalten.«

»Was?«

Er hob seinen verstörten Blick – und für einen Moment schien mir, als schaute mich ein anderer Mensch an, den ich nicht kannte und der mit Fedortschenko nichts gemein hatte.

»Ich denke immer noch über dieselben Dinge nach«, sagte er, »Sie erinnern sich, worüber ich auf den Champs-Élysées gesprochen habe. Sie wollten mir damals nicht antworten.«

»Ach ja, ich erinnere mich. Aber ich glaube, auf diese Fragen gibt es keine Antworten, und womöglich gibt es nicht einmal die Fragen.«

»Gut«, sagte er. »Sagen wir, Sie eröffnen ein Geschäft. Sie wissen, wozu Sie das machen: um Geld für Ihren Lebensunterhalt zu verdienen. Richtig?«

»Ja.«

»Jetzt etwas anderes. Sie leben – das ist doch schwieriger, als im Geschäft zu arbeiten, und wichtiger. Nicht wahr?«

»Aber ja.«

»Wozu machen Sie das?«

Ich zuckte die Achseln.

»Wenn ein Geschäftsmann findet, dass der Handel sich nicht lohnt und Geld überhaupt etwas Unsinniges ist – dann macht er sein Geschäft zu und fährt zum Beispiel angeln. Aber wenn Sie nicht wissen, wozu Sie leben, was dann? Was dann?«, wiederholte er. »Na schön, ich betrinke mich alle zwei Tage, und dann weiß ich nichts mehr. Aber das ist doch kein Ausweg.«

»Zumindest ein schlechter.«

»Ich will es wissen, ich will, dass Sie es mir erklären. Erstens: Wozu bin ich auf der Welt? Zweitens: Was wird aus mir, wenn ich sterbe, und wenn nichts aus mir wird, warum zum Teufel gibt es dann alles andere?«

»Was denn?«

»Alles: Staat, Wissenschaft, Politik, Suzanne, das Geschäft, die Musik – besonders die Musik. Und wozu ist der Himmel über uns gut?, und wozu ist überhaupt alles da? Es kann doch nicht sein, dass alles keinen Sinn hat!«

»Ich weiß nicht, was ich Ihnen antworten soll.«

»Und wozu ist Wassiljew gestorben? Das frage ich mich die ganze Zeit.«

»Natürlich ist das entsetzlich. Aber vergessen Sie nicht, dass er wahnsinnig war.«

»Glauben Sie?«

»Aber ja.«

»Gut, aber wenn Gott, Staat, Wissenschaft und so fort nicht existieren, dann existieren auch keine Wahnsinnigen.«

Mich erstaunte nicht nur, dass er über diese Dinge redete, sondern auch, wie er redete. Bis jetzt hatten seine Gespräche ausschließlich materielle Gegenstände berührt, und nun hatte sich jene fatale Abstraktion, die er nicht zu ertragen vermochte, mit einem Schlag seines Denkens bemächtigt. Sie war in ihn eingedrungen, hatte sein schutzloses Bewusstsein vergiftet, und das war ein tausendmal schwierigeres Problem als Hunger, Krankheit oder härteste körperliche Arbeit. Er saß da, den Kopf gesenkt, dann fing er von neuem an, langsam und mit tiefer Stimme:

»Ich habe vor kurzem das Evangelium wiedergelesen.«

Ich nickte.

»Da will mir eine Stelle nicht aus dem Kopf.«

»Welche?«

»›Kommt her zu mir, alle, die ihr mühselig und beladen seid; ich will euch erquicken.‹ Das heißt, irgendwo gibt es eine Antwort auf alles.«

Wieder sah er mich an, und wieder kam es mir so vor, als begegnete ich einem Blick aus Augen, in die ich vor dieser Nacht noch nie geschaut hatte. Der Eindruck war so stark und deutlich, dass es mir unheimlich wurde. Etwas Ähnliches hätte ich empfunden, wenn ich ein Gespenst gesehen hätte oder eine Leiche, die sich langsam im Sarg aufsetzt. Im selben Moment wurde mir klar, dass der Mann ebenso unwiderruflich zum Untergang verurteilt war wie Wassiljew, denn mit solchen Augen konnte man nicht weiterleben wie zuvor: der Laden, Suzanne, Samstagsausflüge ins Grüne. Mir schien, als trete im Café für einen Augenblick Stille ein, obwohl ich weiterhin den Klang der Stimmen von der Theke hörte; und wenn die Spannung sich in einer Katastrophe entladen hätte, ich hätte mich nicht gewundert. Doch natürlich passierte nichts, ich bemühte mich, das be drückende Gespräch in Gang zu halten, und überzeugte mich immer mehr davon, dass der Mensch mir gegenüber in keiner Weise mehr dem Fedortschenko glich, den ich so lange und so gut gekannt hatte.

Er sprach von Dingen, die ihm früher nie in den Sinn gekommen wären. Die Fragen, von denen er nicht loskam und deren Beantwortung ihm so unentbehrlich erschien, dass es sich ohne sie nicht zu leben lohnte – diese Fragen waren mir seit langem vertraut; doch da ich mich langsam und allmählich an die tragische Unmöglichkeit der Antworten gewöhnt hatte, hatte sich eine Art Immunität in mir gebildet. Fedortschenko aber war schutzlos. Mir kam es vor, als wohnte ich einem grausamen Experiment bei, als sähe ich dem vergeblichen Kampf eines Organismus gegen eine sich blitzartig ausbreitende Krankheit zu, der er nicht gewachsen war. Das wirkte so bedrückend, dass es sich kaum aushalten ließ, mit dem Mann allein zu sein.

Als ich mich von ihm verabschiedet hatte und nach Hause ging, dachte ich: Was kann man bloß tun? Es war klar, dass nur ein Wunder Fedortschenko in seinen früheren Zustand zurückversetzen konnte, er glich einem Menschen, der von einem Steilhang stürzt – und als ich das dachte, fiel mir Platon und sein Reden von dem Stuhl über dem Abgrund ein.

Einige Zeit später ging ich in das russische Nachtkabarett, das Fedortschenko häufig besuchte und von dem Suzanne mir erzählt hatte. In meinem Leben gab es ein paar Dinge, denen ich nicht widerstehen konnte: Das waren einige Bücher – ich war unfähig, mich von ihnen loszureißen, wenn sie mir in die Hände gerieten –, das war das Frauengesicht, das jahrelang unweigerlich – wo und wie ich auch leben mochte – vor mir erschien, sobald ich die Augen schloss, das waren, mich ebenfalls unwiderstehlich anziehend, das Meer und der Schnee; und das war schließlich nächtlicher Gesang: Gitarre oder Orchester, Café oder Kabarett und das schneidend traurige Klanggeholper eines Zigeunerliedes oder einer schwermütigen russischen Romanze. Ich kannte sie auswendig, diese häufig absurden und lächerlichen Wortverbindungen, die in keinem auch nur halbwegs erträglichen Gedicht möglich wären, gegen die sich jeder gute Geschmack sträubte, all diese Abschiede, Träume, Verzauberungen, Trennungen, Bande, Blumen, Felder, Tränen und Reuebekundungen; doch durch die Worte hindurch strömte, unübertroffen in ihrer musikalischen Überzeugungskraft, eine slawische Traurigkeit, ohne die die Welt nicht so wäre, wie ich sie mir geschaffen habe. Es war ein eigentümlicher und hoffnungsloser Zauber, der gleichsam unaufhörlich einer klangvollen Musikspirale folgte und mit jeder neuen Kreisbewegung an Gefühlen vorbeizog, die er schon früher berührt hatte und die bestrebt schienen – ein quälender und fruchtloser Versuch –, der sich entfernenden, langsam verwehenden Melodie nachzufolgen. Etwas Ähnliches lag, wie mir schien, in zarten Bäumen, die sich im Winde beugten und gleichsam immerzu versuchten, ihm nachzufliegen – wenn es stürmte und unbezwingbare Luftströme alles wegrissen, was nicht von Natur aus fest verankert war. Weiter lag darin die Erinnerung an eine andere, entschwundene Welt, an die Epoche der Jahrhundertwende, als die Zeit noch so langsam verging und die Geschichte eines einzigen, im Grunde unbedeutenden Gefühls ein ganzes Leben ausfüllen konnte. Weiter war da eine Vision ferner Dinge: sommerliche Felder und Gärten unter dem Mond, der Duft von Blumen und frischem Heu, der bläulich-weiße Schimmer des wie Glas klirrenden Schnees, Kutscher, Pferde, Duga, Glöckchen und klangliche Schatten, Vehikel fremder Erinnerungen an Menschen, die längst tot sind und die wir nie gekannt haben. Vor allem aber traten nach dieser Musik Momente einer besonderen sinnlichen Entkräftung und grundlosen Exaltation ein, die sich mit nichts vergleichen ließen. Man konnte danach eine Handlung begehen, die man lieber nicht begangen hätte, Worte sagen, die man besser nicht gesagt hätte, oder sich einen unwiderstehlich verlockenden und unwiderruflichen Fehler erlauben.

Das Kabarett, das ich besuchte, ähnelte vielen anderen russischen Kabaretts, die sich lediglich durch die mehr oder weniger luxuriöse – oder dürftige – Ausstattung unterschieden. Hier gab es das gleiche Ensemble – Geiger, Cellist, Pianist –, die gleichen Garçons mit ihren melancholischen rasierten Gesichtern, die gleiche kleine Bühne, die leicht schief dastand, als hätte man sie von ihrem eigentlichen Platz ein Stück weggerückt. Es gab zwei Sänger und zwei Sängerinnen, alle mit klangvollen Namen, doch die Attraktion war Katja Orlowa, eine nicht mehr junge, stark geschminkte Frau in schwarzem, tragischem Kleid mit tiefem Dekolleté – und an dem Tischchen ganz vorne saß von elf Uhr abends bis fünf Uhr früh ein breitschultriger, untersetzter Mann im Smoking und mit Schildpattbrille, ein Holländer, ihr derzeitiger Geliebter, stets eine Flasche Champagner vor sich. Zufällig kannte ich diese Frau, sie hatte ein bewegtes und zugleich leichtes Leben gehabt; als wir uns kennenlernten und ins Gespräch kamen, versetzte sie mich dadurch in Erstaunen, dass sie Annenski und Rilke zitierte und überhaupt viele Dinge wusste, von denen Kabarettsängerinnen normalerweise keinen Begriff haben. An jenem Morgen war sie betrunken und von glasklarer Offenheit und Vertraulichkeit und erzählte mir von ihrem Leben – das Gymnasium, Petersburg, Florenz, Dresden, Paris vor dem Krieg, das Pensionat in England, wo sie zur Schule ging, und vieles andere. Sie war unattraktiv, nur ihre Augen waren wunderschön; sie hatte eine tiefe, nicht sehr große Stimme, die sie mit instinktivem und unfehlbarem Talent beherrschte, ohne je eine Ausbildung erhalten zu haben. Später vergaß sie den frühen Morgen, an dem wir uns kennengelernt hatten – das war im Café gewesen, nach dem Nachtlokal, wir waren mindestens zehn Personen –, und die Gedichte, die sie mir vorgetragen hatte, und mein Gesicht; und wenn ich wieder einmal das Kabarett besuchte, wo sie gerade auftrat, erkannte sie mich nicht.

Sie besaß eine Art unerklärliche und, wie es das manchmal gibt, geradezu elektrische Ausstrahlung, und ich erinnere mich, dass ein stockbetrunkener Unbekannter etwas über sie sagte, was mich seiner zufälligen Präzision wegen verblüffte, nämlich, wenn sie singe, bekomme man den Eindruck, dass plötzlich der Strom eingeschaltet werde. Später erfuhr ich, dass er Ingenieur war, Fachmann für Elektrizität, und durchaus nicht den Wunsch hatte, sie auf originelle Weise zu beschreiben, er benutzte einfach den Begriff, der ihm am geläufigsten war.

Müsste man in einem Wort sagen, wovon Katja fortwährend sang – in allen Liedern und in allen Sprachen –, dann würde man schwerlich etwas Zutreffenderes finden als das Wort Nostalgie. Ich glaube, das war für sie der Fluchtpunkt ihrer gesamten persönlichen Erfahrung, wie es bei den meisten Menschen der Fall ist, die, klug und gebildet, abstrakte Dinge verstehen können, aber nicht die Kraft haben, neue sinnliche Systeme zu schaffen – eine Kraft, die andere, primitivere Menschen recht häufig besitzen. Jedenfalls war dies der beständige Sinn von Katjas Liedern, ihr »Schlüssel«, wie sich ein Bekannter ausdrückte, als er von ihr sprach. Und das war – infolge der Logik seelischer Krisen – etwas, was Fedortschenko, ihren ständigen Zuhörer, unbedingt ansprechen musste. Und so versank er nach und nach, kraft eines seltsamen und unübertrefflichen Zufalls, jede zweite Nacht in diesem melancholischen Klangnebel und empfand unwillkürlich den Verlust all der Dinge, von denen Katja sang und die er nie besessen hatte, denn er hatte weder die Troikas im Schnee noch die Alleen im alten Park noch die verlorene Liebe noch sonst etwas aus dieser ganzen traurigen und trivialen Welt jemals gekannt. Ich sah, wie er dasaß, den Kopf schwer auf die Hand gestützt und die Augen starr auf die Bühne und auf Katjas schwarzes Kleid gerichtet.

All dies – die Fragen ohne Antwort und die stets verfügbare Zigeunerschwermut – hätte vielleicht für sich genommen keine so fatalen Folgen für ihn gehabt, wäre es nicht Teil eines akuten und ausgreifenden psychischen Leidens gewesen, an dem er erkrankt war und dessen Ursprung mir ebenso offenkundig erschien wie der Grund dafür, dass ich mich bei Problemgesprächen mit Fedortschenko stets peinlich berührt fühlte. Es war das Resultat seiner ungeheuren geistigen Verspätung. Die Dinge, mit denen unser Bewusstsein – meins und das der meisten meiner Kameraden und Zeitgenossen – vor langer Zeit in Berührung gekommen war, als wir das Denken erst lernten, um diese unablässige, langwierige Tätigkeit stetig fortzusetzen, wobei sie ihre ursprüngliche Schärfe und Empfindlichkeit verlor und fast zur Gewohnheit wurde –, diese Dinge begegneten ihm jetzt, nach so vielen Lebensjahren, in denen sie nie eine Rolle gespielt hatten. Und traten jetzt in ihrer ganzen tragischen und unausweichlichen Komplexität zutage. Er glich einem übergewichtigen Vierzigjährigen, der sich niemals körperlich betätigt hatte und nun gezwungen wurde, akrobatische Übungen zu vollführen, die für einen Sechzehnjährigen passen würden; und davon rissen seine Muskeln, knackten die Knochen, zerrten sich die Sehnen, schmerzten die Gelenke, die ihre Geschmeidigkeit seit langem verloren hatten, raste das Herz, das eine solche Anspannung nicht aushielt.

Das erste dieser Dinge war das allmähliche Verstehen von Gefühlen, die er nicht selber empfand, und die Anteilnahme am Leben fremder und ferner Menschen, also die Tätigkeit der Einbildungskraft, die er früher überhaupt nicht gekannt hatte. Er fing an, Bücher zu lesen, er interessierte sich für das Schicksal der Figuren, als sei es eng mit seinem eigenen verbunden. Dieser Mann, der sich durch eine unverwüstliche bäuerliche Gesundheit auszeichnete und nie unpässlich gewesen war, nie auch nur für eine Sekunde das Bewusstsein verloren und sich nie in jenem Zustand zwischen Wirklichkeit und Phantasie befunden hatte, den fast alle Kunstschaffenden kennen – dieser Mann durchlebte jetzt gleichsam ununterbrochen ein seelisches Delirium, wo Erinnerungen an Wassiljews Theorien und seinen Tod durcheinandergerieten mit dem Inhalt erstmals gelesener Bücher und mit Fragen, immer denselben Fragen, auf die es keine Antwort geben konnte. Vor allem letzteres war für ihn unerträglich, weil er seiner Natur nach zu der Kategorie Menschen zählte, deren Verstandesleistung bestenfalls zu logischen Schlüssen führt und die die Existenz irrationaler Dinge nicht akzeptieren.

Im letzten Jahr hatte er mehr gesehen und aufgenommen als in seinem ganzen früheren Leben. Je mehr ich darüber nachdachte, desto mehr bestürzte mich die erstaunliche und zufällige Ähnlichkeit seines jetzigen Zustands mit rein körperlichen Symptomen, von denen ich in medizinischen Büchern las – es war derselbe verzweifelte und im voraus zum Scheitern verurteilte Kampf des Organismus mit einem sich unerbittlich ausbreitenden Gift. Und je weiter die Zeit voranschritt, desto offensichtlicher wurde das schroffe und tragische Auseinanderdriften zwischen Fedortschenkos tatsächlichem Schicksal und dem Weg, den er eigentlich hätte beschreiten sollen. Das lag umso mehr auf der Hand, als sein Unternehmen florierte und ihm monatlich steigende Einkünfte bescherte. Und noch etwas vollzog sich in seinem Leben auf gesetzmäßige Weise – das, wovon Suzanne mir damals erzählt hatte, als sie bei mir zu Hause in Ohnmacht gefallen war: Sie war schwanger. Sie sah anders aus, weniger hübsch, ihr kindlich-verderbtes Gesicht nahm einen für sie untypischen Ernst an, und durch all die Schichten farbiger Schminke hindurch traten plötzlich menschliche Züge hervor, so wie auf einem alten Gemälde nach begonnener Restaurierung überraschende Details zum Vorschein kommen und seinen ursprünglichen, bisher verdeckten Sinn erkennen lassen. »Ich werde jetzt mit Madame angeredet«, sagte sie zu mir, »und kriege einen Sitzplatz angeboten, und meine Kundinnen geben mir Ratschläge und fragen, wie es mir geht.«

Fedortschenko jedoch konnte nichts mehr auf seinem Weg aufhalten. Mir kam es vor, als hätte er bis ans Ende der Welt fahren, sein Leben komplett ändern und alles vergessen können, was mit ihm passiert war – es hätte nichts geholfen, sein ganzer schrecklicher Kosmos, die Luft, in der er zu ersticken drohte, hätte ihn trotzdem eingeholt.

Besonders deutlich ist mir in Erinnerung, wie ich ihn einmal lange im Kabarett beobachtete – er wusste nichts von meiner Anwesenheit. Er saß da, die Augen geschlossen, den Kopf auf dem sehnigen Hals zurückgelegt, und ich bemerkte damals, dass sein Gesicht auch blass werden konnte – bis dahin war es immer rot gewesen. Und in dieser Dunkelheit – er öffnete kein einziges Mal die Augen – drang durch den musikalischen Nebel Katjas tiefe Stimme, die von Nostalgie und Abschied und der vertanen Chance auf Glück sang – und wieder von Russland, dem nahezu unbekannten und fernen Russland, und immer demselben Schnee, den Kutschern, den Schellen. Inmitten der singenden und schluchzenden Zigeunerschwermut trat mir damals die unwiderrufliche Irrigkeit eines solchen Lebens und all dessen, was hier geschah, vor Augen; und dabei gehörte dieser Irrtum zu denjenigen, die einem früheren ruhigen und glücklichen Dasein den scheinbar so berechtigten und verdienten Reiz für immer rauben. Der Irrtum war unwiderruflich; wer ihn beging, konnte, auch wenn er das ganze leichte und zerbrechliche Trugbild durchschaute, niemals wiedergewinnen, was zuvor gewesen war.

Obwohl ich Fedortschenko, wie mir schien, immer vollkommen gleichgültig gegenübergestanden hatte, ging mir sein Schicksal die ganze Zeit sehr nahe, ich fühlte mich, als würde ich einer seelischen Agonie beiwohnen, ohne auch nur im mindesten helfen zu können. Ich suchte lange nach Erklärungen für mein plötzliches und unwillkürliches Mitleid. Ich glaube, es war schließlich entstanden, weil Fedortschenko sich in den letzten Monaten seines Lebens dank einer rapiden und tödlichen Evolution dem Menschentyp annäherte, der mich immer interessiert hatte und mit dem ihn zuvor nicht das Geringste verband. Die ganze Zeit konnte ich mich nicht von dem Gefühl befreien, dass auch ich, auf indirekte und irreguläre Weise, an seinem Unglück teilhatte. Das war die Folge einer verhängnisvollen Gewohnheit: Unwillkürlich hatte ich meine Phantasie an eine zu intensive und angespannte Tätigkeit gewöhnt – und einmal begonnen, setzte diese Tätigkeit sich fort, und nicht immer konnte ich ihr Einhalt gebieten. Und wie ich, so kam es mir wenigstens vor, Platon verstand, indem ich ihm, soweit ich konnte, auf allen seinen Gedankengängen und Irrwegen folgte, die sein permanenter Rausch noch komplizierter machte, wie ich mit unerklärlicher und angespannter Aufmerksamkeit, indem ich in der Vorstellung fast jede Kleinigkeit wiedererstehen ließ, Raldys stürmische Biographie oder Alices Existenz geradezu nacherlebte – so bewegte ich mich jetzt in eben jener Luft, in der Fedortschenko nach Atem rang und zugrunde ging.

Logisch betrachtet, gingen mich diese Leute nicht das Geringste an; doch wie immer berührte mich fremdes und fernes Leid, so wie mich das Phantom eines fremden Todes verfolgte – mein Leben lang. In einer solchen Phase gehörte ich kaum noch mir selbst, besonders dann nicht, wenn sich alles verdichtete und irgendeine Ereigniskette an ihr Ende kam. Wie das Schicksal es wollte, war ich persönlich viele Male bei einem tragischen Ausgang zugegen, das geschah so häufig und unter so unterschiedlichen Umständen, dass ich mir allmählich vorkam wie der Mitarbeiter eines Bestattungsinstituts. Auf der Basis dieser langen Erfahrung kam ich zu dem Schluss – der sich an Fedortschenkos Beispiel noch einmal bestätigte –, dass meine Ansicht über die Menschen und ihre Psyche fast immer falsch war und sich das in den letzten Monaten, Wochen oder Jahren ihres Lebens herausstellte. Ich stellte mir dann die Frage: Was war richtig, die Vorstellung, die ich mir von diesem Mann oder dieser Frau gebildet hatte, oder die totale Veränderung, die später eintrat? So war es auch mit Fedortschenko. Er lebte sein Leben, und alle hielten ihn – wie es schien, mit guten Gründen – für einen stumpfsinnigen und beschränkten Menschen, den nichts interessierte als materielle Fragen. Und nun ging er zugrunde, dachte überhaupt nicht mehr an seine Einkünfte und sein Geschäft, daran, wie er gekleidet war oder wann wieder Sonntag sein würde, sondern rang aus tiefster Überzeugung mit der geistigen, abstrakten Welt, die sein ganzes Dasein bisher verneint hatte.

* * *

An diesen Sommer kann ich mich besonders gut erinnern. Das Besondere besteht darin, dass bei Erinnerungen an andere Phasen meines Lebens die Vergangenheit langsam vor mir ersteht; doch wenn ich an die schwülen Monate Juni, Juli, August in jenem Jahr zurückdenke, taucht alles auf einmal auf, blitzschnell und gleichzeitig, wie ein unfassbar kompliziertes Ganzes, das verschiedenartige und unähnliche Dinge in sich vereinigt, wobei diese fragwürdige Vereinigung sich unabänderlich auf dieselbe chaotische Weise vollzieht. Ich sehe die stille kleine Pariser Straße vor mir, in der ich zu der Zeit wohnte, den gesprungenen, vielteiligen Holzladen meines Fensters, die Flecken der Sonne auf dem Pflaster, ich sehe die Straßensänger, die täglich kamen, höre ihre krächzenden Stimmen, die den Ton nicht trafen, fühle die schwere, steinerne Hitze von Paris, sehe vor dem dunstigen heißen Himmel auf dem benachbarten roten Backsteinhaus eine kreisförmige Terrasse und eine Chaiselongue, auf der eine Frau in dunkelrotem Hausmantel lag – ihr Gesicht konnte ich nie richtig sehen – und ein Buch las; die letzten Wochen in der Stadt vor der Reise in den

Süden, Sonntag und sonntägliche Menschenmassen, nächtliche Straßenbiegungen, Scheinwerfer, die durch die be-
siegte Dunkelheit gleiten, das Lispeln der Autoreifen auf
verstummtem Holz und Stein, die müden nächtlichen Gesichter meiner Fahrgäste in den verstörenden Stunden vor
dem Morgengrauen – und noch eine besondere, mit nichts
zu vergleichende Schwermut, die nicht verschwand und
nicht dem Vergessen anheimfiel. Ich erinnere mich an das
Prasseln des Regens gegen den Holzladen in den frühen
Morgenstunden, wenn ich von der Arbeit kam und mich
schlafen legte; es weckte so tiefe Erinnerungen und Empfindungen in mir, dass ich, wie sehr ich auch in meinem Gedächtnis stöberte, keine Periode meines Lebens hätte finden können, in der dieses Geräusch mir nicht so vertraut
gewesen wäre wie die Empfindung meines eigenen liegen-
den Körpers. Auch heute lauschte ich dem Regen, wie zehn
oder zwanzig Jahre zuvor, auch damals hatte ich vage einen
unbewussten, animalischen Kontakt mit unendlich fernen
Ahnen empfunden, mit denen ich nichts mehr gemeinsam
hatte außer diesen wenigen, rein körperlichen Reaktionen,
von denen freilich jede fast schon die Idee der Unsterblichkeit in sich trug.

In diese Tage und Wochen fielen die letzten Ereignisse
von Fedortschenkos Leben. Sie bildeten eine dermaßen
klare und eindeutige Abfolge, ihr Gang schien dermaßen
vorherbestimmt, dass es von außen den Anschein hatte, als
wäre nichts einfacher gewesen als davon abzuweichen. Mit
anderen Worten, Fedortschenko hätte bloß das unnötige
und hilflose Philosophieren aufgeben und sich einfach um
seine eigenen Angelegenheiten kümmern müssen, und jeder Gedanke an eine Gefahr hätte albern und unbegründet
gewirkt. Doch in der Entwicklung dieser seelischen Katas-

trophe gab es etwas, was dem Weg einer Dynamitexplosion glich – dem Weg des größten Widerstands.

In den letzten Tagen seines Lebens traf ich ihn kaum. Zwei oder drei Mal sah ich ihn in dem Kabarett, wo Katja sang, und schon damals schien mir auf seinem Gesicht eine hingerissene Entfremdung von allem zu liegen, was vorging, es war das am wenigsten konkrete Gesicht, das ich je gesehen hatte, eine unglaubwürdige Abstraktion Fedortschenkos. Wie sehr ich auch zu begreifen versuchte, woran es lag, welche körperlichen Details diesen Eindruck hervorriefen, ich kehrte immer wieder zu derselben Schlussfolgerung zurück: Die Veränderung seines Gesichts war ebenso unbestimmbar wie unbestreitbar. Später erfuhr ich, Fedortschenko habe in der letzten Zeit viel geschrieben, und nur auf Russisch, Suzanne erzählte es mir. Doch die Blätter waren unauffindbar.

Was damals genau passiert und wovon ich Zeuge geworden war, drang lange nicht in mein Bewusstsein, obwohl ich alle Einzelheiten der Ereignisse behalten hatte. Doch irgendwie gelang es mir nicht, daran zu denken; jedes Mal, wenn ich versuchte, jenen Tag wieder aufleben zu lassen, tauchte in meinem Gedächtnis mal ein musikalisches Motiv auf, mal ein kürzlich gesehener Film, mal die eigentümliche Intonation einer Frauenstimme, die ich auf der Straße gehört hatte – nur eben nicht jener Tag. Und erst zwei Wochen später, im Süden, am Meer, konnte ich mich eines Morgens klar und deutlich an alles erinnern.

Ich lag am Ufer, vor mir das Meer, spiegelglatt an diesem windstillen Tag und gesäumt von einem Hain fuchsroter, glühender Kiefern; die Luft zitterte durchsichtig über dem Strand, die Zikaden zirpten, auf der nah gelegenen Straße fuhr hin und wieder ein Auto vorbei. Alles, was bisher in meinem Leben gewesen war, schien mir ungeheuer fern, fast nicht existent; geblieben war nichts als dieses Meer, dieser wie immer wolkenlose und ferne Himmel. Ich drehte mich vom Rücken auf den Bauch und erblickte ein Zeitungsblatt, das jemand weggeworfen hatte: eine alte Nummer von *Paris-Soir*, zerknüllt, zerrissen und zur Hälfte in den Sand getreten, so dass ich nur die großen Lettern der Überschrift erkennen konnte: »Eine seltsame Geschichte« …

Und als ich das las, stand mir jäh, so blitzartig, wie es typisch ist für Erinnerungen, die mit Gerüchen verknüpft sind, der letzte Tag vor Augen, an dem alle wichtigen Ereignisse in Fedortschenkos Leben zu Ende gingen.

Es war ein regnerischer und schwüler Tag, ich erwachte mit demselben Gefühl grundloser und unüberwindlicher Schwermut, mit dem ich eingeschlafen war, sah zu dem Frauenporträt, das an der Wand hing – und Suzanne so interessiert hatte – und betrachtete lange jenes Gesicht, das mir an diesem Morgen fern und fremd erschien, obwohl ich jede seiner Mienen kannte, jede Bewegung der Lippen, jede Veränderung der Augen; aber an dem Tag hatte selbst das für mich kaum noch Bedeutung. Ich hatte mich gerade angezogen, als es klingelte und Suzanne eintrat. Ihr Gesicht zeigte, wie schon seit geraumer Zeit, einen verstörten und hilflosen Ausdruck. Sie war im letzten Schwangerschaftsmonat, ihr Bauch wölbte sich stark, ihr Gesicht schien geschrumpft und bleich.

»Schön bist du nicht gerade, meine Liebe«, sagte ich. »Ist wieder etwas passiert, oder willst du mich nur wie üblich anöden?«

»Ich will dich anöden, wie du sagst. Komm, wir gehen zu mir und frühstücken zusammen. Ich kann nicht alleine sein.«

»Und dein Mann?«

»Er schläft, er ist erst morgens zurückgekommen. Ich weiß nicht, wo er war.«

Ich ging mit ihr. Ich hätte es nicht getan, wenn ich in normaler Verfassung gewesen wäre, doch an dem Tag war mir völlig gleichgültig, wohin ich ging und was ich tat. Suzanne taute ein wenig auf, wir unterhielten uns darüber, wann und wie das alles enden würde. Sie sagte, nach Wassiljews Tod habe sie gehofft, alles werde wie früher, doch nichts habe sich gebessert. Mit jedem Tag fühlte sie stärker, dass es den Mann, den sie geheiratet hatte, nicht mehr gab, dass statt seiner ein anderer da war, der dem ersten zwar körperlich glich, den sie aber nicht kannte und nicht verstand. Sie drückte das anders aus.

»Ich erkenne ihn nicht, manchmal denke ich, ich habe diesen Mann noch nie gesehen. Verstehst du?«

»Was hast du gesagt, du erkennst ihn nicht?« Ich wiederholte den Satz automatisch, während ich an etwas anderes dachte. Damals schien mir, ich hätte an etwas anderes gedacht; am Meer liegend, konnte ich meinen damaligen Gedanken leicht rekonstruieren, es ging um Fedortschenkos Gesicht im Kabarett und um dessen verblüffende, tödliche Abstraktheit – also im Grunde um genau das, wovon Suzanne sprach.

»Ich geh ihn mal wecken«, sagte sie, stand auf und wandte sich seiner geschlossenen Zimmertür zu. »Du siehst ihn dir an, und dann sagst du mir, ob das noch derselbe Mann ist.«

»Sicher ist er das«, antwortete ich, »nur in einem anderen Zustand, weiter nichts.«

Sie zog an der Tür, die Tür gab nicht nach. »He!«, sagte sie erstaunt. »Was ist denn da los?«

Sie zog stärker, eine Hand gegen die Wand gestemmt, ich

hatte den Eindruck, als wäre an der Tür, auf der anderen Seite, etwas Schweres festgebunden. Endlich ging sie ein Stückchen auf – und in derselben Sekunde stieß Suzanne einen so tierischen und wilden Schrei aus, dass ich vom Stuhl hochschnellte und zu ihr stürzte.

An einem kurzen schmalen Riemen, der fest um den Türgriff gewickelt war, hing in halb sitzender Pose der verkrümmte Körper Fedortschenkos. Der Riemen schnitt sich tief in seinen Hals, das Gesicht war rotviolett, und die toten geöffneten Augen blickten blind und starr vor sich hin.

Schon kamen Leute die Treppe hinauf, sie läuteten und klopften an die Tür; ich öffnete ihnen. Suzanne, unaufhörlich schreiend, wand sich in Krämpfen auf dem Sofa. Nach einiger Zeit erschienen Polizisten, dann kamen weißgekleidete Schwestern, die Suzanne fortbrachten: Die Wehen hatten eingesetzt. Ich musste erklären, warum ich mich in der Wohnung aufhielt. Der Concierge berichtete dem Polizeiinspektor, der Mieter sei zwischen fünf und sechs Uhr morgens heimgekommen. Der Arzt, vom Kommissariat hergeschickt, erklärte, der Tod sei vor ein paar Stunden eingetreten. Erst gegen Abend konnte ich gehen. Auf dem Hof fiel unaufhörlich derselbe schwüle und warme Regen.

Am nächsten Morgen fuhr ich ins Krankenhaus, wo Suzanne lag. Sie hatte sich über Nacht sehr verändert, ihre Miene verriet – ungewöhnlich für sie und neu für mich – eine geradezu feierliche Ruhe. Sie war nicht wiederzuerkennen, als hätte sie ungemein bedeutungsvolle Dinge begriffen, von denen sie nie etwas erfahren hätte, wenn die unbegreifliche Tragödie nicht geschehen und die Leiche nicht gewesen wäre, die so plump und schwer an der Tür hing. Ihr Haar war ordentlich gekämmt, der Goldzahn blitzte unter der hochgezogenen Oberlippe.

»Ich habe einen Jungen«, sagte sie. »Was für ein Drama, nicht wahr? Wenigstens kann man jetzt sagen, es ist alles zu Ende.«

»Ja, es ist zu Ende«, erwiderte ich.

Zwei Tage später erzählte ich Platon davon, wie ich ihm von vielem erzählte, dessen Zeuge oder Teilnehmer ich gewesen war. Er war schwer betrunken an dem Abend, ich begleitete ihn noch ein Stück heim, und so legten wir zu Fuß mehr als die Hälfte der Entfernung zwischen unserem Café und dem kleinen Sträßchen zurück, wo er wohnte. Unterwegs sagte er, es sei wirklich alles zu Ende, und Suzanne ahne nicht einmal, wie recht sie habe. Bevor wir uns trennten, blieben wir einen Moment unter einer Laterne stehen. Er sah mir mit seinen trüben, starren Augen direkt ins Gesicht, dann fasste er plötzlich meine Hand, drückte sie fest – zum ersten Mal in der ganzen Zeit – und sagte:

»Ich begreife nicht, wie Sie das alles aushalten, ohne zu trinken. Sie müssen trinken, ich beschwöre Sie, sonst gehen Sie zugrunde; und wenn dann Ihr eigenes Ende kommt, wird es noch tragischer sein als alles, was Sie mir erzählt haben.«

Ich trennte mich auf der Avenue du Maine von ihm. Er ging und machte kleine Gesten mit der rechten Hand, und ich dachte mir, dass er sicherlich vor sich hin sprach: Trinken muss man, trinken, trinken, trinken, sonst hält man das nicht aus.

Und auf dem Heimweg in der Morgendämmerung dachte ich an die nächtlichen Wege und an die dumpf verstörende Bedeutung dieser letzten Jahre, an Raldys und Wassiljews Tod, an Alice, an Suzanne, an Fedortschenko, an Platon, an jenen stummen und gewaltigen Luftstrom, der meinen Weg durch dieses unheilvolle und phantastische Paris gekreuzt hat und groteske und mir fremde Tragödien mit sich führte, und ich verstand, dass ich von nun an alles mit anderen Augen sehen würde; und wie ich auch leben und was das Schicksal auch für mich bereithalten würde, immer läge hinter mir, wie eine verbrannte und tote Welt, wie dunkle Ruinen zusammengestürzter Gebäude, als starre und schweigende Mahnung diese fremde Stadt in einem fernen und fremden Land.

Anmerkungen

Der erste Abdruck eines Teils des Textes in der Zeitschrift *Sovremennye zapiski* (1939) war mit einem Motto überschrieben:

Wenn ich an diese Jahre zurückdenke, finde ich darin den Ursprung all der Leiden, die mich peinigen, und die Gründe für mein frühes schreckliches Dahinwelken. [Isaak] Babel.

9 Place Saint-Augustin: Vor der Kirche St-Augustin auf dem gleichnamigen Platz steht ein sehr dynamisches Bronze-Denkmal von Jeanne d'Arc zu Pferde, eine Arbeit von Paul Dubois (1900).

14 sortie de bal: Teil der weiblichen Abendtoilette: Umhang oder Stola.

39 Im Kerker liegt in eisernen Banden: »Der weiße Schleier« von Moritz Hartmann (1821–1871), in Russland (bis heute!) sehr populär in der zeitgenössischen Übersetzung von Michail Michailow (1829–1865).

44 für Ehemalige wie ihn: Als »Ehemalige« wurden in der Sowjetunion Menschen bezeichnet, die infolge der Oktoberrevolution ihren sozialen Status verloren hatten (Adelige, zaristische Offiziere, Geistliche, Beamte, »Kulaken« etc.). In der zweiten Hälfte der 1930er Jahre wurden diese Personengruppen besonderen Repressionen unterworfen.

50 Oh Freund des Herzens mein: Liebesduett von Prilepa und Milowsor in der Schäferspielszene im 2. Akt der Oper *Pique Dame* von Pjotr Tschaikowski (nach der gleichnamigen Novelle von Alexander Puschkin).

59 amant de cœur: wörtl. Geliebter des Herzens, bezeichnet eine Liebesbeziehung, bei der die geistig-emotionale Verbindung eher im Vordergrund steht als die rein sexuelle.

78 Tournée des grands ducs: wörtl. Tour der Großfürsten, im 19. und Anfang des 20. Jahrhunderts luxuriöser Streifzug vor allem reicher russischer Adliger durch das Pariser Nachtleben, später allgemein Zechtour, »Zug durch die Gemeinde«.

60 die öde Bahnstation … in den Waggon: Gasdanow diente im Bürgerkrieg in einem der legendären Panzerzüge, die von Roter Armee wie von Weißen Einheiten vor allem im Süden Russlands und auf dem Gebiet der heutigen Ukraine eingesetzt wurden.

61 Der junge Adler: L'Aiglon, neuromantisches Drama von Edmond Rostand (1868–1918), verfasst 1900, über den einzigen legitimen Sohn Napoleons, den Herzog von Reichstadt.

81 zum Père Lachaise: berühmter Friedhof in Paris, Anfang des 19. Jahrhunderts als Parkanlage gestaltet.

88 Vor vielen Jahren kannte ganz Russland diesen Mann: Gemeint ist Alexander Kerenski (1881–1970), Justizminister, Kriegs- und Marineminister und, zwischen Februar- und Oktoberrevolution 1917, Chef der Provisorischen Regierung Russlands. Emigrierte 1918 nach Frankreich, 1940 in die USA.

89 der Volkszorn nach den Petrinischen Reformen: Die umfangreichen Reformen Peters I. (des Großen) Anfang des 18. Jahrhunderts riefen massenhafte Proteste und Aufstände hervor.

89 der starrköpfige Wahn der russischen Raskolniki: Zahlreiche Gläubige reagierten auf Patriarch Nikons Reformbestrebungen im Russlands des 17. Jahrhunderts mit der Gründung eigener Gemeinden, häufig in entlegenen Gebieten des Russischen Reiches oder im Ausland. Diese Altgläubigen, Altorthodoxen oder Raskolniki wurden von Staat und Kirche verfolgt.

106 Les Liaisons dangereuses (Gefährliche Liebschaften): skandalöser Briefroman von Pierre-Ambroise-François Choderlos de Laclos (1741–1803), verfasst 1782.

132 von Sawinkow und einem seiner Mitstreiter: Boris Sawinkow (1879–1925), Politiker, Schriftsteller, Terrorist.

136 nachdem ein russischer General entführt worden war: Gemeint ist Alexander Pawlowitsch Kutepow (1882–1930), Offizier und Führungskraft der Weißen Armee im Bürgerkrieg. 1920 Flucht über die Türkei und Bulgarien nach Frankreich. Seit 1928 Führung der Allrussischen Militärunion, einer Organisation antisowjetischer

Kräfte im Exil. 1930 von der GPU entführt, in die Sowjetunion verbracht und unter ungeklärten Umständen im Gewahrsam der Geheimpolizei verstorben.

157 die berühmte Arie aus *Faust*: vermutlich Mephistos Rondo aus der Oper *Faust* von Charles Gounod (2. Akt, 3. Szene):
Le veau d'or est toujours debout!/ On encense/ Sa puissance …
Ja, das Gold regiert noch die Welt,/ Und sie senden/ Weihrauchspenden …

158 Tourbigot: eventuell von *tourbe* (argot): Pöbel, Pack; *bigot:* bigott, heuchlerisch, frömmlerisch.

168 Der Großinquisitor: Parabel, die Iwan Karamasow seinem Bruder Aljoscha erzählt (im fünften Teil von Fjodor Dostojewskis Roman *Die Brüder Karamasow*, 1878–80).

168 Fürst Andrejs Tod: Hauptfigur aus Lew Tolstois *Krieg und Frieden* (1869).

176 die Arie aus *La Forza del Destino:* die Oper *Die Macht des Schicksals* von Guiseppe Verdi. In Frage käme die Arie des Don Carlo im Dritten Aufzug, Szene 5: *Morir! Tremenda Cosa* …. oder diejenige des Don Alvaro *Qual sangue sparsi* im Dritten Aufzug, Szene 12. Von Text und Stimmung her würde die zweite besser passen (… Ich stelle mich dem Tod, das Schicksal sei erfüllt …), zumal der Don Alvaro eine Tenorpartie ist.

178 der »Morgen« von Grieg: eigentlich »Morgenstimmung«, ungemein populäres Stück aus der romantischen *Peer-Gynt-Suite* von Edvard Grieg (1843–1907).

179 Chagrinleder: *Das Chagrinleder oder Die tödlichen Wünsche* ist ein Roman von Honoré de Balzac. Das Stück Leder wird bei jedem geäußerten (und sogleich erfüllten) Wunsch kleiner, gleichzeitig verkürzt sich das Leben des Wünschenden.

190 L'Illustration: Die Zeitschrift L'Illustration, erschienen von 1843 bis 1944, war eines der ersten illustrierten Periodika überhaupt. Sie informierte mit Text und Bild über das Zeitgeschehen rund um die Welt.

190 Die Orientalen von Victor Hugo: Gedichtsammlung zum griechischen Unabhängigkeitskrieg (1829).

191 »Der Graf aß, wie wir uns erinnern, wenig bei Tisch«: Eine wörtlich so lautende Stelle konnte nicht gefunden werden. Am ehesten passt noch Albert de Morcerfs Äußerung gegenüber seiner Mutter Mercedes: »Wie Sie zum Beispiel bemerkten, dass an dem Abend unseres Balles der Herr Graf Monte Christo nichts bei uns hatte nehmen wollen« in Kapitel 11 aus Teil 5 (Alexandre Dumas: *Der Graf von Monte Christo*, 1844–46, Bearbeitete Übersetzung von Meinhard Hasenbein, Frankfurt 1978).

192 Edmond Dantès: Titelheld des Romans *Der Graf von Monte Christo.*

195 Lermontows Eiche: Bezieht sich auf das Gedicht von Michail Lermontow (1814–1841) »Einsam tret ich auf den Weg, den leeren …« von 1841, in dessen vorletzter und letzter Strophe es heißt: Schlafen möchte ich so jahrhundertlang […] Dass ich alle Kräfte in mir habe […] Und ich wüsste, wie die immergrüne/ Eiche flüstert, düster hergeneigt. Ü. Rainer Maria Rilke. Michail Lermontow: Ausgewählte Werke, Erster Band, Berlin 1987.

198 L'Arlésienne: auf der gleichnamigen Erzählung basierendes Stück von Alphonse Daudet (1840–1897) von 1869; Georges Bizet schrieb die Bühnenmusik (und komponierte später eine Suite daraus: Suite Nr. 1 für großes Orchester).

207 Bliny, Golubzy …: Bliny: dünne Pfannkuchen, ähnlich wie Crêpes; Golubzy: Krautwickel; Pelmeni: gefüllte Nudeltäschchen (ähnlich wie Ravioli); Borschtsch: Eintopf, meist aus Schweinefleisch, Weißkohl, Kartoffeln und Roter Beete.

208 Rasstegai: Hefeteigtaschen mit unterschiedlicher Füllung und einer Öffnung oben (der Name kommt von *rasstegnut'*, aufknöpfen).

211 chanteur à voix: wörtl. Sänger mit Stimme, gemeint ist ein Sänger mit besonders guter, kraftvoller Stimme bzw. ein professioneller Sänger.

214 er halte Gogol für einen guten Schriftsteller: ein ironischer Verweis auf die innere Verwandtschaft von Iwan Petrowitsch und Iwan Nikolajewitsch mit zwei Figuren von Nikolai Gogol, Gutsnachbarn, die sich aus nichtigem Anlass jahrzehntelang erbitterte Fehden liefern. In Korfiz Holms Übersetzung lautet der Titel »Die Geschichte vom großen Krakeel zwischen Iwan Iwanowitsch und Iwan Nikiforowitsch«, die Erzählung stammt aus dem Jahre 1834.

247 der berühmte Satz: Allein wird man sterben: Blaise Pascal,

Pensées, Nr. 211. Werke, Band I. Übertragen und herausgegeben von Ewald Wasmuth, Heidelberg 1978.

248 ›ewige Schweigen unendlicher Räume‹: Blaise Pascal, *Pensées*, Nr. 206: ›ewige Schweigen dieser unendlichen Räume macht mich schaudern. Ebenda.

248 Tino Rossi: französischer Schauspieler und Chansonsänger (1907–1983) von großer Popularität, der sehr geschickt die neuen Medien Radio und Schallplatte nutzte.

253 habebit humus: Zitate aus dem mittelalterlichen, bis ins 20. Jahrhundert populären Studentenlied »Gaudeamus igitur«; *habebit humus:* die Erde wird uns haben; *nemini parcetur:* niemand wird verschont werden.

256 ›Kommt her zu mir …‹: Matthäus 11,28 (Deutsch: Luther 1984).

Die Handschrift der *Nächtlichen Wege* ist wie folgt datiert: »Paris, 1941 August 11«.

»Die fremde Stadt in einem fernen
und fremden Land«

Gaito Gasdanows Nächtliche Wege
durch die Welt des Absurden

Im Jahre 1936 veröffentlichte Gaito Gasdanow in der Pariser Emigrantenzeitschrift *Sovremennye zapiski* den Aufsatz
»Über die junge Emigrantenliteratur«, der bei seinen Kollegen einen Sturm der Entrüstung hervorrief. Die Kernthese
ist folgende: Eine Literatur, die diesen Namen verdiene,
habe die jüngere Emigrantengeneration nicht hervorgebracht, und sie sei auch nicht dazu imstande. Gasdanow
nennt als Gründe die fehlende Leserschaft und die widrigen ökonomischen und sozialen Bedingungen, mit denen
die Autoren zu kämpfen hätten. Das Wichtigste aber: »Die
schrecklichen Ereignisse, bei denen die heutige Literatengeneration Zeuge oder Teilnehmer war, hat all jene harmonischen Strukturen, die so wichtig waren, all jene ›Weltanschauungen‹, ›Weltwahrnehmungen‹, ›Weltsichten‹ zerstört und ihnen einen unwiderruflichen Schlag versetzt.«
Weiter führt er aus, bekanntlich seien Kunst und Literatur
dynamische Begriffe: »Hier aber ist die Bewegung vor sechzehn Jahren zum Stillstand gekommen und hat sich seither
nicht wieder erneuert.«
Was brachte Gasdanow zu diesem hellsichtigen, vernich-

tenden Urteil, von dem er einzig Vladimir Nabokov ausnahm? Eine Schaffenskrise, Resignation, Verzweiflung? Bei Erscheinen des Artikels war Gasdanow dreiunddreißig Jahre alt und hatte sein halbes Leben in der Emigration verbracht. Nach dem Riesenerfolg von *Ein Abend bei Claire* hatte er zwar zahlreiche Erzählungen und einen weiteren Roman publiziert, seinen Lebensunterhalt jedoch verdiente er zu dieser Zeit, nach Fabrik- und Bürotätigkeiten und Phasen ohne Arbeit und Obdach, seit acht Jahren als Nachttaxifahrer in Paris. Weitere sechzehn Jahre sollten folgen.

Dass Gasdanow sich dazu entschloss, diese Erfahrung literarisch zu verarbeiten, ist ein großes Glück. 1939/40 erschienen erste Teile von *Nächtliche Wege* in *Sovremennye zapiski,* doch die Zeitschrift wurde eingestellt, als die Deutschen Paris besetzten. Erst 1952 kam das vollständige Werk, das der Autor 1941 abgeschlossen hatte, im New Yorker Tschechow-Verlag heraus. Mit diesem Text legt Gasdanow nicht nur ein bizarres Porträt der Stadt Paris vor, überträgt nicht nur sein Sujet, das Taxifahren, in eine narrative Struktur, er stellt auch Frankreichs gesellschaftliche und geistige Verfasstheit zwischen den Kriegen und angesichts der wachsenden Bedrohung durch den Nationalsozialismus dar und schreibt damit aus der Mitte europäischer Befindlichkeit heraus einen Roman des Absurden. Damit leistet er genau das, was sein Verdikt von 1936 für unmöglich erklärt: die Weiterentwicklung der russischen Literatur im Kontext europäischen Denkens und Schreibens.

Nächtliche Wege speist sich direkt aus dem Erleben des Autors. Die zentralen Figuren haben, kaum verhüllt, bekannte reale Vorbilder: Die Lebedame Jeanne Baldy wurde bei Gasdanow zu Jeanne Raldy, der Clochard Sokrates zu Platon. In der unvollendeten Textvariante von 1939/40 waren etliche

Dialoge im Argot der Pariser Straße verfasst, also quasi den Redenden abgelauscht; für die Buchfassung übertrug Gasdanow sie auf Wunsch des Verlegers ins Russische. Doch *Nächtliche Wege* erschöpft sich nicht im Autobiographischen: Auch wenn bei der Zeitschrift- wie Buchpublikation die Genrebezeichnung fehlt, kann der Text, durch Erzähltechnik und Motivik subtil strukturiert, mit Fug und Recht als Roman bezeichnet werden, was die Forschung ungeachtet der Quellenlage im Allgemeinen auch so handhabt.

Paradoxerweise hat der russische Emigrant Gasdanow mit der Schilderung seiner Pariser Taxierlebnisse zu einem hochmodernen Sujet gefunden. Im 19. Jahrhundert war der städtische Raum noch vom Flaneur erwandert worden; das Auto wurde umgekehrt zunächst, unter anderem von Proust, als Mittel zur Erkundung von Landschaften wahrgenommen. Tempo, rascher Perspektivwechsel und verwischte, impressionistische Eindrücke prägen aber auch die Wahrnehmung des Urbanen in den *Nächtlichen Wegen*. Die Geschwindigkeit des Fahrens, das ziellose Durchkreuzen der Stadt, die schnelle Taktung von Begegnungen, die Auflösung festgelegter sozialer Räume, das Zufallsprinzip der Kontakte, gehalten von der Klammer des kommerziellen Austauschs, die gesamte raumzeitliche Empfindung, die sonderbar zwischen permanenter Fortbewegung und Nicht-vom-Fleck-Kommen oszilliert – all das spiegelt nicht nur das Leben entwurzelter Emigranten, es ist ebenso ein Bild der destabilisierten französischen Gesellschaft, die laut Paul Valérys berühmter Formulierung nach dem Ersten Weltkrieg erkannt hatte, dass auch die eigene Zivilisation sterblich sei. Dem Untergang der Welten, von Gasdanows Heimat wie von Europa, entspricht im Text auf der lexikalischen Ebene ein wahrhaft inflationärer Gebrauch der negierenden Vorsilbe un-: unglaublich, Unwiderruflichkeit, unbeweglich, unersättlich, Unmöglichkeit, unüberwindlich allein auf der ersten Textseite. Dieses permanente Verneinen, eine Art Anschreien gegen die grausame Wirklichkeit, richtet sich gegen Geschichte wie Gegenwart, als wollte es sie beide zersetzen und auflösen.

Nur die alten Menschen – die von Gasdanow satirisch geschilderten unerschütterlichen Amtsträger – scheinen, in Selbstgerechtigkeit verknöchert, unangefochten von der universalen Katastrophe. Für den Niedergang der Kulturnation Frankreich steht, hochsymbolisch, die Alte im Rollkarren am Anfang des Romans – es scheint, als trete Jeanne d'Arc, hoch zu Ross die Place Saint-Augustin beherrschend, nun vergreist, erstarrt und eingeschrumpft von der Bühne ab. Diese motivische Einbindung des konkreten Ortes zeigt deutlich, wie intim Gasdanow seinen Schauplatz kannte und welche wichtige literarische Rolle er dessen Realien in *Nächtliche Wege* zuwies. In keinem späteren Text werden französische Verhältnisse so genau beobachtet und so vielfältig verarbeitet wie im Taxiroman. Deshalb finden sich hier die Angehörigen der Pariser Zwischenkriegsgesellschaft und die russischen Emigranten gleichsam einträchtig zu einem monströsen Reigen von bitterer Armut, »moralischer Syphilis«, Verlorenheit, Verzweiflung und Irrsinn zusammen. Europa hat ausgespielt, die Menschheit ist am Ende: Die Lektüre von Louis-Ferdinand Célines *Reise ans Ende der Nacht* soll Gasdanow stark beeindruckt haben.

Was die aberwitzig ineffektiven Büroangestellten, die debattierenden Nachttaxifahrer, der ehemalige Regierungschef Kerenski oder der glückliche Garçon gemeinsam haben, sind die absurden Züge ihrer Existenz, sind die halb tragischen, halb grotesken Anstrengungen, einem sinnlosen

Leben Sinn zu verleihen. Die im Text lautwerdende Kritik an verkrusteten Hierarchien, lächerlichen Autoritätsfiguren oder regressiver Nostalgie verharrt nicht im Konkreten, sondern gewinnt eine metaphysische Dimension, richtet sich auf die Absurdität des Daseins schlechthin. Die Empörung des Erzählers darüber, dass die Pariser Arbeiter ihr hoffnungsloses Los stumpf und klaglos erdulden, lässt an Albert Camus' Schilderung der unbewusst leidenden Werktätigen denken, denen er den Rebellen Sisyphos gegenüberstellt. Prototyp einer absurden Figur ist jedoch Fedortschenko, der buchstäblich an der Frage nach dem Sinn des Lebens zugrunde geht. In seiner Schrift *Das Absurde und der Selbstmord* scheint Camus ihn präzise zu beschreiben: »Wenn man zu denken anfängt, beginnt man untergraben zu werden.« Weil er zu denken anfängt, ohne es zu können, muss Fedortschenko sich selbst zerstören, während der Ich-Erzähler, imstande zu reflektieren, der Versuchung standhalten kann. Auf frappierende Weise ist die Weltsicht der zeitgenössischen französischen Existentialisten in der morbiden, düsteren, von quälenden Fragen und fehlenden Antworten geprägten Atmosphäre der *Nächtlichen Wege* mit Händen zu greifen.

Entsprechend ist die Fahrt durch die Pariser Unterwelt auch eine Reise durchs eigene Ich. Hin und wieder verirrt sich der Erzähler ins Reich sehnsuchtsvoller Erinnerung, sehr viel häufiger erkundet er aber das destruktive Fremde in sich, den Bereich des Unbewussten, seine innere Nähe zu Gewalt, Mord oder Selbstmord. Um Erinnerung, Reflexion, schonungslose Selbstbefragung geht es in allen Romanen Gasdanows. Was die *Nächtlichen Wege* neben ihrem Gegenstand besonders auszeichnet, ist die scheinbar assoziative, von Zufällen geprägte Collagetechnik, die auf der Textoberfläche das räumliche und zeitliche Erleben des Taxifahrens nachbildet. Darüber hinaus korrespondieren die nichtlinearen Erzählverfahren auf glänzende Weise mit dem Doppelsujet der unablässigen äußeren wie inneren Bewegung, der disparaten, zerfallenden materiellen wie geistigen Welt. Das macht *Nächtliche Wege* zum poetologisch modernsten von Gasdanows Romanen.

In etlichen Nachrufen auf den Autor wird *Nächtliche Wege* (zusammen mit *Ein Abend bei Claire*) dagegen als besonders authentisch und realistisch gepriesen – vielleicht wurde der Roman auch deshalb 1988 als erster Text von Gasdanow überhaupt in Russland veröffentlicht. Dabei ist *Nächtliche Wege* keineswegs ein Ausnahmewerk, sondern kann als Fundament der Nachkriegsromane *Das Phantom des Alexander Wolf* und *Die Rückkehr des Buddha* gelten. Mit den absurden Endlosschleifen von Taxifahrten und Reflexionen findet Gasdanow für das Lebensgefühl der Vergeblichkeit eine erste, überaus treffende Form; in den Zwillingsromanen, vor allem in *Alexander Wolf* fasst er es dann in wuchtige Symbolbilder, scharf konturierte Figuren, einen klaren Erzählaufbau und psychologische Analysen.

Doch auch die *Nächtlichen Wege* sind, bei aller Skizzenhaftigkeit des Erzählens, meisterhaft komponiert. Ein Netz von Verweisungen durchzieht den gesamten Text, man denke nur an das Leitmotiv des Mangels an Luft, an dem etliche Figuren zugrunde gehen, oder an die Vielzahl von Menschen, die singen, ohne es richtig zu können, ja überhaupt an das ordnende Prinzip der Musik, das den Text immer wieder strukturiert (ähnlich wie in Sartres *Der Ekel*). Und schließlich gibt es die Geschichten von Jeanne Raldy, von Wassiljew und Fedortschenko, von Alice und vor allem von Suzanne, die in dem Text mit seinem riesigen Figurenarsenal und den zahlreichen Episoden Orientierungslinien bilden. Die spannungsgeladene Engführung und Verdichtung um die Figur Suzanne läuft auf eine Katharsis hinaus: Das Bild der jungen Mutter, völlig verändert aufgrund einer neuen Erkenntnis, erinnert an das Bild einer aufgebahrten Toten, die zu neuem Leben erwacht. Es verweist auch auf den Erzähler zurück, der nach seiner Höllenfahrt wieder Lebensmut gefunden hat.

Womöglich konnte Gasdanow die überwältigenden deprimierenden Erfahrungen, die sein Leben »verseuchten«, nur deshalb literarisch gestalten, weil er, zum ersten Mal seit seiner Ankunft in Frankreich, im Sommer 1936 Paris verließ und an die Riviera fuhr. Dort lernte er Fanni Gawrischewa kennen, seine künftige Frau, der er bis an sein Lebensende verbunden blieb. *Nächtliche Wege* endet mit einem Blick zurück auf Paris, die »fremde Stadt in einem fernen und fremden Land«. Diese Fremdheit als existentielle Lebensempfindung scheint im Rückblick des Erzählers überwunden. Doch die ihr innewohnende »starre und schweigende Mahnung« hat eine weit über Autor und Epoche hinausweisende Gültigkeit. Dass sie im Roman so beredt, so eindringlich und virtuos zum Sprechen kommt, darin liegen Zauber und Wert der *Nächtlichen Wege*.

Christiane Körner

Inhalt